製造物責任における欠陥の主張立証の実務

弁護士
伊藤 崇 [著]

発行 民事法研究会

はしがき

　筆者は、東京PL弁護団の一員として、今日までの間、社会的耳目を集める大規模訴訟から相談限りの小さな案件まで、さまざまな製造物責任案件にかかわる機会を得た。また、PLオンブズ会議の一員として、製造物責任法制定当時の関係者の熱意に触れるとともに、訴訟を離れた多様な視点から製品安全問題にかかわる機会を得た。更には、日本弁護士連合会の推薦により、製造物責任を研究テーマとしてニューヨーク大学で研究する機会を得るとともに、その際、第3次リステイトメントの起草者であるTwerski教授に直接指導をいただく僥倖にも恵まれた。

　これらはすべて人の御縁によるものであり、ただ感謝の一言しかない。身に余る幸運をいただいた者の責務として学び得たことを還元したいと願っていたところ、ここでもまた、株式会社民事法研究会の田中敦司さんをはじめとするさまざまな方のご厚意に恵まれ、ようやく本書を形にすることができた。

　本書はアメリカの製造物責任法理にしばしば言及しているが、その性格は日本の製造物責任法の解説書であり、特に実務の視点を交えつつ欠陥認定のあり方について検討・解説を試みるものである。3類型論を切り口に、アメリカの製造物責任法理を比較の視点とすることで、より日本の製造物責任法の特色と課題が明らかになると考えた次第である。

　本書がわずかでも日本の製造物責任法理・実務に寄与することがあれば幸いである。

　2015年11月

林・有坂・伊藤法律事務所
弁護士　伊　藤　　　崇

『製造物責任における欠陥の主張立証の実務』 目　次

第1章　総　論 ……………………………………………………1

1　本書の目的 …………………………………………………2
2　アメリカの製造物責任法に関する基礎知識 ………………3
(1)　リステイトメント …………………………………………3
(2)　アメリカの不法行為理論における"過失" ………………4
(3)　ディスカバリー制度の影響 ………………………………6
3　製造物責任法施行前の日本の製造物責任法理の到達点 …7
4　3類型論の歴史と日本における位置づけ …………………10
(1)　アメリカにおける3類型論の発展 ………………………10
(2)　3類型が日本の欠陥定義に採用されなかった理由 ……11
(3)　3類型とその境界線上の事案 ……………………………12
(4)　日本の欠陥定義との関係における3類型の位置づけ …13
5　消費者期待基準とリスク効用基準 …………………………15
(1)　消費者期待基準 …………………………………………15
(2)　リスク効用基準 …………………………………………16
(3)　消費者期待基準とリスク効用基準の実際の争点 ………18
(4)　両基準の視点としての有用性 ……………………………20
6　製品安全設計の基本概念からの視点 ………………………20
コラム：アメリカは製造物責任の濫訴社会か？ ………………22

第2章　製造上の欠陥 ……………………………………………25

1　総　論 ………………………………………………………26

2　判断基準 ……27
 ＜事例1＞ ……27
 ＜一般的な検討要素＞ ……27
 ＜本件における検討の視点＞ ……28
 ＜解説＞ ……28

3　引渡時に欠陥が存在したことの立証 ……30
 ＜事例2＞ ……30
 ＜一般的な検討要素＞ ……31
 ＜本件における検討の視点＞ ……31
 ＜解説＞ ……31

コラム：売主の製造物責任 ……35
＜別表1＞　製造上の欠陥 ……36

第3章　製造上の欠陥と設計上の欠陥の境界線上の事案──「通常使用」類型 ……57

1　総　論 ……58

2　判断基準 ……61
 ＜事例3＞ ……61
 ＜一般的な検討要素＞ ……61
 ＜本件における検討の視点＞ ……61
 ＜解説＞ ……62

3　考慮要素の個別検討 ……65
(1)　考慮要素1：「当該製造物の特性」 ……65
 ＜事例4＞ ……65
 ＜一般的な検討要素＞ ……66
 ＜本件における検討の視点＞ ……66

　　　　<解説> ·· 66
　(2)　考慮要素2：「引き渡した時期」（＝判断基準時）················· 69
　(3)　考慮要素3：「通常予見される使用形態」（＝誤使用の有無）······ 70
　　　　<事例5> ·· 70
　　　　<一般的な検討要素> ·· 70
　　　　<本件における検討の視点> ·· 70
　　　　<解説> ·· 71
　(4)　考慮要素4：被害発生時までの間の、他原因の介在可能性········ 74
　　　　<事例6> ·· 74
　　　　<一般的な検討要素> ·· 75
　　　　<本件における検討の視点> ·· 75
　　　　<解説> ·· 75

4　通常使用類型の活用可能性 ··· 77
　　　　<事例7> ·· 77
　　　　<一般的な検討要素> ·· 78
　　　　<本件における検討の視点> ·· 78
　　　　<解説> ·· 79
　　　コラム：訴訟提起前の証拠収集処分・文書提出命令の現状·········· 83
<別表2>　通常使用類型 ·· 84

第4章　設計上の欠陥 ·· 113

1　総　論 ··· 114
2　判断基準 ·· 115
　　　　<事例8> ·· 115
　　　　<一般的な検討要素> ·· 115
　　　　<本件における検討の視点> ·· 116

　　　〈解説〉 ……………………………………………………………116

3　引渡時における危険の予見可能性の要否 …………………123
　　　〈事例9〉 …………………………………………………………123
　　　〈一般的な検討要素〉 ……………………………………………123
　　　〈本件における検討の視点〉 ……………………………………123
　　　〈解説〉 ……………………………………………………………124

4　明白な危険の取扱い ……………………………………………127
　　　〈事例10〉 …………………………………………………………127
　　　〈一般的な検討要素〉 ……………………………………………127
　　　〈本件における検討の視点〉 ……………………………………127
　　　〈解説〉 ……………………………………………………………127

5　製品安全規制適合性との関係 …………………………………129
　　　〈事例11〉 …………………………………………………………129
　　　〈一般的な検討要素〉 ……………………………………………130
　　　〈本件における検討の視点〉 ……………………………………130
　　　〈解説〉 ……………………………………………………………130

6　安全関連器具のオプション化と最低限の安全水準 ………132
　　　〈事例12〉 …………………………………………………………132
　　　〈一般的な検討要素〉 ……………………………………………132
　　　〈本件における検討の視点〉 ……………………………………133
　　　〈解説〉 ……………………………………………………………133

7　部品における欠陥判断の特殊性 ………………………………137
　　　〈事例13〉 …………………………………………………………137
　　　〈一般的な検討要素〉 ……………………………………………138
　　　〈本件における検討の視点〉 ……………………………………138
　　　〈解説〉 ……………………………………………………………138

8	補論：欠陥と因果関係の立証責任 ································140
	(1) アメリカの議論の発展状況 ·································140
	(2) 日本の議論状況 ···142
	コラム：開発危険抗弁と state of art ·······················143
	＜別表3＞　設計上の欠陥 ···································144

第5章　指示警告上の欠陥 ·······················197

1	総　論 ···198
2	判断基準 ··199
	＜事例14＞ ···199
	＜一般的な検討要素＞ ···199
	＜本件における検討の視点＞ ································200
	＜解説＞ ··200
3	引渡時における危険の予見可能性の要否 ··············206
	＜事例15＞ ···206
	＜一般的な検討要素＞ ···206
	＜本件における検討の視点＞ ································206
	＜解説＞ ··207
4	明白な危険の取扱い ···209
	＜事例16＞ ···209
	＜一般的な検討要素＞ ···210
	＜本件における検討の視点＞ ································210
	＜解説＞ ··210
5	規制適合性との関係 ···212
	＜事例17＞ ···212

	＜一般的な検討要素＞ ……………………………………………………212
	＜本件における検討の視点＞ …………………………………………212
	＜解説＞ ……………………………………………………………………213

6　誰に指示警告するか――中間者理論 ……………………………213
 ＜事例18＞ ……………………………………………………………………213
 ＜一般的な検討要素＞ ……………………………………………………214
 ＜本件における検討の視点＞ …………………………………………214
 ＜解説＞ ……………………………………………………………………215

7　補論：欠陥と因果関係の立証責任 ……………………………………218
 ⑴　アメリカの議論状況 …………………………………………………218
 ⑵　日本の議論状況 ………………………………………………………220
 コラム：専占法理：Preemption …………………………………………221
＜別表4＞　指示警告上の欠陥 ………………………………………………222

第6章　設計上の欠陥と指示警告上の欠陥の境界線上の事案 ……257

1　総論 ……………………………………………………………………………258
 ⑴　製品安全設計における安全対策の優先順位 ………………………258
 ⑵　欠陥認定における設計上の欠陥と指示警告上の欠陥の優先順位 …259

2　設計上の欠陥と指示警告上の欠陥の選択基準 ………………261
 ＜事例19＞ ……………………………………………………………………261
 ＜一般的な検討要素＞ ……………………………………………………262
 ＜本件における検討の視点＞ …………………………………………262
 ＜解説＞ ……………………………………………………………………263
 コラム：自動車事故・労災事故と製造物責任 …………………………265

第7章 補論：過失責任との関係における製造物責任の意義 …………267

1 総論 …………………………………………………………268
 (1) アメリカにおける議論状況 ………………………………268
 (2) 日本における議論状況 ……………………………………269
2 製造物責任と過失責任の選択基準 ……………………271
  ＜事例20＞ ……………………………………………………271
  ＜一般的な検討要素＞ ………………………………………271
  ＜本件における検討上の視点＞ ……………………………271
  ＜解説＞ ………………………………………………………272
 コラム：誰が製造物責任を請求できるか ……………………278

終章 日本における3類型論の活用可能性 ……279

資料 ……………………………………………………………283
 ① PL法関連訴訟一覧 …………………………………………284
 ② 条文関係 ……………………………………………………310
 ③ 機械の包括的な安全基準に関する指針 …………………312
・著者紹介 …………………………………………………………317

第1章

総論

1 本書の目的

　日本の製造物責任法（以下、「法」ともいう）における欠陥定義は「通常有すべき安全性を欠いていること」（法2条2項）である。この欠陥定義は事故発生原因そのものよりも製品の性状に着目するものであり、そのような欠陥の主張立証が求められているはずであった。しかし、平成7年7月1日の製造物責任法施行後の裁判の展開のなかで、かかる欠陥定義の本来の意図は忘れられがちであり、むしろ漠然とした定義内容が裁判結果の予測困難性をもたらす結果となっている。法施行20周年を迎えた今、日本の欠陥定義の意味を再確認するとともに、欠陥認定に関する論点を整理して裁判結果の振れ幅を少なくすることが必要とされているように思われる。本書はこの課題に対して、3類型論を切り口として解決の糸口を探ろうとするものである。

　欠陥を「製造上の欠陥」「設計上の欠陥」「指示警告上の欠陥」に大別する3類型論の存在自体は広く知られているが、そのように類型を区別することの意味が語られることは少ない。この点、アメリカでは類型ごとに論点が形づくられ奥深い法理論が形成されており、本書ではそのようにして形成されたアメリカの法理論を参照しつつ日本の学説判例状況の整理を試みている。

　もちろん、他国の法理論がそのまま日本でも妥当するわけではないが、欠陥論に関しては、もともと製造物責任法理自体がアメリカ発祥であること、3類型論の概念自体はすでに日本にも存在し裁判実務でも言及されていることから、アメリカにおける3類型論の議論を応用しうる余地が大きい。そして、立法時点においても、日本の製造物責任法は3類型論に従った欠陥定義を採用しなかったがこれを排斥するものでもなく、有用であれば3類型論に基づいた主張立証を行うことは可能であると考えられていた。本書はその有用性と活用可能性（および限界）を示すことを試みるものである。

　なお、日本の判例状況に関しては、平成27年4月15日に消費者庁より製品安全関連の訴訟情報が公開されており[1]、そのうち判例文が入手可能かつ実

際に欠陥認定の場面で（不法行為構成や債務不履行構成ではなく）製造物責任法が適用された事案を主要な検討対象としている。

2　アメリカの製造物責任法に関する基礎知識

(1)　リステイトメント

　アメリカは判例法の国であり、また、州ごとに異なる判例法が存在するため、統一された成文の"アメリカ法"というものは基本的には存在しない。とはいえ、いくつかの法分野では法理論を条文形式で記載したリステイトメントというものが存在する。これは、アメリカ各州で異なる判例法の統一的理解のために、各州判例法を収集分析して共通すると思われる要素をまとめて成文化したものである。作成・発行主体が The American Law Institute（ALI）という裁判官・弁護士・学者等からなる私的団体であるため法的拘束力をもつものではないが、実務上尊重され強い影響力をもっている。

　製造物責任法分野でも1965年刊行の第2次リステイトメント（Restatement 2nd of Torts）、その改訂版である1998年刊行の第3次リステイトメント（Restatement 3rd of Torts: Products Liability）が存在し、アメリカの製造物責任法理に関する一般的理解が示されている。以下、本書で"アメリカ"の法理論という場合には、特に言及ない限り第3次リステイトメントの規定内容を意味している（第3次リステイトメントの起草者は James A. Henderson, Jr. 教授と Aaron D. Twerski 教授であり、本書が引用する海外文献も両教授によるものが多い）。

　なお、第2次リステイトメントは不法行為法全体に関するものであり膨大

1　http://www.caa.go.jp/safety/index19.html

な数のセクションが存在するが、そのうち本書で検討する製造物責任について触れるのは402Aと呼ばれる1セクションとこれに付随するコメント・起草者ノートのみである[2]。しかし、不法行為法理論の議論の発展に伴い、その全部を一つのリステイトメントでまとめることの困難・煩雑さも指摘されるようになった。そのため、第2次リステイトメントの改訂にあたってはいくつかの分野に分かれて改訂作業が行われ、そのうち製造物責任分野について改訂されたのが1998年刊行の第3次リステイトメントである[3]。第3次リステイトメントは全21セクションで構成され、それぞれのセクションに複数のコメントと起草者ノートが付随している。

以下、本書で引用する場合には、第2次リステイトメントをRST、第3次リステイトメントをRTT、セクションを§、コメントをcmt.、起草者ノートをrptr. n. と略記することがある。

(2) アメリカの不法行為理論における"過失"

製造物責任とは責任の根拠として過失の代わりに欠陥を要求するものであるが、この"過失"の意味するところが日米ではやや異なり、初めに認識しておくべき意味がある[4]。

すなわち、アメリカでは過失（negligence）とは注意義務違反であるが、その内容としては、事故が発生する可能性（Probability）およびその事故が起こった場合の損害額（Loss）と、その事故を避けるための費用負担（Burden）

---

[2] 第2次リステイトメント§402Aについては、樋口範雄『アメリカ不法行為法　第2版』289頁（弘文堂、2014）において一部邦訳がなされており、本書でも巻末に訳文を引用掲載しているほか、本文中でも必要に応じて訳文を引用している。

[3] 第3次リステイトメントについては邦訳が出版されており（アメリカ法律協会編（森島昭夫監訳・山口正久訳）『米国第3次不法行為法リステイトメント　製造物責任法』（木鐸社、2001））、本書でも§2、§3について巻末に訳文を引用掲載しているほか、本文中でも必要に応じて訳文を引用している。

[4] なお、"過失責任"自体のもつ意味も異なり、日本では故意責任と過失責任の法的効果に区別がないが、アメリカでは懲罰的損害賠償の可能性、過失相殺の可能性等に大きく影響する（樋口・前掲（注2）35～36頁）。

を比較して、前者が後者を上回った場合（B＜P・L）に注意義務違反があったと判断される[5]。これはいわゆるリスク効用基準と呼ばれるものであるが、この基準では、仮に加害者の努力で被害者の被害を防止できた可能性があったとしても、その防止コストが当該被害額を上回る場合には被害を防止する必要はない。その意味で、同基準は個人法益保護というよりも社会全体としての効用を達成する発想に立つものである。本当にこれが裁判基準として機能しているのかについては疑問も呈されているが[6]、少なくともこのリスク効用基準の発想自体は行政の政策判断枠組みにも採用されるなどして深く浸透しており[7]、アメリカの製造物責任法理もこのような理解の下での過失責任を比較対象として発展してきた。

他方、日本では過失責任は予見可能な結果に対する回避義務違反として理解されるが、ここにいう"義務違反"をどのようにとらえるのかについてはさまざまな学説があり、リスク効用基準を採用すべきとする見解もあるが、これが判例通説と評価しうるほどに浸透しているとは思われない[8]。結局、日本では製造物責任の比較対象である過失責任の判断基準がアメリカほど明確ではない。

本書では日米とも製造物責任法理が過失責任に回帰している点について触れることになるが、そもそも"過失"とは何かという点において日米に差異があるため、その意味するところが異なりうる点に留意する必要がある。

---

5 Restatement 3d of Torts: Liability for Physical and Emotional Harm §3. なお、このB<PL という表現方式が初めて用いられたのは United States v. Carroll Towing Co. 159 F.2d 169 (2d Cir. 1947) であり、同事件の裁判官の名をとってハンドの公式と呼ばれている。

6 Richard W. Wright, Hand, Posner, and the Myth of the "Hand Formula", 4 Theoretical Inq. L. 145 (2003) など。

7 Office of Management and Budget, Circular A-4 など。

8 B＜P・L の発想に言及するものとして長秀之「不法行為1：基礎理論」伊藤滋夫編集『民事要件事実講座4　物権・不当利得・不法行為』190～191頁（青林書院、2007）、過失に関する伝統的な諸学説を解説するものとして遠藤浩編『基本法コンメンタール第4版補訂版　債権各論Ⅱ』35～37頁〔伊藤進〕（日本評論社、2005）。

(3) ディスカバリー制度の影響

アメリカでは、連邦制、陪審制、懲罰的損害賠償、弁護士報酬の完全成功報酬制など、日本と異なるシステムが多々存在するが、本書との関係で重要なのはディスカバリー制度（証拠開示手続）である。

一般に、アメリカでは簡単な訴状が被告に送達され、被告がこれに応答した後、当事者主導による証拠開示手続に移行し、その後陪審員による事実審理を経て陪審評決、そして判決に至る[9]。この証拠開示手続は当事者が相手方からの請求を待たずに当然開示するディスクロージャーと相手方からの請求を待って開示する狭義のディスカバリーに大別され、後者には証言録取、質問書、文書提出および土地立入、身体および精神検査、自白要求などの種類がある[10]。詳細は省略するが、結論として、原告は証拠開示手続により被告が保有する資料を入手することができ、また、それを期待して事実関係が不明確なままでも訴訟提起することができる。そして、アメリカでは巨額の損害賠償の認容可能性があるために訴訟ビジネスが活発であり、資料の解析や専門家紹介等を行う訴訟支援会社も存在する。したがって、原告にも証拠開示で得た資料を解析して事故原因分析、欠陥解明を行う手段が（少なくとも潜在的には）存在しうることになる[11]。

このように、ディスカバリー制度等の存在ゆえに、アメリカの原告の潜在的な証拠収集能力、欠陥解明能力は、日本の原告（個人）のそれとは格段の

---

9 もっとも、証拠開示手続の負担や陪審判断の不確実性、懲罰的損害賠償の可能性などの諸要素の影響により、99％の訴訟は判決に至る前に和解等によって終了している（各州裁判所に関する統一的な統計は存在しないが、連邦裁判所については Judicial Business と呼ばれる統計資料が公開されている）。手続上も、結論が明らかな事案については、証拠開示手続に至るまでに、あるいは陪審による事実審理に至るまでに法律問題として裁判官が請求棄却ないし認容しうる手続が存在する。
10 浅香吉幹『アメリカ民事手続法 第2版』76頁（弘文堂、2008）。
11 もっとも、このような欠陥解明に要する費用は膨大であり、弁護士報酬の完全成功報酬制と相まって、徹底的な欠陥解明を行えるのは費用に見合うだけの賠償額が見込める案件に限られるともいわれている。また、獲得した賠償額の多くが専門家費用に消えてしまうことも問題視されることが多い。

差異がある。第3次リステイトメントもこのような原告の証拠収集能力・欠陥解明能力の存在を前提として理論構築しているので、このような事情を常に念頭においておく必要がある。具体的にこれが影響する場面については、その都度個々に言及する。

3 製造物責任法施行前の日本の製造物責任法理の到達点

　製造物責任法が施行されたのは平成7年7月1日であり、同日以降に引き渡された製造物について適用があるが、それ以前の事案については、一般不法行為の枠組みによる製造物責任法理が構築されていた。製造物責任法と従来の製造物責任法理には類似点が多く、製造物責任法の立法関係者の認識としても、製造物責任法により製造業者が責任を負う場面が大きく変わるものではないという理解が一般的であった[12]。そのため、現時点においても、製造物責任法施行前の不法行為構成における日本の製造物責任法理の到達点を把握しておく意味があり、その一例として冷凍庫発火事件（東京地裁平成11年8月31日判決・巻末訴訟一覧11）を紹介する[13]。

　同事案は被告会社が製造販売した業務用冷凍庫から発火し、原告の所有するレストラン店舗兼居宅が半焼した事案であり、不法行為構成による損害賠償請求がなされた（冷凍庫購入は昭和61年12月、火災発生は平成3年7月1日）。同判決は、被告の製造者としての安全性確保義務（＝「製品を設計、製造し流通に置く過程で、製品の危険な性状により消費者が損害を被ることのないように、

---

[12] 金融・商事判例960号あるいはジュリスト1051号などに製造物責任法の特集が組まれ、各論稿の随所に立法関係者等の認識が掲載されている。その一例として、第7章（注7）参照。
[13] もっとも、同判例の判決言渡日は製造物責任法施行後であり、判示において製造物責任法の条文内容は強く意識されていると思われる。

製品の安全性を確保すべき高度の注意義務」）違反の過失を認定して損害賠償責任を認めたものであるが、①同義務の前提となる被害発生についての予見可能性の認定、②同義務違反の過失認定、③過失認定にかかわる要素としての欠陥認定、④主張立証責任の場面で特徴的な判示がなされている。

　まず、①被害発生についての予見可能性については、「製造者は、製品を流通に置く前に、可能な限りその安全性を確保するための調査及び研究を尽くすべきであるから、消費者が右製品を通常の方法で使用していたにもかかわらず発生した損害について、調査、研究を尽くしても予見できなかったという特段の事情を立証しない限り、右損害発生についても予見可能であったと推認するのが相当である」として、結論として、通常使用中の被害発生結果については原則として予見可能性が認められるとした。

　次に、②安全性確保義務違反の過失の認定については、「流通に置かれた時点において、当該製品について欠陥の存在が立証されれば、製造者に製品を設計、製造し流通に置くに際して、安全性確保義務違反の過失があったものと推定するのが相当である」として、結論として、製品が流通に置かれた時点において欠陥が存在すれば過失が推定されるとした。

　また、③その欠陥の認定については、まず、「……これは冷蔵庫本来の使用目的に従った使用方法であるところ、それにもかかわらず、本件冷凍庫が発火し、本件火災の発生源となったものであるから、本件火災当時、通常有すべき安全性を欠いていたというべきであり、この意味で欠陥があったものといわざるを得ない」として、通常使用中の被害発生という結果から通常有すべき安全性を欠くという意味での欠陥を認定している。そのうえで、「消費者が、本来の使用目的に従って製造物を使用し、事故が発生した場合において、その時点で製造物に欠陥が存在したときは、特段の事情の認められない限り、製造物が流通に置かれた時点において、欠陥が存在していたものと推認することが相当である」として、結論として、通常使用中の被害発生という結果があれば、製品が流通に置かれた時点における欠陥が推認されるとした。

さらに、補論として、④製品の具体的欠陥等（＝本件冷蔵庫内部の発火箇所、発火の機序、発火の原因となった本件冷凍庫の欠陥）の主張立証責任について、「消費者たる原告らは、製品の具体的な欠陥等については基本的に主張立証責任を負うものではないと解すべきである。もっとも、原告らが審理の対象を明示する趣旨で、右の点を主張し、これを立証することは、もとより許容されるものであり、それが可能である場合には、むしろ、そうした訴訟追行をしていくことが、民事訴訟法上当事者に課せられている信義則（民訴法2条）に照らし、望ましいものというべきである」として、具体的欠陥等の主張立証は原告の法的責務ではないとした。

これらを総合すると、通常使用中の被害結果発生であることを主張立証すれば製品が流通に置かれた時点の欠陥（＝通常有すべき安全性を欠くこと）が推定され、それにより過失も推認されて損害賠償が認められることになる。これは第3章で解説する通常使用類型としての主張内容と変わらず、むしろ、損害発生時点の欠陥の存在から製品が流通に置かれた時点の欠陥の存在を推定しうる旨を明示している点では、製造物責任法の立法解釈よりも原告保護に手厚い。

本書では、第3章で解説する通常使用類型が日本の欠陥定義から導かれる本来的主張立証類型であることを強調することになるが、それは製造物責任法制定により新たに生み出された法理論ではなく、製造物責任法施行前の不法行為による日本の製造物責任法理論の到達点を引き継いだものである点に留意する必要がある。

4　3類型論の歴史と日本における位置づけ

(1)　アメリカにおける3類型論の発展

　3類型論とは、製造物責任における欠陥を「製造上の欠陥」「設計上の欠陥」「指示警告上の欠陥」に分類する考え方であり、アメリカの製造物責任法理に由来する。もっとも、アメリカで製造物責任法理が急速に発達したのは1960年代以降であるが、当初は欠陥とは単に「不合理なほど危険な（unreasonably dangerous）欠陥を伴う状態」と理解されており[14]、3類型の区別は存在しなかった。すなわち、1960年代当初はいわゆる製造上の欠陥類型（および第3章で解説する不具合事案）に相当する事件類型のみが裁判事案として意識されており、製造物責任法理もそれを念頭において構築されていた。ところが、1970年代以降製造物責任訴訟が続発し、製造上の欠陥類型のみを意識した法理論では対応できない事案が存在することが徐々に明らかとなっていくなかで、「製造上の欠陥」とは異なる「設計上の欠陥」「指示警告上の欠陥」の類型が認識されるに至ったものである[15]。

　この3類型論発展の流れは、本章2(1)で触れたリステイトメント改訂の動きにも反映されている。すなわち、製造物責任法分野に関しては、1965年刊行の第2次リステイトメントで製造物責任が無過失責任であることなどを表明した条項（§402A）が初めて規定されたが、ここでは上記のとおり、欠陥は単に「不合理なほど危険な（unreasonably dangerous）欠陥を伴う状態」と規定されていた。ところが、1970年代以降の3類型を意識した議論の深化に伴い、判例法の発展を§402Aで説明することには無理が生じ、かえって

14　RST§402A　邦訳は樋口・前掲（注2）。
15　J. Henderson, Jr. and A. Twerski, A proposed revision of section 402A of the restatement (second) of torts, 77 Cornell L.Rev. 1512, 1526-1530 (1992).

§402Aが判例法を迷走させているとの反省もあって、1992年以降ALIは改訂作業に従事し、1998年に第3次リステイトメントが刊行された。この第3次リステイトメント§2では3類型ごとに異なる取扱いがなされることが明記されている。

なお、このように第2次リステイトメント§402Aの限界を克服することを意図して刊行されたのが第3次リステイトメントであるが、その中核である3類型の判断基準を含め、その内容については刊行後も議論が尽きず、必ずしも第3次リステイトメントは実務の完全な支持を受けているわけではない。そのため、第2次リステイトメントの存在が実務上の意味を失ったわけではなく、裁判例の中で未だに第2次リステイトメントが援用されることも多い。

(2) 3類型が日本の欠陥定義に採用されなかった理由

平成6年に成立した日本の製造物責任法2条2項では、欠陥とは「当該製造物が通常有すべき安全性を欠いていること」と定義されており、3類型は条文上の文言としては採用されていない。立法時点ではアメリカの第3次リステイトメントは草案段階であったが、草案にもすでに3類型の発想は現れており、立法関係者もその動向は承知していた。そのうえであえて3類型を採用しなかった理由としては、3類型の区別が不明確な場合もあること、類型特定を要求することがかえって当事者の負担となる可能性があることなどが指摘されていた[16]。

この点、区別が不明瞭であるという批判については、(3)で解説するとおり3類型論は各類型の境界線上の事案もあることを含めて理論が発展しており、的を得ていない。他方、類型特定に関する当事者の負担については、3類型

---

16 升田純『詳解 製造物責任法』425〜429頁（商事法務研究会、1997）、「座談会 製造物責任法（PL法）の検討—立法から施行1年後までを振り返って」における升田発言（判例タイムズ907号24頁）など。

論は（少なくとも事故原因が製造過程・設計過程・指示警告のいずれにあるのかを意識するという程度には）被害発生原因に着目するものであることから、類型特定を要求することが原因特定を強いることにつながって当事者（特に原告）の負担を増すことになってしまう危険は確かに存在する。しかしこれについても、(3)で解説するとおり、3類型論の下でも類型特定を要しないmalfunctionという不具合類型が存在することから、必ずしも常に3類型論が当事者の負担増加に直結するわけではない[17]。

本質的には、3類型論は上記のとおり被害発生原因に着目するものであるのに対して、日本の製造物責任法の欠陥定義は被害をもたらすような製品の性状に着目するものであって、視点は異なるものの排斥し合う関係にはない。立法担当者の意思としても、日本の製造物責任法における「欠陥」を3類型論の枠組みで主張立証することは可能であり、あとはそのように主張立証することが有用かどうかという個々の当事者の判断に委ねられている[18]。

(3) 3類型とその境界線上の事案

3類型論では、製造物責任における欠陥は「製造上の欠陥」「設計上の欠陥」「指示警告上の欠陥」に大別されるが、類型を特定する必要がない、あるいは複数類型に該当しうる、いわば境界線上の事案も存在する。

製造上の欠陥と設計上の欠陥の境界線上の事案としては、malfunctionと呼ばれる不具合事案が存在する。これは、通常の用法に従って適正に製品を使用していたのに被害が生じたという事案であり、不良品として製造上の欠陥に該当することが多いが、中には当初の設計自体が問題であったとして設

---

[17] すべての立法担当者間でこのmalfunctionの概念が明確に認識されていたわけではないようである（小林発言・前掲（注16）24頁）。
[18] 経済企画庁国民生活局消費者行政第一課編『逐条解説 製造物責任法』65〜66頁（商事法務研究会、1994）、鎌田薫＝山口斉昭「製造上の欠陥、設計上の欠陥、警告上の欠陥」升田純編『現代裁判法体系8 製造物責任』126頁（新日本法規、1998）、小林秀之「欠陥の種類と判断基準」塩崎勤＝羽成守編『裁判実務体系30 製造物責任関係訴訟法』63〜64頁（青林書院、1999年）など。

計上の欠陥に該当する場合もありうる。ただ、この場合、通常の用法に従って使用していたのに被害を生じさせる製品であること自体が問題なのであって、そのことが製造上の問題に起因するのか設計自体に起因するのかを追及する実質的意味はない。したがって、この種の不具合事案は、製造上の欠陥と設計上の欠陥のいずれかを特定する必要がないという意味で、両者の境界線上に位置することになる[19]。日本でもこのような事案は「通常使用」類型として存在しており、詳細は第3章で解説する。

設計上の欠陥と指示警告上の欠陥の境界線上の事案としては、安全設計の一要素としての指示警告の存否・内容が問題となる場合がある。この場合、製品構造としての設計の問題として設計上の欠陥とも評価しうるし、指示警告の存否・内容自体に着目して指示警告上の欠陥とも評価しうるという意味で、両者の境界線上に位置することになる。この詳細については第6章で解説する。

(4) 日本の欠陥定義との関係における3類型の位置づけ

アメリカの不具合事案（Malfunction）と日本の「通常使用」類型は、その他類型との関係における理論的位置づけがやや異なると思われる。すなわち、アメリカでは、「製造上の欠陥」「設計上の欠陥」「指示警告上の欠陥」を原則的類型とする3類型論のなかでは例外的な位置づけとなる[20]。他方、日本では、第3章で解説するとおり、日本の欠陥定義からは「通常使用」類型が原

---

19 RTT§3. ただし、厳密には、Malfunctionという概念は間接証拠から欠陥を推定しうる場合として理解されることが多く、そのような立証方法の結果として、製造上の欠陥と設計上の欠陥のいずれかを特定する必要はないと理解されている。製造上の欠陥と設計上の欠陥の境界線上に位置するという表現は、この結果の側面を強調したものである。
20 ただし、malfunctionと製造上の欠陥・設計上の欠陥は、いずれの類型としても主張できる場合にはどちらを選択してもよく、その意味では両者の間に優先順位は存在しない。RTT§3 cmt. b.
　もっとも、実務上の優先関係については、第3章4参照。

〔図表１〕

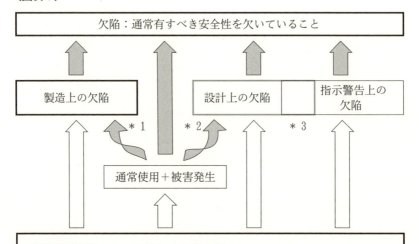

*1・2 審理過程において原因が特定され、製造上の欠陥ないし設計上の欠陥の議論に至ることもある。
*3 設計上の欠陥とも指示警告上の欠陥とも位置付け得る。

則的な判断類型となるが、原告の主張立証手段選択として、事故原因が判明しうる場合には最初から３類型による欠陥主張を行うことも可能である。また、製造物責任法２条２項には欠陥認定の際の考慮要素が「製品特性」「通常予見される使用形態」「引渡時期」「その他当該製造物に係る事情」として列

挙されているが、これらは立法当時国民生活審議会で挙げられていた9要素（製造物の合理的に予期される使用、引き渡された時期、製造物の表示、効用・有効性、価格対効果、技術的実現可能性、被害発生の蓋然性とその程度、使用者による損害発生防止の可能性、通常使用期間・耐用期間）を集約したものと解されている[21]。

これを図示すると前頁〔図表1〕のとおりである。

5 消費者期待基準とリスク効用基準

アメリカでは、特に設計上の欠陥の判断基準について、消費者期待基準とリスク効用基準の二つの考え方がある。これらの理論の衝突と妥協点の模索がアメリカの製造物責任法理発展の歴史でもあり、日本の製造物責任法制定時にも意識されているので、先に触れておくべき意味がある（詳細は各章に譲るが、結論のみ先に触れると、日本の欠陥定義は消費者期待基準的な意味合いの強いものであり、判例実務においても消費者期待基準的発想に基づく事案処理が多く見受けられる）。

なお、両基準は3類型すべてにかかわりうるものではあるが、説明の便宜上、以下では設計上の欠陥を念頭において解説する。

(1) 消費者期待基準

消費者期待基準とは、（合理的な）消費者の視点から欠陥の有無を判断するものである。これは第2次リステイトメントが（同リステイトメント刊行時に自覚されていたかどうかは別論として）採用する基準として理解されることが

---

[21] 経済企画庁・前掲（注18）66〜68頁、通商産業省産業政策局消費経済課編『製造物責任法の解説』（通商産業調査会、1994）74〜77頁等。

多い。すなわち、もともと初期の製造物責任法理は製造上の欠陥ないし不具合事案（malfunction）を想定していたが、かかる欠陥類型は消費者の期待に反することが明らかなため同基準による欠陥認定がしやすい。それゆえに第2次リステイトメントは消費者期待基準に親和的な文言を用いており、それがそのまま欠陥全体の判断基準として援用されることがある[22]。また、ヨーロッパの製造物責任法理論も消費者期待基準を採用していると理解されることが多い[23]。

この消費者期待基準に対しては、問題となる製品の危険が明白である場合には（より安全な設計が可能であったとしても）設計上の欠陥が認められなくなってしまう（第4章4参照）、複雑な製品などの場合には消費者が安全性として何を期待すればよいのかもわからないはずである、一方の消費者の期待を満たさない設計を改良した場合に他方の消費者の期待を満たさなくなってしまう場合がある、といった批判がある[24]。

消費者期待基準は"消費者の期待"という観点が重視されるため、消費者である原告に有利な判断基準と理解されることが多いが、上記のとおり、危険が明白な場合に欠陥が認められにくいという欠点があり、その内容の曖昧さゆえに事実認定者に対する感銘力の点でも後述のリスク効用基準に基づく主張に及ばないことが多いことから、必ずしも常に原告に有利な基準とは言い切れない。

(2) リスク効用基準

リスク効用基準とは、当該設計に関する効用と危険の程度を比較して、後者が前者を上回る場合に設計上の欠陥を認めるものである。これは本章2(2)

22　Delaney v. Deere & Co., 268 Kan. 769, 772 (Kan. 2000) など。
23　EC Directive 1985 Article 6-1. 消費者ではなく一般人を基準としていると説明される場合もあるが、いずれにせよリスク効用基準ではない。
24　Dominick Vetri, Order out of Chaos: Product Liability Design-Defect Law, 43 U.Rich. L. Rev. 1373, 1387-1388 (2009) など。

で言及したハンズの公式と同様の発想に立つものである（両者の関係については第7章1参照）。この場合、消費者の期待も考慮要素の一つになるが、それが独立の基準となるものではないと解されている[25]。

なお、効用と危険の比較の仕方にも2種類の発想がある。一つは、合理的な代替設計の存在を前提として、その代替設計との比較において、「当該代替設計を採用した場合の安全性増大の程度」と「その場合に増大するコスト及び当該代替設計が新たにもたらす危険性」を比較する発想であり、第3次リステイトメントが予定するリスク効用基準がこれにあたる[26]。もう一つは、代替設計の存在を前提とせずに当該製品それ自体の効用と危険を比較する発想であり、これはカテゴリーライアビリティーと呼称される[27]。第3次リステイトメントにおいては「明らかに不合理な設計」について例外的にかかる判断方法がありうると規定されているが[28]、実際にかかる判断方法が適用された裁判例は皆無に近い[29]。

このリスク効用基準に対しては、代替設計の立証が困難であり費用・時間もかかってしまう、あるいは過失の判断基準と変わらず製造物責任の意義が失われてしまう、といった批判がある[30]。また、裁判実務でのリスク効用基準の適用の仕方も難しいものがあり、たとえば「安全設計を追加導入しない

---

25 RTT§3 cmt. g.
26 RTT§2(b), cmt. d.
27 たとえば「酒は効用よりも害の方が大きいから（酔わない酒という代替品は想定しえないけれども）欠陥製品だ」という発想がこれにあたる。
28 RTT§2 cmt. e. 邦訳は森島ほか・前掲（注3）。
29 第3次リステイトメント起草者自身もこのような判断方法はあり得ないと考えていたが、第3次リステイトメント作成時における諸勢力の妥協の産物として同リステイトメントにも規定されることとなった。このような判断方法は、（そもそも酒を販売することが許されるかといった）とあるカテゴリーの製品を販売してよいかどうかという判断をすることにほかならないが、そのような判断は立法府に委ねるべきである、というのが起草者の意見である。A. Twerski and J. Henderson, Jr., Manufacturers' Liability for Defective Product Designs: The Triumph of Risk-Utility, 74 Brooklyn L. Rev. 1061, 1069-1071 (2009).
30 Dominick Vetri, 前掲（注24）1393-1394. なお、アメリカにおける過失の判断基準については、本章2(2)参照。

ことにより事故確率は高まるが、被害者に支払う賠償金の方が安全設計を追加導入するコストよりも安いと計算されたので当該安全設計は採用しなかった」という弁論は、リスク効用基準に照らせば正しい主張であったとしても事実認定者（特に陪審員）の感情的理解が得られるものではない[31]。したがって、実際の裁判では、代替設計を採用した場合の増大コスト以外の要素（代替設計が本来の機能を損なうことや別のリスクを生じさせることなど）のみが争点とならざるを得ず[32]、特に死亡事件では事実上リスク効用基準を用いることは困難なことが多いとも考えられている[33]。

　このリスク効用基準は原告に合理的な代替設計の立証負担を課す点で原告に不利な基準と理解されることが多いが、消費者期待基準に対する評価の表裏として、危険が明白な場合にも欠陥が認められうるという利点があり、事実認定者に対する感銘力の点でも（ともすれば曖昧になりがちな）消費者期待基準に基づく主張を上回ることが多いことから、必ずしも常に原告に不利な基準とは言い切れない。

(3) 消費者期待基準とリスク効用基準の実際の争点

　両基準のいずれを採用すべきかについては現在もなお議論があり、アメリカ各州裁判所の態度もさまざまであるが、このような理論上の対立にもかかわらず[34]、実際の立証方法に着目した場合、両者の相違はさほど大きくない

31　Gary T. Schwartz, The Myth of the Ford Pinto Case, 43 Rutgers L. Rev. 1013 (1991)が、著名なピント事件を例としてこの点に触れている。
32　Mark A. Geistfeld, Principles of Products Liability 2d ed. 118-119 (2011). なお、同書では、陪審員に対する説示の工夫によって克服の余地があるとの視点も示されている。
33　筆者が会話を交わした某アメリカ人弁護士の意見によれば、増大コストをも勘案した本来の意味でのリスク効用基準が正面から議論の対象となるのは陪審のない控訴審以降に限られる、とのことであった。
34　なお、理論面でも、安全設計に要する増加コストは製品価格に上乗せされ、これを実際に負担するのは製品使用者自身であるという構造を前提とすると、合理的な消費者であれば値段と安全性のバランスのとれた製品を期待するはずであり、結果として（合理的）消費者期待基準とリスク効用基準に差異はないとする分析もある（Mark A. Geistfeld, 前掲（注32））。

と考えられている。

　すなわち、①消費者基準を採用すると宣言している州の運用をみると、実際には代替設計を原告が立証しない限り陪審の判断に委ねるまでもなく請求棄却となる運用がなされている州が多く、これは、実質的には第3次リステイトメントが示すリスク効用基準と大差がないと考えられている。これは裁判所の運用の問題ではあるが、既述のとおり、消費者の期待という曖昧な基準に依拠するよりも客観的に合理的な代替設計を示したほうが陪審員に対する感銘力があることから、原告弁護士の訴訟方針としても代替設計を提示できるものならば提示したいという動機があり、かかる原告弁護士の意向に裏づけられている一面もあると推測しうる。

　他方、②リスク効用基準を採用すると宣言する州に関しても、不具合事案（malfunction）の場合には代替設計の立証は要求しておらず、この場面では代替設計の立証負担が大きいという批判はあたらない。そして、この不具合事案は消費者の期待に反することが明らかな事案であるので消費者期待基準でも欠陥認定が可能であり、この場面においてはリスク効用基準と消費者期待基準の差異は限りなく小さい。

　さらに、消費者期待基準とリスク効用基準は双方とも合理性があるとして、折衷的に両者の併用を宣言する州も多いが、この場合にも、両基準の運用としては、日常生活上の経験から最低限の安全を判断しうる場合（＝そのほとんどは不具合事案（malfunction）と重複する）には消費者期待基準を用い、その他はリスク効用基準によるという使い分けがなされる例が多い[35]。

　このようにみた場合、消費者期待基準とリスク効用基準をめぐる議論は、理論上の厳しい対立にもかかわらず、実際の争点としては、不具合事案（malfunction）のように代替設計を示さず状況証拠のみで欠陥を認定できる余地をどれだけ広く認めるか、という点に集約されているといえる[36,37]。

35　Soule v. General Motors Corp. 882 P.2d 298 (Cal. 1994) など。
36　Dominick Vetri、前掲（注24）がこのような視点を示しているが、2015年3月15日、筆者が起草者であるTwerski教授に直接確認したところによれば、同教授も同様の認識で

(4) 両基準の視点としての有用性

　以上のとおり、消費者期待基準の発想に基づく欠陥主張とリスク効用基準の発想に基づく欠陥主張とでは、立証方法、危険の明白性の論点において相違が生じ得る。日本ではこのような分析が特段見当たらないが、理論的には日本の製造物責任法理についても通有性を有する議論のはずである。したがって、原告が請求原因を検討する場合には、どちらの発想に基づく欠陥主張を採用するかによって審理過程や結論に差異が生じる可能性がありうるので、両基準は訴訟戦略上の視点として重要な意味をもつ。

　なお、次章以下で解説するとおり、日本の製造物責任法は消費者期待基準的発想に基づく欠陥認定が主流であるが、そのなかでリスク効用基準的発想に立つ場合の一つの方策としては、あえて過失責任構成に依拠することも考えられると思われる（第7章）。

6　製品安全設計の基本概念からの視点

　日本では製品に関する規格として日本工業規格（JIS）等が存在するが、こうした各国の規格が国際標準化機構（ISO）や国際電気標準会議（IEC）などの国際標準化機関で整合化・統一化され、多くの国際安全規格が開発されて

あった。同教授の見解としては、不具合事案（malfunction）について定めた第3次リステイトメント§3は伝統的な res ipsa loquitur 法理に根差しているので射程範囲にもおのずと限界があるが、消費者期待基準を採用した場合にはそのような限界がないので基準として曖昧にすぎるとのことであった。

37　雑談のなかで、Twerski 教授が「もしも再度リステイトメントを改訂することがあれば、malfunction について記載した§3を§2とし、3類型を定義した§2を§3にする」と発言していたことがある。もちろんこれは同教授の冗談だが、日本の欠陥認定構造はまさにそのようになっていると思われ（本章4(4)参照）、筆者にとっては示唆の多い一言であった。

いる。これらのほとんどは個々の機械・機械類に関する安全要求事項を定めるものであって裁判における汎用性はないが、中には安全設計の基本的発想等を定めた規格もあり、これについては製造物責任理論を検討する際にも有用な視点となりうる。

製品安全設計に関する最も基本的な規定はガイド51（安全側面―規格への導入指針）[38]であり、製品設計で目指す「安全」の意味やそれを実現するためのリスクアセスメントおよびリスク低減の反復プロセスについて規定されている。その他、ガイド37（消費者による製品の使用のための説明）[39]、ガイド50（安全側面―規格及びその他の仕様書における子どもの安全の指針）[40]、ガイド71（規格におけるアクセシビリティ配慮のためのガイド）[41]等が著名である。これらが具体的に製造物責任理論・裁判に影響しうる諸点については個別に言及する。

なお、これらをすべて引用掲載することは権利関係上不可能だが、ガイド51の発想に基づいて作成された日本の行政資料として、機械の設計および製造等を行う製造業者並びに当該機械を労働者に使用させる事業者について適用される、厚生労働省の"機械の包括的な安全基準に関する指針"（平成19年7月31日基発第0731001号）があり、ガイド51の製品安全設計の発想を具体的に理解するのに有用なので、巻末資料として引用している。

---

[38] ISO/IEC GUIDE 51:2014 Safety aspects - Guidelines for their inclusion in standards（邦訳あり）。同趣旨のJIS規格としてJIS Z8051があるが、これは2014年改訂前のGUIDE 51:1999に対応するものである。

[39] ISO/IEC GUIDE 37:1012 Instructions for use of products by consumers（2015年7月時点では邦訳なし、2012年改訂前のGUIDE 37:1995には邦訳あり）。同趣旨のJIS規格としてJIS S0137があるが、これは2012年改訂前のGUIDE 37:1995に対応するものである。

[40] ISO/IEC GUIDE 50:2014 Safety aspects-Guidelines for child safety in standards and other specifications（2015年7月時点では邦訳なし、2014年改訂前のGUIDE 50:2002には邦訳あり）。

[41] ISO/IEC GUIDE 71:2014 Guide for addressing accessibility in standards（2015年7月時点では邦訳なし、2014年改訂前のGUIDE 71:2001には邦訳あり）。同趣旨のJIS規格としてJIS Z8071があるが、これは2014年改訂前のGUIDE 71:2001に対応するものである。

第1章 総論

> コラム：アメリカは製造物責任の濫訴社会か？

　アメリカでは製造物責任訴訟が乱発し、巨額の損害賠償による企業のダメージも大きいということが印象論としていわれることが多い。これについては消費者側・製造者側の立場により評価が全く異なるところであるが、関連データを紹介したい。

1　製造物責任関連訴訟提起件

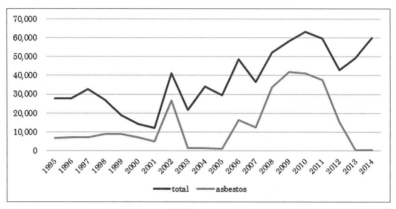

（出典：Judicial Business of the U.S. Court）

　これは、連邦地方裁判所（州裁判所での訴訟提起件数は含まない）の訴訟提起件数を調べた統計資料である。これによれば、確かに訴訟提起件数は日本に比べると圧倒的に多いが、その大半はアスベスト関連訴訟が占めていた時期が多い（なお、近年は薬剤関連訴訟が漸増している）。

　アスベスト訴訟は、訴訟資料関係や製品の普及具合において他の製造物責任訴訟とは全く異なり、全体としての被害額も巨額であるところ、このアスベスト訴訟のイメージが製造物責任全体のイメージとして広まっている可能性があるようにも思われる。

2　勝訴原告の勝訴金額水準と、懲罰的損害賠償が認められる割合

　これは、全米の州裁判所のうち主要75カ所について不法行為訴訟の現状を調べた統計資料である。これによれば、全不法行為類型のなかで、製造物責任類型において懲罰的損害賠償が認められる割合は必ずしも高くないこと、しかし結果としての損害賠償額の中央値は全不法行為類型のなかでも高いという傾向がある（上記デー

勝訴原告の獲得金額（中央値）　　　　　　　　　　　　　　　　（ドル）

	1996	2001	2005
自動車事故	22,000	18,000	16,000
医療過誤	354,000	464,000	679,000
施設管理者責任	71,000	65,000	90,000
故意不法行為	40,000	41,000	100,000
製造物責任	241,000	495,000	748,000
全不法行為類型	38,000	30,000	31,000

懲罰的損害賠償を得た原告の割合

	1996	2001	2005
自動車事故	0.7%	2.1%	1.6%
医療過誤	1.1%	4.9%	2.6%
施設管理者責任	4.5%	1.5%	0.5%
故意不法行為	24.0%	36.4%	24.3%
製造物責任	7.7%	4.2%	1.3%
全不法行為類型	3.3%	5.3%	3.6%

出典：Tort bench and Jury Trials in State Courts, 2005, Table 12 (U.S. Department of Justice)

タはやや古いが、ロイター社が毎年発表している Current Award Trends in Personal Injury という調査結果においても同様の傾向が示されている）。

　懲罰的損害賠償が認められるためには悪質性が必要であり、特段の加害意思がないことが通常である製造物責任事故で懲罰的損害賠償が認められる割合が低いのは理論的にも当然の結果である。原告の獲得金額が多い理由については当該統計資料からは判然としないが、いずれにせよ懲罰的損害賠償でなければ相応の損害があったということであるので、この結果に当不当があるとすれば、それは製造物責任法理の問題ではなく、アメリカにおける一般的な損害額算定の問題ではないか、というのが筆者の印象だが、どうだろうか。

第2章

製造上の欠陥

1　総　論

　製造上の欠陥とは、製造物が設計・仕様どおりに作られなかったことにより安全性を欠く場合の欠陥であり、(安全設計段階における製品安全に着目する設計上の欠陥・指示警告上の欠陥と異なり) 製造工程における製品安全に着目するものである。日本の欠陥定義との関係でいえば、設計・仕様どおりに製造されておらず、それゆえに被害結果をもたらすような製品は、当然に「通常有すべき安全性を欠いている」と評価される、という論理構造になる。

　何らかの理由により異物が混入したような場合が典型事案だが、現在の大量製造工程においては、製造業者がどれだけ注意しようとも一定割合の不良品が発生してしまうことは不可避と考えられている (アウスライサー)。このような場合、過失責任の枠組みでは製造業者は注意義務を尽くしたとして免責される可能性もありうるが、それが妥当な結論であるのかが問題となる。この点について、製品利用者よりも製造業者のほうが危険を予期して対処を考え得る立場にあること、製造業者は保険やコスト上乗せでリスク分散ができること、このような不良品がなるべく流通しない方向での責任配分が望ましいこと、などの理由を挙げて製造業者の無過失責任を認める考えを示したのが **Traynor** 裁判官であり[1]、同理論が第2次リステイトメントにも採用されて、無過失責任を中核とする製造物責任法理が誕生した。

　このように、製造上の欠陥は製造物責任法理の原型ともいうべき欠陥類型であり、この発想は日本の製造物責任法にも受け継がれている[2]。

　なお、この製造上の欠陥類型として章末別表1に掲げた事案には第3章で

1　Escola v. Coca-Cola Bottling Co. 150 P.2d 436 (Cal. 1944), Greenman v. Yuba Power Products, Inc. 377 P.2d 897 (Cal. 1962).
2　経済企画庁国民生活局消費者行政第一課編『逐条解説　製造物責任法』9〜10頁 (商事法務研究会、1994)、通商産業省産業政策局消費経済課編『製造物責任法の解説』89〜90頁 (通商産業調査会、1994) など。

解説する通常使用類型として理解しうるものも含まれるが、本書では、判示において事故原因が製造工程と安全設計段階のいずれにあるかについて言及された事案、あるいは不具合現象よりも事故原因に着目した事案を製造上の欠陥類型として分類した。また、(特に前提事実関係が異なるとして請求棄却された事案など)判示からこれらが判別し難い場合には、原告の欠陥主張が事故原因と不具合現象のいずれに着目しているかを基準として分類した(当事者が自身の主張を製造上の欠陥と呼称しているかどうかには重点をおいておらず、判決文における呼称と本書における分類が異なる場合もある)。

2 判断基準

<事例1>

　　コーラの入ったガラス瓶が1ダース入った箱を落としてしまい、瓶の外見に問題がないか確かめるために一つずつ取り出して確認した。11個目までは問題がなかったが、最後の1個が突然爆発して怪我をした。当該コーラ入りガラス瓶は、A社の製造するガラス瓶にB社がコーラを充填したものであるが、B社のコーラ充填過程においてガス圧が強すぎた等の事情はなかった。また、当該ガラス瓶は新品であり、製造後初めてコーラ充填され出荷されたものであった。
　　当該ガラス瓶について製造上の欠陥があったと主張することができるか。

（＊参考：Escola v. Coca-Cola Bottling Co. (Cal 1944) を改変）

<一般的な検討要素>

当該製品の設計上の安全水準

当該製品が実際に有していた安全性能

当該製品の設計上の安全強度を満たしていれば本件被害は防げたか

＜本件における検討の視点＞

爆発したガラス瓶が設計上有するはずの強度を満たしていたかどうかを検討し、その強度を満たしていなければ製造上の欠陥が認められうる。11個目までは問題がなかったが最後の1個が爆発したというのは、当該製品のみ設計上有するはずの強度を満たしていなかったこと、および当該製品の設計上の強度を満たしていれば本件被害が防げたことを推認させる一つの事情となりうる。

＜解説＞

(1) アメリカの議論状況

製造上の欠陥の判断基準は、定義からも明らかなとおり、問題となる製品が本来の設計・仕様どおりであるかどうかである[3]。設計・仕様は製造業者自らが掲げる製品安全水準であり、それを満たさなかったために被害結果が発生した場合には製造業者が責任をとるべきことは当然である、という発想に立つものであり、消費者期待基準とリスク効用基準の分類の視点でいえば前者の発想に基づくものと理解し得るが、いずれにせよこの判断基準の内容について特段の理論対立はない。

なお、設計上想定される強度を満たしていても落とした衝撃でヒビが入る可能性が高く、それが原因で爆発する可能性が高かったのであれば、製造上の欠陥と被害結果の因果関係は否定されうる。その場合には、そもそもそのような強度の設計を採用したことの当否、あるいはヒビが入った場合に爆発するような構造の設計を採用したことの当否が設計上の欠陥として検討対象となりうる。

(2) 日本の議論状況

日本でもアメリカと同様、問題となる製品が本来の設計・仕様どおりであるかどうかが製造上の欠陥の判断基準となる。日本ではこれを標準逸脱基準

---

[3] RTT§2(a), cmt. c.

と呼称することが多い[4]。3類型を区別しない日本の製造物責任法の法文上は、製造上の欠陥類型についても製造物責任法2条2項所定の諸要素(当該製造物の特性、その通常予見される使用形態、その製造業者等が当該製造物を引き渡した時期その他の当該製造物に係る事情)を考慮すべきことになるが、以下のとおり、これらは標準逸脱基準を適用する際には関連性が薄い視点であり、製造上の欠陥に関する実際の公刊判例においても、かかる考慮要素が視点として意識されることは稀である[5]。

標準逸脱基準による場合、典型的には、何が"設計上予定される安全水準"かを認定したうえで、製品の品質がこれを満たすかどうかを検討するという検討過程となるが[6]、何が"設計上予定される安全水準"が明らかな場合には、端的に事故原因を指摘するだけで欠陥該当性が認められうる[7]。たとえば、通常、食品では絶対的な安全性が要求されるため、食中毒が発生したような場合にはあえて設計との比較という過程を経るまでもなく欠陥該当性が認められうる[8]。他方、同じ食品でも技術的に食中毒原因菌が付着することを完全に防止することが困難なサイコロステーキ肉のような製品もあり、そのような場合には、単に食中毒が発生しただけでは足らず、あるべき"設計

---

[4] 鎌田薫=山口斉昭「製造上の欠陥、設計上の欠陥、警告上の欠陥」升田純編『現代裁判法体系8 製造物責任』128頁(新日本法規、1998)など。

[5] ただし、灯油配管フレキシブルメタルホース破損漏出事件(別表1-170)では、"設計上予定される安全水準"を検討する際に、製造物の特性や通常予見しうる使用形態などの法2条2項所定要素を検討しており、かかる法定要素が全くの無関係ということではない。

[6] カテーテル破裂脳梗塞障害事件(別表1-51)、灯油配管フレキシブルメタルホース破損漏出事件(別表1-170)、化粧水カビ等繁殖事件(別表1-288)など。

[7] 自転車フレーム破断転倒傷害事件(別表1-177)、デリックワイヤーロープ破断死亡事件(別表1-178)、培養土過塩素酸カリウム混入事件(3)(別表1-266)など。

[8] 異物混入ジュース喉頭部負傷事件(別表1-34)、輸入瓶詰オリーブ食中毒事件(別表1-39)、イシガキダイ料理食中毒事件(別表1-72)塩蔵マッシュルーム異臭発生事件(別表1-340)など。

なお、かかる場合の判断過程は、製品の不具合現象自体を問題にしているともいえ、通常使用類型の発想として理解することも可能であるが、本書では、製造過程の問題であることが明らかであり、毒素を指摘するなどして一応原因特定していることに鑑みて、製造上の欠陥として分類している。

上予定される安全水準"が先に検討されることになる[9]。

　なお、既述のとおり、製造上の欠陥と第3章で解説する通常使用類型との相違は、事故原因が製造工程と安全設計段階のいずれにあるかに着目しているか、それとも単に不具合現象に着目しているのみか、という視点の相違のみである。したがって、製造上の欠陥として本書が分類している事案の多くは通常使用類型の枠組みでも主張立証が可能であり[10]、どちらを選択するかは原告の訴訟戦略上の問題となる（第3章4参照）。

3　引渡時に欠陥が存在したことの立証

<事例2>

　　コーラの入ったガラス瓶が1ダース入った箱を落としてしまい、瓶の外見に問題がないか確かめるために、一つずつ取り出して確認した。11個目までは問題がなかったが、最後の1個が突然爆発して怪我をした。当該コーラ入りガラス瓶は、A社の製造するガラス瓶にB社がコーラを充塡したものであるが、B社のコーラ充塡過程においてガス圧が強すぎた等の事情はなかった。もっとも、ガラス瓶はリサイクル可能なリターナブル瓶であり、最初に当該ガラス瓶が出荷されてから1年が経過していた。

　　当該ガラス瓶について製造上の欠陥があったと主張することができる

---

[9]　牛肉入りサイコロステーキO157食中毒事件（別表1-257）
[10]　たとえばポンプ欠陥係留船沈没事件（別表1-116）では実際の製品と設計仕様との比較は行っておらず、不具合現象が設計上の問題ではないであろうことを検討した後、消去的に製造上の欠陥を推認している。同判例では原告自身が「設計上の欠陥」「製造上の欠陥」を区別して主張していたためにこのような判示となったが、通常使用類型として欠陥立証する場合には、そのような検討過程を経ずとも不具合現象を指摘するだけで足りる。

か。

(＊参考：Escola v. Coca-Cola Bottling Co. (Cal 1944) を改変)

＜一般的な検討要素＞

製品の製造過程

製品引渡時から受傷時までの時間的間隔・製品の耐用期間

製品引渡時から受傷時までの製品使用実績・使用態様

＜本件における検討の視点＞

事例1と同様、爆発したガラス瓶が設計上有するはずの強度を満たしていたかどうかを検討し、その強度を満たしていなければ製造上の欠陥が認められうる。もっとも、本件ではリサイクル過程で傷がついて当該ガラス瓶の強度に影響した可能性は否定し得ないため、当該ガラス瓶の実際の強度を調査する際には、単に当該強度が設計上有するはずの強度を満たしていたかどうかだけではなく、その強度不足が製造過程に由来するのか、それとも出荷後に生じた傷等によるものであるかどうかの解明も必要となる。これが客観的に解明し得ない場合には、これまでのリサイクル過程での使用状況やリターナブル瓶の通常の耐用期間・リサイクル回数との比較などによって出荷当時から強度不足であったのかどうかを推測することになり、これが肯定されれば製造上の欠陥が認められる。

＜解説＞

(1) **アメリカの議論状況**

製造物責任が認められるためには引渡時の欠陥の存在が要件であるところ[11]、被害発生時に欠陥があったとしても、それが引渡時にも存在したかどうかは別問題であるので、その立証が別途必要となる。

---

11 RTT§2.

製品引渡時から被害発生時までに長期間が経過している場合には、この立証は極めて困難となりうる。ただし、第3次リステイトメントでは販売者も製造物責任の責任主体とされているところ[12]、販売者に対する請求に関しては、その販売時点で欠陥があれば足り、製造業者が製品を流通過程においた時点での欠陥立証は不要となる。したがって、直近の販売者に対して製造物責任を追及する場合には、この立証負担は相当程度軽減されることになる。

(2) 日本の議論状況

日本でも引渡時の欠陥の存在が要件とされており（法3条）、被害発生時の欠陥の有無とは別個の検討が必要となる[13]。この点、ヨーロッパの製造物責任法理では、被害をもたらした欠陥が製品引渡時点で存在しなかった蓋然性があることを被告が立証しない限り製造物責任が認められると規定されており[14]、そのこととの関係で日本の立法時にも推定規定の要否が検討された。しかし、「製品事故の発生時に欠陥が存在した場合、引渡しのときに欠陥が存在したという経験則が存在することは少なくない」、「このEC理事会指令の規定は、わが国における事実上の推定、反証の実務とほぼ同様の内容をあえて法律上明記したものと考えるのが合理的であろう」との発想の下、事案ごとに事実上の推定を行えばよいとして、結局推定規定は導入されなかった[15]。

その後の裁判例をみると、特段の理由なく引渡時の欠陥を肯定する判例[16]が多数存在する一方で、（被害発生当時の欠陥の存在を前提として）引渡時の欠陥の存在が争点となり、個別事情を勘案して判断がなされる場合もある。後

---

12 RTT§1.
13 なお、ここにいう「引渡」とは「一般的には出荷すること又は流通に置くことがこれに該当する」と考えられている。また、製造業者自らの意思によることが必要であり、製造物が出荷前に盗まれた場合には「引渡」要件を欠くと解されている。通商産業省・前掲（注2）129頁。
14 EC Directive 1985 Article 7(b).
15 升田純『詳解 製造物責任法』472〜478頁（商事法務研究会、1997）。
16 カテーテル破裂脳梗塞障害事件（別表1−51）、イシガキダイ料理食中毒事件（別表1−72、94）、デリックワイヤーロープ破断死亡事件（別表1−178）、培養土過塩素酸カリウム混入事件(3)（別表1−266）、化粧水カビ等繁殖事件（別表1−288）。

者の場合には、製造・輸送過程、(製品の耐用期間との比較を含めた)引渡時から受傷時までの時間的間隔、その間の製品使用実績等が着目されている。

製造・輸送過程に着目する場合には、製造過程における欠陥発生機序をある程度特定して[17]、または製造過程以外で欠陥が生じえないことを示して[18]引渡時の欠陥を肯定する、あるいは逆に被害発生当時の欠陥を生じさせた別原因の可能性を指摘して引渡時の欠陥を否定する[19]のが直接的な検討方法となる。そのような直接的な検討ではなく周辺事情から検討を加えた例としては、手作業であり品質のバラつきがありうることなどから引渡時点の欠陥を肯定した事案[20]、同じ製造流通過程を辿った別製品について食中毒が発生しなかったことから引渡時の欠陥を否定した事案[21]などがある。

引渡時から受傷までの時間的間隔に着目した例としては、同時間間隔が短いほど引渡時の欠陥立証は容易であり、引渡直後の受傷であり外から異物が混入する可能性が乏しいとして引渡時の欠陥が肯定された事案がある[22]。もっとも、時間間隔については製品自体の耐用期間との比較の視点も重要であり、灯油配管フレキシブルメタルホース破損漏出事件（別表1−170）では、設置後1年3カ月後の製品破損について、「このような短期間で危険物の配管に用いられるフレキシブルメタルホースが毀損することは通常想定されていない」との評価を加えて引渡時の欠陥が肯定されている。

製品使用実績等に着目した例としては、事故発生までの間にフレーム破断を生じさせるような事故がなかったことなどを認定して引渡時の欠陥を肯定した事案[23]、あるいは逆に事故発生までの間に欠陥を認識することもなく製

17　塩蔵マッシュルーム異臭発生事件（別表1−340）。
18　輸入瓶詰オリーブ食中毒事件（別表1−39）。
19　缶入り野菜ジュース下痢症状事件（別表1−62、92）、光モジュール出力劣化事件（別表1−133）。
20　ポンプ欠陥係留船沈没事件（別表1−116）。
21　生ウニ食中毒事件（別表1−26）、輸入馬肉O157事件（別表1−97）、ロースカツ食中毒事件（別表1−144）など。
22　異物混入ジュース喉頭部負傷事件（別表1−34）。

品を使い続けていたことから引渡時の欠陥が否定された事案[24]がある。

　以上のとおり、これまでの判例を検討すると、(あたかも推定規定が存在するかのように)引渡時の欠陥が当然認定される例があり、また、被害発生当時には欠陥と評価しうる製品性状が存在するにもかかわらず引渡時の欠陥が否定される場合には相応の理由が付されており、概ね事案ごとの個別検討という立法趣旨に沿った運用がなされている印象ではある。ただし、たとえば鯖定食針状異物混入事件（別表1－248）では、引渡時に欠陥が存在した可能性と他原因のいずれについても一定以上の蓋然性を認めることができないとして引渡時の欠陥が否定されている。しかし、同事案は異物混入に関して客に損害賠償を行った飲食店経営者が問題となった鯖の販売業者に対して損害賠償を求めた事案であったが、上記判示の帰結として、製品流通過程の中間に位置する飲食店経営者が製品に関する危険を最終的に負担することとなった。製造物責任法理の発想に照らしてこの結論の妥当性は定かでなく、このような場合における欠陥推定規定の要否についてはなおも議論がありうると思われる。

23　自転車フレーム破断転倒傷害事件（別表1－177）。
24　自動二輪車シフトペダル脱落部接触中指切断事件（別表1－229）。

> **コラム：売主の製造物責任**

　第3次リステイトメントでは、製造物責任を負う者については「製品の販売もしくは配給業務に従事する者で、欠陥製品を販売もしくは配給する者」(RTT§1, 邦訳は森島監訳・第1章（注3））とされ、製品を製造したかどうかではなく、欠陥のある製造物の流通に関与したかどうかが着目点となっている。これは、製品の大量生産・大量流通時代においては、製品事故が発生した場合の負担も製品流通にかかわる者全体で分配すべきという発想に基づくものである（ただし、各州における同リステイトメントの受け入れ状況はさまざまであり、小売業者等に対する配慮から、売主責任を製造業者が無資力である場合などに限定する州も多い）。

　これに対して、ヨーロッパの製造物責任は製造業者を主要な責任主体としており、欠陥のある製造物の製造に関与したかどうかが着目点となっている。日本の製造物責任法も（輸入業者・表示製造業者を例外として）この立場を導入している。

　ここには製造物責任に対する視点の相違が現れており、（筆者の個人的感想にすぎないが）第3次リステイトメントの視点と比較した場合、日本の製造物責任法は"製造物"責任というよりも"製造者"責任と呼ぶほうが本質をとらえているようにも思われる。

<別表1> 製造上の欠陥

＊注記　この表の「No.」は巻末訴訟一覧（資料①）の「No.」に対応するものであり、また、「事件名」「提訴（控訴等）の内容」および「判決」欄の審級関係に関する記載は、平成27年4月15日に消費者庁より公開された製品安全関連の訴訟情報記載を引用している（http://www.caa.go.jp/safety/index19.html）。

No.	判決	事件名	提訴（控訴等）の内容
19	さいたま地裁 平成13年9月28日 判決	集塵機出火炎上事件	機械製造販売業者が製造販売した集塵機の納入先で発生した火災事故につき、同事故発生を原因として中小企業PL保険契約に基づく保険金請求権が発生しているか否かをめぐり、保険会社が本件業者に対して債務不存在確認を求め（本訴）、本件業者が保険会社に対して保険金の支払を求めた（反訴）事案。
26	仙台地裁 平成11年2月25日 判決	生ウニ食中毒事件	飲食店経営会社（本件経営会社）が、その経営の飲食店において、食品輸入会社（本件輸入会社）が中国から輸入し、水産物卸会社（本件卸会社）が入手して食材納入同族会社（本件納入会社）に販売し、同社から納入を受けた生うにを来客に提供したところ、客23人が腸炎ビブリオ菌による食中毒に罹患したことから、本件生うには本件納入会社の買受け時点ですでに食中毒を誘発するような状態にあり食品としての瑕疵、欠陥があったとして、本件経営会社が、本件卸会社に対しては、不法行為に基づき、本件輸入会社に対しては、不法行為、製造物責任に基づき、損害賠償を求め、また、本件納入会社が、本件卸会社に対しては、不完全履行もしくは瑕疵担保責任に基づき、本件輸入会社に対しては、不法行為および製造物責任に基づき、損害賠償を求めた事案。
34	名古屋地裁 平成11年6月30日 判決　控訴審にて和解	異物混入ジュース喉頭部負傷事件	オレンジジュースを飲んだ際、その中に入っていた異物によって喉に傷を負ったとする女性が、製造物責任、債務不履行（売買契約における安全配慮義務違反）、不法行為に基づいて、ジュースの製造販売会社に対して損害賠償を求めた事案。
39	東京地裁 平成13年2月28日 判決	輸入瓶詰オリーブ食中毒事件	レストランにおいて瓶詰オリーブを食した客らがボツリヌス中毒に罹患したため、客の一人がレストラン経営者およびオリーブ輸入会社に対し、債務不履行または製造物責任法に基づき（第1事件）、レストラン客およびレストラン経営者らが、輸入会社に対し、製造物責任法に基づき（第2事件）、

<別表1> 製造上の欠陥

欠陥認定	判示構造	受傷時欠陥立証	引渡時欠陥立証	引渡から受傷までの時間等
×	機序否定	集塵機の内部発火と認める余地がない。		約7カ月
×	当然認定	食中毒の事実自体から明らか。	本件生うにの輸入経緯、輸送過程、本件生うにと一緒に輸入された他の生うにから腸炎ビブリオ菌が検出されていないことなどから引渡時の欠陥否定。	1日
○	当然認定	受傷の事実自体から明らか。	ジュース購入後、飲み始めるまでの間に他から異物が混入する可能性はなかった。	即時
○	当然認定	食中毒の事実自体から明らか。	酸素があると増殖できないかあるいは死滅するというボツリヌス菌の特徴や、本件オリーブから検出されたB型ボツリヌス菌は我が国ではほとんど	数日内

37

No.	判決	事件名	提訴（控訴等）の内容
			レストランが、輸入会社に対し、製造物責任法に基づき（第3事件）、損害賠償を求めた事案。
51	東京地裁 平成15年9月19日判決 巻末訴訟一覧No.104の第一審。	カテーテル破裂脳梗塞障害事件	大学病院で脳動静脈奇形（AVM）の塞栓手術中、カテーテル輸入販売業者の販売したカテーテルが破裂したため、脳梗塞による後遺障害を負ったとして、被害男性が、同輸入販売業者に対しては製造物責任に基づき、本件病院の設置大学に対しては使用者責任に基づき、損害賠償を求めた事案。
57	奈良地裁 平成15年10月8日判決	給食食器破片視力低下事件(2)	当時、国立小学校の3年生に在学していた女児が、給食食器片づけの際、落とした硬質ガラス製ボウルの破片を右眼に受けて角膜裂傷、外傷性白内障などを負い、視力が0.1まで低下したため、同食器の製造会社および販売会社に対しては製造物責任に基づき、国に対しては、本件傷害等は小学校または教諭の過失、公の営造物である本件食器の設置または管理の瑕疵によるものであるとして、国家賠償法（以下、「国賠法」という）上の責任に基づき、損害賠償を求めた事案。
62	神戸地裁 平成14年11月20日判決 巻末訴訟一覧No.92の第一審	缶入り野菜ジュース下痢症状事件	夕食後、缶入り野菜ジュースを飲んだ家族3人が、カビらしい異物があったため気分が悪くなり、下痢症状等が数日続いたなどとして、缶入り野菜飲料製造会社に対し、製造物責任法3条に基づく損害賠償を求めた事案。
69	神戸地裁 平成15年11月27日判決 巻末訴訟一覧No.113の第一審	骨接合プレート折損事件	医療法人が開設する病院で、骨折した左腕上腕骨に上肢用プレートを装着する骨接合手術を受けた男性が、金属疲労により同プレートが折損したため再手術を余儀なくされたとして、同プレートの輸入販売業者（本件輸入販売業者）に対し、製造物責任に基づく損害賠償を求めるとともに（甲事件）、本件医療法人に対し、診療契約の債務不履行に基づく損害賠償を求めた（丙事件）ところ、本件医療法人が、本件男性および本件輸入販売業者

<別表1> 製造上の欠陥

欠陥認定	判示構造	受傷時欠陥立証	引渡時欠陥立証	引渡から受傷までの時間等
			検出されていないことなどを考慮すると、本件オリーブから検出されたB型ボツリヌス菌およびその毒素は、本件瓶の開封後に混入したものではなく、本件瓶の開封前から存在していたものと推認するのが相当。	
○	標準逸脱	術者が経験上体得した通常予想される使用形態を超えて、あえて過剰な加圧でもしない限り、破損しないような強度を備えていなかった。	特になし。	不明 販売開始から1カ月
×	標準逸脱	製造過程において、圧縮応力層を形成する過程でのひずみが生じたことを認めるに足りる証拠はない。	製造過程において、圧縮応力層を形成する過程でのひずみが生じたことを認めるに足りる証拠はない。	約1年11カ月
×	当然認定	カビの存在自体から明らか。	缶蓋の打痕部に外側から押し出された小さな亀裂が存在し、製品後の流通過程でかかる亀裂が生じ、そこからカビが混入した可能性がある。	約2カ月半
×	機序否定	巣の存在が本件プレートの強度を弱化させたとはいえない（むしろ使用態様に問題）。		不明 使用開始からは約2カ月

第 2 章 製造上の欠陥

No.	判決	事件名	提訴（控訴等）の内容
			に対し、本件プレートの破損につき損害賠償債務の不存在確認を求めた（乙事件）事案。
72	東京地裁 平成14年12月13日 判決 巻末訴訟一覧No.94 の第一審	イシガキダイ料理食中毒事件	料亭で料理されたイシガキダイに含まれていたシガテラ毒素が原因で食中毒に罹患し、下痢、嘔吐等の症状が生じた客らが、料亭経営者に対し、製造物責任または瑕疵担保責任に基づく損害賠償を求めた事案。
92	大阪高裁 平成15年5月16日 判決 巻末訴訟一覧No.62 の控訴審	缶入り野菜ジュース下痢症状事件	夕食後、缶入り野菜ジュースを飲んだ家族3人が、カビらしい異物があったため気分が悪くなり、下痢症状等が数日続いたなどとして、缶入り野菜飲料製造会社に対し、製造物責任法3条に基づく損害賠償を求めたことにつき、請求を棄却した第一審に対する控訴審の事案。
94	東京高裁 平成17年1月26日 判決 巻末訴訟一覧No.72 の控訴審	イシガキダイ料理食中毒事件	料亭で料理されたイシガキダイに含まれていたシガテラ毒素が原因で食中毒に罹患し、下痢、嘔吐等の症状が生じた客らが、料亭経営者に対し、製造物責任または瑕疵担保責任に基づく損害賠償を求めたことにつき、本件料理がシガテラ毒素を含んでいたことは製造物の欠陥に当たる上、既存の文献を調査すれば判明するような事項については開発危険の抗弁による免責を認める余地はないなどとして、製造物責任を認めた第一審に対する控訴審の事案。
97	東京地裁 平成16年8月31日 判決	輸入馬肉O157事件	畜産物輸出入会社が輸入したカナダ産馬肉を馬刺しに加工製造した食肉加工販売会社および同馬刺を販売した販売会社が、同馬刺の一部からO157（腸管出血性大腸菌）が検出されたため、回収、廃棄、謝罪広告の掲載等の損害を受けたなどとして、輸出入会社に対し、製造物責任に基づく損害賠償を求めた（第2事件）ところ、輸出入会社が、販売会社に対し、馬肉の売買代金の支払を求めた（第1事件）事案。
102	東京地裁 平成16年3月25日 判決	轟音玉爆発手指欠損事件	男性が火薬・花火類製造販売業者の製造した動物駆逐用花火を用いようとしたところ、本件花火が右手内で爆発して右手指の欠損、聴力障害の後遺障害が生じたため、事故の原因は本件花火の欠陥

<別表1> 製造上の欠陥

欠陥認定	判示構造	受傷時欠陥立証	引渡時欠陥立証	引渡から受傷までの時間等
○	当然認定	食中毒の事実自体から明らか。	特になし。	即時
×	当然認定	カビの存在自体から明らか。	缶蓋の打痕部に外側から押し出された小さな亀裂が存在し、製品後の流通過程でかかる亀裂が生じ、そこからカビが混入した可能性がある。	約2カ月半
○	当然認定	食中毒の事実自体から明らか。	特になし。	即時
×	当然認定	O157の感染自体から明らか。	被告製造過程での他のO157検出例がなく、本件馬刺しを製造した馬肉の一包みから製造された他の馬肉からの検出例も2〜4件に止まることを考えると、本件馬肉が原告の購入時にすでにO157に感染されていたということには、少なからぬ疑問が残る。	約半月〜1カ月程度
×	標準逸脱	設計・仕様どおりに製造されていた。	設計・仕様どおりに製造されていた。	不明 購入後約2カ月

第 2 章　製造上の欠陥

No.	判決	事件名	提訴（控訴等）の内容
	巻末訴訟一覧No.119の第一審		にあるとして、本件花火の製造業者に対して製造物責任法に基づき損害賠償を求めた事案。
113	大阪高裁平成16年8月27日判決 巻末訴訟一覧No.69の控訴審	骨接合プレート折損事件	上肢用プレートシステムを用いた骨接合手術を受けた男性が、本件プレートが破損したことについて、本件プレートの輸入販売業者に対し、製造物責任法に基づく損害賠償を求めるとともに（一審甲事件）、同手術を施術した医療法人に対し、診療契約上の債務不履行に基づく損害賠償を求め（一審丙事件）、同医療法人が、手術を受けた男性および輸入販売業者との間でそれぞれ損害賠償債務のないことの確認を求めた（一審乙事件）ことにつき、一審甲事件および同丙事件の請求を棄却し、一審乙事件の請求を認めた第一審に対する控訴審の事案。
116	東京地裁平成17年8月26日判決	ポンプ欠陥係留船沈没事件	係留船にたまった雨水等の排水目的で設置したポンプ製造会社製造のポンプにつき、当該ポンプの欠陥または瑕疵が原因で同ポンプの部品であるナットが外れて排水作動しなかったため、同船が沈没し引き揚げ費用等が発生したとして、回漕会社代表者が、ポンプ製造会社に対し、製造物責任または不法行為責任に基づく損害賠償を求めた事案。
133	東京地裁平成22年3月23日判決 巻末訴訟一覧No.132（第一審中間判決）、巻末訴訟一覧No.236（控訴審）の第一審終局判決	光モジュール出力劣化事件	光学電子部品開発製造台湾法人（台湾法人）が製造し、光学電子部品開発製造米国法人（米国法人）の旧商号を表示するロゴマークが付された光モジュール（電気信号と光信号を相互に変換するための電子部品）を組み込んだ自社製品を販売していた電気通信装置等開発製造販売会社が、本件モジュールに搭載されたレーザーダイオード（**LD**）の製造工程に起因する瑕疵ないし欠陥により自社製品の故障が生じたとして、台湾法人に対して、瑕疵担保責任、債務不履行責任、製造物責任および不法行為責任に基づき、米国法人に対して、製造物責任、台湾法人の代表者との共同不法行為、および台湾法人の法人格否認の法理に基づき、損

<別表1> 製造上の欠陥

欠陥認定	判示構造	受傷時欠陥立証	引渡時欠陥立証	引渡から受傷までの時間等
×	機序否定	巣の存在が本件プレートの強度を弱化させたとはいえない（むしろ使用態様に問題）。		不明 使用開始からは約2カ月
○	標準逸脱	本件六角ナットの実際のトルク値は設計値を満たしておらず、設計値を相当程度下回っていた可能性が強く推認される。	試験時のトルク値のばらつき、手作業の点を指摘（なお、引渡時欠陥はあるとしても、六角ナットが外れるまでの過程において（本件ポンプが本来想定していた）洗濯用水等とは異なり不純物が混入しうる船底の水の汲出しが本件ポンプの作動に通常以上の負荷をかけた可能性も否定できないとして、過失相殺2割）。	7カ月
×	原因不明	本件LDに多数の光出力劣化を生じたことがうかがわれる。	本件LDの光出力劣化の原因ないし機序を科学的に特定することは困難。その科学的な原因ないし機序は措くとして、出荷後の要因がうかがわれない限り、製造工程に起因すると考える余地もないではない。しかし、本件では本件メディアコンバーターの過熱に起因する可能性は排斥できず、したがって、本件LDの	概ね1年程度と思われるが、不明。

43

第 2 章 製造上の欠陥

No.	判決	事件名	提訴（控訴等）の内容
			害賠償を求めた事案。
144	名古屋簡裁 平成17年11月29日 判決	ロースカツ食中毒事件	惣菜製造販売店からロースカツを購入して食べた男性が、腹痛、発熱および下痢を起こしたのは本件カツを加熱不足のまま販売したことによるとして、本件製造販売店に対して、一次的に製造物の欠陥による損害賠償を求め、二次的には、本件カツは本件男性がその父を使者として購入したものであり、本件製造販売店は本件男性と契約関係にあるから互いに双方の生命・身体の安全を害さないように注意する信義則上の義務があるとして、同義務の不履行に基づく損害賠償を求めた事案。
160	東京地裁 平成20年9月17日 判決	自動車部品組立てミス自損事故発生事件	自動車輸入代理店が輸入した自動車をディーラーから購入した者とその息子らが、本件自動車にはパワーステアリングポンプの組立てミスという不具合があり、それによって、本件自動車の運転中、突然ハンドルが動かなくなったために自損事故が起きたなどとして、自動車輸入代理店らに対して、主位的に、自動車購入者において債務不履行、共同不法行為または製造物責任に基づく損害賠償請求および解除に基づく原状回復請求として金銭支払を求め、予備的に、自動車購入者において、債務不履行、共同不法行為または製造物責任に基づく損害賠償請求および解除に基づく原状回復請求として金銭支払を、自動車購入者の息子2名において共同不法行為または製造物責任に基づく損害賠償請求として金員支払を求めた事案。
164	東京地裁 平成19年10月19日 判決	排気筒取付金具バリ切創事件	壁の拭き掃除をしていた女性が、排気筒の取付金具に右手人差し指を接触させ切創の傷害を負ったため、本件取付金具には両側面のバリ取り不十分という欠陥があったとして、本件取付金具の製造販売元である琺瑯および金物製造販売業者（本件業者）に対し、製造物責任法、不法行為に基づき、あるいは、本件女性と本件業者との間の損害賠償合意に基づき、損害賠償を求めた事案。
170	東京地裁 平成25年9月26日 判決	灯油配管フレキシブルメタルホース破損漏出事件	病院施設の新築工事のうち空調設備等の工事を施工した冷暖房等装備施工業者（本件施工業者）が、同施設内に灯油を流すための配管を設置する際し、各種ラセン管等製造販売会社（本件製造会社）

44

<別表1> 製造上の欠陥

欠陥認定	判示構造	受傷時欠陥立証	引渡時欠陥立証	引渡から受傷までの時間等
			光出力劣化の原因が製造工程に起因すると認めるに足りる証拠はない。	
×	当然認定	急性大腸炎のり患自体から明らか。	他商品や原告がらは食中毒起因菌は検出されておらず、原告が持ち帰ったロースかつも一部からは顕出されていないことを考えると、原告方で保管中に付着したものと考えるのが合理的。	24時間
×	機序否定	原告指摘の不具合により、突然本件自動車のパワーステアリングが機能しなくなりハンドルが右転把できなくなったとの事実を認めることは困難。		7カ月
×	機序否定	通常想定される事態が生じただけで切創が生じるとは考えられない。		約4カ月
○	標準逸脱	本件製品の特性や通常予見される使用形態に照らしてあるべき標準機能を判断。	1年3カ月という短期間で破損することは予定されていない。	1年3カ月

第 2 章 製造上の欠陥

No.	判決	事件名	提訴（控訴等）の内容
			製造のフレキシブルメタルホース（本件製品）を使用したところ、このうち 1 本が破損し破損箇所から灯油が漏出する事故が発生したことにつき、本件事故は本件製品の製造上または指示、警告上の欠陥により生じたものであるなどとして、本件製造会社に対し、製造物責任法 3 条に基づく損害賠償を求めた事案。
177	東京地裁平成20年 8 月29日判決	自転車フレーム破断転倒傷害事件	被害者が自転車製造業者（本件業者）製造の自転車で走行中、同車両のハンドル部分と車体部分の接合部の溶接箇所が突然折れたため転倒し、顔面を12針縫う傷害等を負ったとして、本件業者に対し、製造物責任法および不法行為に基づく損害賠償を求めた事案。
178	東京地裁平成22年 2 月10日判決	デリック（貨物積卸用装置）ワイヤーロープ破断死亡事件	造船会社の建造船を購入した所有会社および同社から同船の管理を受託した管理法人が、同船上に艤装されたデリック（貨物積卸用装置）製造業者製造の本件デリックのワイヤーロープ破断による死傷事故は、同デリックの欠陥によるものであるとして、造船会社およびデリック製造業者に対し、製造物責任法 3 条に基づく損害賠償を求めた事案。
185	東京地裁平成21年11月12日判決	プルーンペースト含有クッキー金属片混入事件	製造業者製造、販売会社販売のプルーンペーストを購入、使用してクッキーを製造したところ、同クッキーから金属片が検出されたため、同プルーンペーストに金属片が混入していたとして、製菓会社が、販売会社に対しては不完全履行、製造物責任法 3 条、販売会社による関係企業の適切な監督指導義務違反、共同不法行為に基づく損害賠償を、製造業者に対しては、製造物責任法 3 条、本件金属片混入防止措置構築義務違反、共同不法行為に基づき、損害賠償を求めた事案。
193	東京地裁平成21年 4 月13日判決	ビデオカメラハードディスクドライブ故障事件	本件ビデオカメラの購入者が、同カメラのハードディスクドライブ（HDD）および駆動系電気系統の故障により映像データが再生できなくなったのは、本件ビデオカメラの製造上の欠陥または債務不履行によるとして、同カメラのメーカーに対しては売買契約の債務不履行または製造物責任法 3 条に基づき、本件 HDD の製造業者および同社の

<別表1> 製造上の欠陥

欠陥認定	判示構造	受傷時欠陥立証	引渡時欠陥立証	引渡から受傷までの時間等
○	当然認定	溶接個所破損の事実自体から明らか。	接合される母材同士の間に隙間が存在していたこと、購入後半年の間に部分的な割れを生じさせる事故があったと認められないことから、生産出荷時から存在していた溶接割れと推認。	不明 購入後6カ月
○	当然認定	三連滑車のシャフトの左右ナットの固定位置・注入穴がずれていた。	特になし（なお、点検要領には作業前の点検のほか、1月1回、2穴同時給油構造の滑車には特に入念にグリースの注入をすべきこと等の指示があり、これを怠ったことについて過失相殺3割）。	不明 建造されて6カ月
×	機序否定	そもそも受傷時にプラムペーストに金属片が入っていたことの証明なし。		約半月〜1カ月
×	原因不明	本件再生不能事故原因についての証明があったとはいえない。		20日間

47

第 2 章　製造上の欠陥

No.	判決	事件名	提訴（控訴等）の内容
			グループ中核会社に対しては製造物責任法 3 条に基づき、本件データの復旧または損害賠償を求めた事案。
198	鹿児島地裁 平成23年 9 月22日 判決	水中打上花火爆発事件	被告会社の従業員として水中花火の打上作業に従事中、被告の製造した花火玉が花火船の船上で爆発し、傷害を負った。
204	東京地裁 平成23年 1 月31日 判決	トンカチ槌破片飛散負傷事件	工事現場でトンカチ槌を用いて作業をしていた被害者が、トンカチ槌の打撃面の角が欠けた際、欠けた鉄片が左眼に入って負傷したため、同工具を販売した販売会社および同工具の製造業者に対し、製造物責任法 3 条に基づく損害賠償を求めた事案。
229	東京地裁 平成22年12月28日 判決	自動二輪車シフトペダル脱落部接触中指切断事件	自動二輪車の製造加工販売業者の製造加工に係る自動二輪車で走行中、同車のシフトペダル操作部先端部分が脱落したため、手で操作しようとしてシフトペダル付近を左手で探ったところ、チェーンが剥き出しになっている部分と接触し左手中指切断等の傷害を負った被害者が、本件業者はシフトペダル操作部の先端部分の脱落を防止し、かつチェーンカバーを装着すべき注意義務を怠った、本件事故発生は製造物である同自動二輪車の欠陥に起因するものであるなどとして、本件業者に対し、債務不履行ないし製造物責任法 3 条に基づく損害賠償を求めた事案。
231	神戸地裁 尼崎支部 平成24年 5 月10日 判決	排ガス廃液処理装置沈降槽断裂事件	顔料製造販売会社の工場に設置されたガス等処理装置の沈降槽が断裂し、酸性液流出事故が発生したところ、かかる沈降槽の破損は、同沈降槽の製造を担当した沈降槽製造業者の施工時の欠陥に基づくものであるとして、本件会社が、本件業者に対し、製造物責任法 2 条 2 項、3 条および民法709条に基づく損害賠償を求めた事案。
248	東京地裁 平成23年 9 月28日 判決	鯖定食針状異物混入事件	蕎麦屋（本件飲食店）で鯖の焼魚定食を食べた客が、鯖に混入した針状の異物を飲み込んだため内視鏡により摘出せざるを得なくなったとして、蕎麦屋経営者に損害賠償を請求し、本件経営者が本件客に損害賠償の一部を支払ったため、水産食料品販売業者に対しては製造物責任に基づき、本件食料品販売業者から本件鯖を購入した水産物購入販売業者および本件購入販売業者から本件鯖を購入して本件飲食店に販売した水産物加工保管販売

<別表1> 製造上の欠陥

欠陥認定	判示構造	受傷時欠陥立証	引渡時欠陥立証	引渡から受傷までの時間等
×	機序否定	5秒で爆発したとの事実はない。		不明
×	標準逸脱	化学成分および硬さ値とも規格値を満足し、新品の組織も特に異常はなかった。		不明 購入からは1カ月
×	当然認定	シフトペダルの先端部分が緩んでいた。	引渡しから事故までの約2年6カ月間の利用実績を考慮して引渡時欠陥否定。	約2年6カ月
×	標準逸脱	出荷時検査で異常が確認されていない。	出荷時検査で異常が確認されていない。	9年10カ月
×	原因不明	本件客が食べた鯖が本件鯖製品ではない可能性も否定できない。	被告3者における製造過程で鯖に混入した本件異物を各検出機が探知できなかった可能性、本件異物が混入した鯖を原告が被告以外から購入して客に提供した可能性、原告が鯖を調理・提供して客が食べるまでの間に本件	10日程度

第 2 章 製造上の欠陥

No.	判決	事件名	提訴（控訴等）の内容
			業者に対してはそれぞれ債務不履行ないし不法行為に基づき、損害賠償を求めた事案。
251	東京地裁 平成26年2月28日 判決	耐熱性硬質ポリ塩化ビニル管（HTVP管）クラック（亀裂）漏水事故発生事件	合成樹脂製造会社（本件製造会社）製造に係る耐熱性硬質ポリ塩化ビニル管（HTVP管）を使用した給湯管設置工事をマンション新築工事の各戸に施工したガス配管工事等の施工請負業者（本件施工請負業者）が、設置したHTVP管1および2から漏水事故1および2が生じたのは、本件各HTVP管の内壁に引渡時から大きな異物が存在し、当該異物またはその剥離孔が基点となって発生したクレーズ（微小なひび割れ）が拡大成長しクラック（亀裂）となったためであり、同異物または剥離孔の存在は製造物責任法2条2項の「欠陥」に当たるとして、本件製造会社に対し、同法3条に基づく損害賠償を求めた事案。
257	東京地裁 平成24年11月30日 判決	牛肉入りサイコロステーキO157食中毒事件	肉牛の共同処理等を行う協同組合（本件組合）と食肉販売業者（本件業者）が共同して製造した牛肉入りサイコロステーキにつき、本件業者はこれに腸管出血性大腸菌O157が混入していない旨の保証をしたにもかかわらず、これを購入して顧客に提供したところ顧客がO157による食中毒になったなどとして、ステーキ店のフランチャイザーが、本件組合および本件業者には製造物責任法3条に基づく損害賠償責任が成立し、また、本件業者に不法行為および保証責任に基づく損害賠償責任が成立するとして、本件組合および本件業者に対し、損害賠償金の支払を求めた事案。
266	東京地裁 平成24年12月13日 判決	培養土過塩素酸カリウム混入事件(3)	培養土製造業者製造の培養土を購入使用した農業者らに苗の生育障害による損害が発生したことに伴い、培養土製造業者に生産物賠償責任保険契約に基づく保険金の支払を行った保険会社が、本件生育障害は本件培養土に配合された肥料等製造会社製造の肥料中に通常混入しない過塩素酸カリウムが混入したためであり、保険代位により本件培養土製造業者の有する製造物責任法3条に基づく損害賠償請求権を取得したとして、肥料等製造会社に対し、損害賠償を求めた事案。
283	東京地裁	電気毛布焼損事	火災事故死亡者の相続人らが、本件火災事故は本

<別表1> 製造上の欠陥

欠陥認定	判示構造	受傷時欠陥立証	引渡時欠陥立証	引渡から受傷までの時間等
			異物が混入した可能性等のいずれについても一定以上の蓋然性を認めることができない。	10日程度
×	機序否定	本件各HTVP管に存在する異物またはその剥離孔がクラックの基点になったとは認められず、また、本件各漏水事故の原因が、ソルベントクラックによるものである可能性を否定できない。		不明 工事後約5年
×	標準逸脱	牛肉の結着肉にO157が混入していたとしても、加熱用食材として通常有すべき安全性を欠くとはいえない。		10日〜20日程度
○	当然認定	生育障害を引き起こすような過塩素酸カリウムが含まれていた。	特になし。	9カ月以内
×	機序否定	本件火災の原因は、何ら		不明

51

第 2 章 製造上の欠陥

No.	判決	事件名	提訴（控訴等）の内容
	平成26年6月13日判決	件	件死亡者が使用していた電気かけしき用毛布（本件電気毛布）が通常有すべき安全性を欠いていたためであるなどとして、本件電気毛布の販売会社および同製造販売会社に対し、製造物責任法 3 条等に基づき損害賠償を求めた事案。
288	東京地裁 平成26年11月27日判決	化粧水カビ等繁殖事件	化粧品開発販売会社が、製造委託先である化粧品製造会社の製造した化粧水に大腸菌および真菌（カビ等）が繁殖したなどとして、化粧品製造会社に対し、製造物責任法 3 条等に基づき、損害賠償を求めた事案。
289	東京地裁 平成26年2月19日判決	事業用大型貨物自動車エンジン出火事件	自動車製造業者（本件業者）製造の事業用大型貨物自動車がエンジンから出火して全損した事故につき、同車の被保険者に車両保険契約に基づく保険金等を支払った保険会社が、本件業者に対し、本件事故はエンジン組立工程におけるコンロッドキャップボルトの締め付け不良が原因で、同ボルトの締め付け不良は欠陥であり、また、事故前の警告装置不作動は警告装置の欠陥であるところ、保険代位により、製造物責任法 3 条、民法709条の損害賠償請求権または不当利得返還請求権を取得したとして、求償を求めた事案。
340	東京地裁 平成25年12月5日判決	塩蔵マッシュルーム異臭発生事件	中国法人が製造し、食品等の原料輸入販売業者（本件輸入業者）が輸入して訴外会社に販売した塩蔵マッシュルーム中に 2、4 －ジクロロフェノール等が混入していたため、同塩蔵マッシュルームを原料にマッシュルームスライス等の製品を製造した訴外会社が製品回収をするなどしたことにつき、同社との間で生産物品質保険契約および事業

<別表1> 製造上の欠陥

欠陥認定	判示構造	受傷時欠陥立証	引渡時欠陥立証	引渡から受傷までの時間等
		かの原因により、電気コンロに亡Cの着衣が接触して着火し、飲酒による酩酊の影響により、亡Cは、それを消そうとしたものの、消し切れず全身に火が回ったままマットレス状に移り、布団やマットレスに燃え移った日が有炎燃焼の後に、酸欠により無煙燃焼を継続したものと推認される。		
○	当然認定	化粧水が販売元に在庫として保管される期間を考慮すれば、2ないし10カ月程度でカビ等が発生する商品は化粧水として通常有すべき安全性を欠いている。	特になし。	2～10カ月
×	原因不明	ユーザーによるエンジンオイルのメンテナンス不良のためにエンジンオイルが劣化し、これにより発生したスラッジにより焼付きが生じたために発生したとする本件業者の主張には相応の合理性がある一方、エンジン組立工程における2番コンロッドキャップボルトの締め付け不良が原因であるとする本件保険会社の主張は仮説の域を出ない。		2年7カ月
○	当然認定	異臭の原因であるフェノールが付着していることから当然認定。	製造過程の環境等を詳細分析のうえ、異臭の原因であるクロロフェノール類の前駆物質であるフェノールが付着していたと認定。	1カ月弱

No.	判決	事件名	提訴（控訴等）の内容
			総合賠償責任保険契約を締結し各保険契約に基づく保険金を支払った脱退保険会社が、訴外会社の本件輸入業者に対する債務不履行、不法行為または製造物責任に基づく損害賠償請求権を保険代位したとして、本件輸入業者に対し、求償を求め、訴訟係属中に脱退保険会社から保険事業等の譲渡を受けた参加人保険会社が、独立当事者参加した事案。

<別表1> 製造上の欠陥

欠陥認定	判示構造	受傷時欠陥立証	引渡時欠陥立証	引渡から受傷までの時間等

第3章

製造上の欠陥と設計上の欠陥の境界線上の事案

──「通常使用」類型

第3章 製造上の欠陥と設計上の欠陥の境界線上の事案——「通常使用」類型

1 総 論

　通常使用類型は「製品を通常使用していたのに被害が生じた」ことをもって欠陥主張立証を行う事案である。アメリカでは、この類型は製造物責任法理が明確に意識されるに至った1960年代から認識されていたが、当初は製造上の欠陥の立証方法の一つとして理解されていた。しかし、(その後発展していった)3類型論を念頭において考えると、不具合事案の中には製造工程に問題がある事案のみならず設計段階に問題がある事案も含まれうる。そこで、第3次リステイトメント作成段階においては、不具合事案は製造上の欠陥であるか設計上の欠陥であるかを区別する"必要がない"類型としても理解されるようになった。したがって、通常使用類型と製造上の欠陥・設計上の欠陥は、いずれの類型としても主張できる場合にはどちらを選択してもよい[1]。

　日本では、「通常使用中の受傷」という主張立証方法について、不具合の具体的発生原因を解明する必要がないという立証上の特徴のみに焦点がおかれることが多く、そのことに加え、立法段階で欠陥推定規定を設けるべきかどうかが議論されつつ否定的に解されたことの影響からか[2]、通常使用の主張による欠陥主張立証自体に否定的な判例も存在する[3]。しかし、そのような

---

[1] 第3次リステイトメントには反映されていないが、その草案段階の発想としては、製造上の欠陥と設計上の欠陥のいずれか判別し得ない場合に限った類型であるという学説もあり、そのような視点からの理解が日本でも紹介されていたことがある (Jonathan M. Hoffman, Res Ipsa Loquitur and Indeterminate Product Defects: If they Speak for Themselves, What Are They Saying? 36 S. Tex. L. Rev. 353, 382-383(1995))。小林秀之「欠陥の種類と判断基準」塩崎勤＝羽成守編『裁判実務体系30　製造物責任関係訴訟法』62頁 (青林書院、1999年)、「座談会　製造物責任法 (PL法) の検討—立法から施行1年後までを振り返って」における小林発言 (判例タイムズ907号24頁)。

[2] 伊藤滋夫「製造物責任と立証の負担・推定規定」升田純編『現代裁判法体系8　製造物責任』29〜31頁 (新日本法規、1998) など。

[3] たとえば工作機械出火焼損事件 (章末別表2-140) では、「なお、原告は、出火箇所が本件機械であることが明らかである以上、被告において本件火災が本件機械の欠陥に基づくものでないことを立証しない限り、本件火災が本件機械の欠陥によるものと認定

指摘は、具体的事故原因の解明が欠陥の欠陥主張立証に不可欠であることを前提とする点で、製品の「性状」を問題とする日本の欠陥定義から離れた立論である。近時は東京高裁を含む高裁レベルでも「通常使用中の受傷」という主張立証に基づく欠陥認定を肯定する判例が現れており、少なくとも一般論としてかかる通常主張類型がありうることについては理解されていると評価しうる（自販機出火展示物焼失事件（広島高裁平成15年3月20日判決・別表2－85）、携帯電話低温やけど事件（仙台高裁平成22年4月22日判決・別表2－179）、ヘリコプターエンジン出力停止墜落事件（東京高裁平成25年2月13日判決・別表2－284））。

ところで、この類型は、「製造上の欠陥」「設計上の欠陥」「指示警告上の欠陥」を原則的類型とする3類型論のなかでは例外的な位置づけだが、日本の製造物責任訴訟においては、形式的にはむしろ原則的な主張形態と位置づけ得る。なぜならば、日本の製造物責任法では被害をもたらすような製品の性状に着目した欠陥定義が採用されているため、要件事実の視点から考えた場合、「通常使用していたにも関わらず被害が生じた（＝そのような被害が生じる製品の性状であった）」ことを主張立証するだけで、まずは請求原因事実を充足することになるからである[4・5]。

されるべきであるとも主張するが、製造物責任法3条所定の製造物責任に基づき損害賠償を請求する場合、製造物責任を追及する者が製造物の欠陥の存在及び欠陥と損害との間の因果関係の主張立証責任を負うことは明らかであるから、原告の上記主張は独自の見解というほかなく、採用することはできない」と判示されている（もっとも、同事件では当該機械が火元であること自体も確実に立証されておらず、いずれにせよ通常使用類型での主張は困難な事案であった）。

[4] 山下郁夫「不法行為9：製造物責任」伊藤慈夫総括編集『民事要件事実講座　民法Ⅱ　物権・不当利得・不法行為』427〜428頁（青林書院、2008年）。同428頁には、このように解した場合、この欠陥認定は規範的要件における評価根拠事実に基づく規範的評価の過程そのものであって、事実上の推定とは異なる旨の見解も示されている。

なお、この点は立法当時の議論では欠陥部位の特定ないし欠陥内容の具体化の要請という視点から論じられることが多かったが、意味するところはほぼ同様である（加藤幸雄「製造物の欠陥の立証と判断過程」升田編・前掲（注2）109〜113頁、松本博之「製造物責任訴訟における証明責任と証明軽減」判例タイムズ862号67〜68頁（1995）、通商産業省産業政策局消費経済課編『製造物責任法の解説』（通商産業調査会、1994）97〜98

本章4で検討するとおり、この場合でも誤使用の有無や他原因の存否が争点となりうるため、この主張が原告側にとって常に有効なわけではなく、むしろ原因特定が可能ならば端的に「製造上の欠陥」、「設計上の欠陥」ないし「指示警告上の欠陥」を主張立証したほうがはるかに説得的である。したがって、原告による訴訟戦略としての欠陥主張立証手段の選択としても「通常使用」類型が常に優先するということではないが、それでも、資料収集・原因解明手段に乏しい日本の原告にとっては、少なくとも欠陥主張立証の足掛かりを得られるという意味で重要な意味を有する。

なお、この通常使用類型として別表2に掲げた事案は、事実関係としては製造上の欠陥として理解しうるものも含まれるが、本書では、判示において事故原因（機序）を特定しなかった事案、あるいは事故原因よりも不具合現象に着目した事案を通常使用類型として分類した[6]。また、（特に前提事実関係が異なるとして請求棄却された事案など）判示からこれらが判別し難い場合には、原告の欠陥主張が事故原因と不具合現象のいずれに着目しているかを基準として分類した（当事者が自身の主張を製造上の欠陥・設計上の欠陥と呼称しているかどうかには重点をおいておらず、判決文における呼称と本書における分類が異なる場合もある）。

頁など）。
5　海藻メカブ加工品金属片混入事件（巻末訴訟一覧173）では、「製造物責任法は、製造物の欠陥により損害が発生したことを立証すれば足りるとしており、欠陥が発生した原因が何か、欠陥発生が加害者等の責に帰するのかどうかを問わないこととしたものであって」と判示し、定義上は欠陥原因の究明を必要としない日本の製造物責任法の性格に言及している（ただし、同判例自体は債務不履行構成を採用して原告請求一部認容）。
6　原告において一応機序を主張したが認定されず、そのうえで不具合現象に着目して判決がなされた例も含む。

2　判断基準

＜事例3＞

　飲食店の店員が、納入されたコーラの入ったガラス瓶を手で箱から出して持ち上げたところ、そのうちの一本が突然爆発して怪我をした。当該コーラ入りガラス瓶は新品であり、製造後初めてコーラ充填されて飲食店に輸送されたものであった。

　当該ガラス瓶について、通常使用類型として欠陥が認められるか。

（＊参考：Escola v. Coca-Cola Bottling Co. (Cal 1944) を改変）

＜一般的な検討要素＞

　当該製造物の通常の使用方法であったか
　──「当該製造物の特性」「引き渡した時期」「通常予見される使用形態」
　「その他の当該製造物に係る事情」を勘案
　欠陥以外の他原因の有無

＜本件における検討の視点＞

　本件では、飲料用のガラス瓶は手で持って口まで運ぶことが当然に予定されており、ガラス瓶を手で持ち上げることはガラス瓶の通常の用法であって、誤使用が疑われるような点は存在しない。また、本件ガラス瓶の引渡時から受傷時までそれほど時間が経っておらず、その間にガラス瓶が変質して強度が落ちるような事態は想定されない。したがって、（ガラス瓶製造業者から別原因の証明がなされない限り）製造業者に対して欠陥があったと主張することができる可能性が高い。

第3章 製造上の欠陥と設計上の欠陥の境界線上の事案——「通常使用」類型

＜解説＞

(1) アメリカの議論状況

　第3次リステイトメントでは、3類型を明示する§2に引き続き、§3において「欠陥の推定に資する状況証拠」[7]との表題で不具合類型（malfunction）について触れている。このように立証方法としての項目立てとなっているが、コメントbにおいて、§3に基づく主張については欠陥類型を示す必要はない旨を明らかにしており、本書で不具合類型と言及しているものと意味するところは同じである。

　そこでは、不具合事案（malfunction）で欠陥を立証しうる場合について、原告が受けた被害が「(a)通常は、欠陥の結果として生ずる種類のものであって、かつ、(b)当該事件において、もっぱら販売もしくは配給時点に存した製品の欠陥以外の原因の結果ではなかった場合」という要件が掲げられている[8]。すなわち、(a)は通常使用していたにもかかわらず被害が発生したということとほとんど同義であり、これにより被害発生当時の欠陥の存在が立証される。また、(b)は「製品の経年、修理業者もしくはその他の者による改造の可能性、原告もしくは第三者による誤用などの要因が、被害の発生原因たる欠陥を生み出した可能性がある」[9]ので、そのような他原因を排斥することにより引渡時にも欠陥が存在していたことの立証を求めるものである。

　このように、第3次リステイトメント§3では製造上の欠陥の場合と同様に(a)被害当時の欠陥の存在、(b)引渡当時の欠陥の存在という2段階の検討方法が予定されており、そして通常使用中の被害発生という事実は(a)の立証のみを容易にするものであることが意識されている。もっとも、(b)についても、他原因の排斥の程度については「欠陥は、その出来事の唯一の原因である必要はない。すなわち、もし原告が、その被害の発生には製品の欠陥が因果的

7　邦訳は、アメリカ法律協会編（森島昭夫監訳・山口正久訳）『米国第3次不法行為法リステイトメント　製造物責任法』（木鐸社、2001）。
8　RTT§3. 邦訳は森島監訳・前掲（注7）。
9　RTT§3 cmt. d. 邦訳は森島監訳・前掲（注7）。

に関係している可能性がもっとも高いことを立証できれば、その被害の発生が他の要因によることの可能性があったとしても、本条に基づく責任は妨げられない」と解されており、原告の立証負担への配慮が示されている[10]。

　他方、何をもって「通常は、欠陥の結果として生ずる種類のもの」と解するかについては特段の言及がない。これに関して第3次リステイトメント起草者は、malfunction法理がもともとres ipsa loquiturという過失責任一般の伝統的な過失推論則に根差していることから、その伝統からおのずと射程範囲は限定されるものとの理解に立っている[11]（同法理により過失が推認されるための要件としては、「その事故が、通常、誰かの過失がない限り生じないものであること」という要件に加え、事故原因についての被告の排他的支配、原告の事故への寄与、他の原因の可能性排除、被告の義務の範囲内の過失、などの諸要素がありうるとされているが[12]、詳細は省略する）。

　第1章5(3)で解れたとおり、この通常使用類型は、消費者期待基準の考え方からは同発想の素直な現れであり、リスク効用基準の考え方からは代替設計提示を要しない例外的場面である。この欠陥主張をどのような場面にまで許容しうるかは現在のアメリカ製造物責任法理の最重要論点の一つであり、立場ごとに理解は異なるが、第3次リステイトメントでこれを適用しうる想定例として示されているのは、以下のようなものである（第3次リステイトメント§3においてIllustrations:1〜5として示されている事例について、筆者において適宜説明を簡略化して邦訳した）。

　　○事例1・2

　　　新品の電気ブレンダーを購入し、10回ほどミルクシェークを作った。ある日ミルクシェークを作っていたときにブレンダーが突然砕け散って、ガラスの破片が目に当たり、目を傷つけた。

　　〔この事例で、使用者がブレンダーを落としたためにガラスが砕けた

10　RTT§3 cmt. d. 邦訳は森島監訳・前掲（注7）。
11　RTT§3 cmt. a.
12　樋口範雄『アメリカ不法行為法　第2版』110〜123頁（弘文堂、2014）。

のであれば§3での欠陥主張はできないが、別途製造上の欠陥等について検討の余地はある。〕

○事例3・4

新車を購入し、1600キロほど無事故で運転した。ある日赤信号待ちで運転席の背にもたれかかっている時に、突然運転席が壊れ、その拍子にアクセルを踏んでしまい、行き交う車の中に突っ込んで他の車にぶつかり怪我をした。

〔この事例で、赤信号待ちの際後ろから車が追突してきたために運転席が壊れたという場合には§3での欠陥主張はできないが、別途製造上の欠陥等について検討の余地はある。〕

○事例5

法定速度で舗装道路を注意深く走行中、ハンドル軸がダッシュボードとつながっている場所の下部付近で何かがひび割れた感触があり、その後ハンドルが右に曲がって車が急旋回し、壁に衝突して怪我をした。

(2) 日本の議論状況

日本では、「通常有すべき安全性を欠くこと」という製造物責任法2条2項の欠陥定義を要件事実の視点から評価した場合に導かれるのが通常使用類型であるので、欠陥が認められるかどうかの判断基準も製造物責任法の定めに従うことになり、具体的には2条2項所定の諸要素（当該製造物の特性、その通常予見される使用形態、その製造業者等が当該製造物を引き渡した時期その他の当該製造物に係る事情）を考慮して検討することになる。

これらの諸要素がどのように欠陥認定に影響するのかについては個別検討を必要とするものではあるが、あえて典型的な論理構造を考えた場合、「通常使用していたにもかかわらず被害が生じた」ことの主張立証が必要であるから、議論の中心となるのは「通常予見される使用形態」であり、「当該製造物の特性」「引き渡した時期」（および「その他の当該製造物に係る事情」）は「通常予見される使用形態」の内容を検討する際の考慮要素として取り扱うのが

素直な発想となる。これに加え、第3次リステイトメントで示された2段階の検討過程を参考に考えると[13]、(a)「当該製造物の特性」「引き渡した時期」等を勘案しつつ「通常予見される使用形態」(あるいはその表裏である誤使用の有無)を検討し、次に(b)他原因が被害発生時までの間に介在していないかどうかを検討する、という検討過程が基本的な論理構造になると思われ、公刊判例もこのような検討枠組みで理解しうるものが多い。

なお、日本のかかる通常使用類型の判断基準を消費者期待基準の素直な現れとして把握すべきか、それともリスク効用基準の例外的場合として把握すべきかという観念的な議論がありうるが、これについては、設計上の欠陥において消費者期待基準的発想に基づく事案処理が多いことに鑑みると(第4章2参照)、消費者期待基準の発想の素直な現れとして把握することになると思われる。

3　考慮要素の個別検討

(1)　考慮要素1：「当該製造物の特性」

<事例4>

　新品のふとん乾燥機を自宅で使用していたところ、火災が発生して使用者が死亡した。消防署によれば、同ふとん乾燥機からの出火と思われるが、その具体的な出火経緯は不明であるとのことであった。同ふとん乾燥機は購入後1年3カ月間を経ており、その間雨の日や子どもが夜尿したときにこれを使用した程度であり、手入れも適切に行っていた。また、製品仕様書によれば、同ふとん乾燥機のモーター等の各部品の目標

---

[13]　ただし、製品使用者自身の誤使用の有無については、第3次リステイトメント§3の掲げる(a)(b)の規定内容からは(a)ではなく(b)において検討されることになり、本書がここで典型的論理構造として掲げるものとは位置づけにおいて若干の差異がある。

寿命は5年と設定されていた。

本件ふとん乾燥機について、通常使用類型として欠陥が認められるか。

(＊参考：ふとん乾燥機出火死亡事件　別表2－241)

＜一般的な検討要素＞

製品の種類

製品構造の複雑性・単純性

製品寿命

新品か中古品か

＜本件における検討の視点＞

同ふとん乾燥機のような家電製品は、電気回路や熱線などに起因する発火を防止するために高度の安全性が要求される製造物であり、しかも消費者が内部構造に触れることは通常考え難い。それに加えて、使用者の同ふとん乾燥機の使用態様には特に異常な点は見受けられず、本件は新品であって第三者の改造等が介在する可能性も乏しく、また、安全な使用が期待される製品寿命の範囲内の事故発生でもあった。

したがって、外的要因によらずして本件機械から出火したのであれば、通常使用類型として欠陥が認められる可能性が高い。

＜解説＞

これまでの公刊判例を概観すると、不具合類型として欠陥が肯定されたのは業務用機器（自動販売機、磁気活水器）[14]、自動車（エアバッグの配置）[15]、自動車構成部品（エアバッグ）[16]、自動車用品（自動車用燃料添加剤）[17]、一般消費

14　自販機出火展示物焼失事件（別表2－50、85）、磁気活水器養殖ヒラメ全滅事件（別表2－53)。

15　自動車エアバッグ・タイヤ接触事件（別表2－76.2)。

16　エアバッグ暴発手指等負傷事件（別表2－188)。

者用製品（折り畳み足場台、手すり）[18]、産業用機械（乾燥装置）[19]、家庭用電器製品（携帯電話、ふとん乾燥機、シュレッダー）[20]、ヘリコプター[21]、自転車部品（サスペンション、フレーム）[22]などである。他方、不具合類型としての欠陥主張が否定された例は数多く、詳細は別表2を参照されたい。これらを「当該製造物の特性」から分析する場合には、製品の種類、製品構造の複雑性・単純性、製品寿命、新品か中古品かといった視点がありうる。

　まず、「製品の種類」の視点として、製品をたとえば食品、医薬品・化粧品、化学物質・飼料・肥料、自動車、家電製品、一般消費者用製品、産業用機械、ガス器具などの諸類型に分類し[23]、それぞれの特性に応じて欠陥判断を行うことが実務上有用であろうと考えられている。この視点からは、たとえば家電製品については、概括的には「……自動車事故が運転者の運転方法によって生じる可能性を常に有しているのに対し、家電製品による製品事故において、その事故原因が使用者の使用方法に起因することは、いわゆる誤用の場合を除いてあまり考えられず、製品によって事故が発生したのであれば、経験則上、その具体的な事故原因は製品の性状にあるものと推認することは合理的であるものと考えられる」[24]という指摘が当てはまり、比較的通常使用類型としての主張立証が認められやすい製品類型と考え得る。他方、医薬品は副作用を不可避的に伴うものであり[25]、化粧品もアレルギー反応を引き起こ

17　自動車用燃料添加剤エンジン不調事件（別表2－71）。
18　折りたたみ足場台脚部座屈傷害事件（別表2－136）、手すり破損事件（別表2－270）。
19　トランス用乾燥装置発火事件（別表2－163）。
20　携帯電話低温やけど事件（別表2－179、142）、ふとん乾燥機出火死亡事件（別表2－241）、シュレッダー破裂難聴など負傷事件（別表2－254）。
21　ヘリコプターエンジン出力停止墜落事件（別表2－284）。
22　輸入スポーツ自転車部品脱落部受傷事件（別表2－238）、小型折りたたみ自転車前輪フレーム破断転倒事件（別表2－281）。
23　この分類は能見善久＝加藤新太郎編『論点体系　判例民法8　不法行為8　第2版』37～115頁〔朝見行弘〕（第一法規、2013年）の分類に倣ったものである。
24　朝見・前掲（注23）81頁。
25　朝見・前掲（注23）43頁、肺がん治療薬死亡等事件（東京・大阪）（別表3－121、128、262、264）など。

す危険を内在するものであり[26]、化学物質も未知の危険によって製品事故が生じる可能性がありうるが[27]、これらは通常使用中に受傷したとしてもそれが必ずしも製品欠陥との評価につながるわけではないことを意味するものであり、不具合事例としての主張立証が認められにくい製品類型と考え得る。また、自動車については「異常な使用方法の考え難い電気製品と異なり、事故の発生に運転者の運転行為がかかわる自動車の場合において、原告は、通常の使用方法で使用していたことの主張立証が困難となるものといわざるを得ない」[28]という指摘が当てはまり、通常使用類型としての主張は理論上可能としても立証が事実上困難である場合が多いと思われる。

次に、製品類型と類似する視点として、「製品構造の単純性ないし複雑性」に着目する視点がある。この点、ヘリコプターエンジン出力停止墜落事件(別表2-161、284)では、第一審・控訴審とも通常使用の主張立証による欠陥認定が認められたが、控訴審では、欠陥立証を認める理由として「本件における製造物がコンピューター・アセンブリなどを組み込んだ複雑な構造を有する本件エンジンであることから判断すると」という理由が原審判示に付加されている。これは製品構造の複雑性に起因する原告の機序立証の困難性を重要な判断要素として考慮することを認めているようにも思われる。

さらに、「製品寿命」、すなわち製品自体ないしそれを構成する部品の寿命内であるかどうかという視点が重視されることが多い。たとえばふとん乾燥機出火死亡事件(別表2-241)では5年の目標寿命の範囲内であったために問題視されなかったが、電気カーペット火災死亡事件(別表2-235)では、「長期間(5年程度)経過したものは、ご使用上支障がなくても安全のため、販売店に点検を依頼してください」との取扱説明書が付されていたところ、使用開始後5年超経過していることが否定的要素として斟酌され、欠陥が認定

---

[26] 朝見・前掲(注23)45頁、化粧品皮膚障害事件(別表2-342)など。
[27] 朝見・前掲(注23)54頁、防音ブースシックハウス症候群罹患事件(巻末訴訟一覧No.278)など。
[28] 朝見・前掲(注23)61頁。

されなかった。寿命の明示がない製品についても、相応の使用期間を経ている場合には、それが保護に値する期間内であるかどうかについての検討がなされ[29]、また、保守点検が予定されている製品についてはその保守点検状況についての検討がなされている[30]。

また、「新品か中古品か」という視点に関しては、中古品については製品製造後の事情が介在して被害発生に至った可能性が（新品と比べれば）類型的に大きく、不具合類型としての主張立証に適さない場合が多いと思われる[31]。

(2) 考慮要素2：「引き渡した時期」（＝判断基準時）

「引き渡した時期」が欠陥判断の考慮要素として掲げられたのは、欠陥の判断基準時が引渡時点であることを示すためであり、社会常識・期待、あるいは技術的可能性等の欠陥認定に影響をもたらす諸要素が引渡時点と裁判時点とで異なる場合に重要な意味をもつ。未知の危険が潜在する可能性が高い医薬品・化学物質等における指示警告上の欠陥類型ではこの視点が極めて重要となる。他方、通常使用類型との関係でいえば、そのような製品についてはそもそも何が通常使用であるのか判別困難なこともあり、また通常使用であっても不可避的に副作用等が生じる場合もあるため、「通常使用中の受傷」のみを主張の基礎とする通常使用類型としての主張は難しい。そのため、この「引き渡した時期」と通常使用類型の関連は薄く、通常使用類型に関するこれまでの公刊判例でも特に問題とされていない。

もっとも、「引き渡した時期」がいつであるのかは、製品引渡時点から被害発生時までの時間の長短に関連するが、これはその間の他原因の介在可能性の強弱に強く影響する。その意味で、製品の引渡時期については重要な背景

---

[29] 折りたたみ足場台脚部座屈傷害事件（別表2－136)、輸入スポーツ自転車部品脱落頚部受傷事件（別表2－238）など。
[30] 焼肉店舗用無煙ロースターダクト発火事件（別表2－151)、輸入スポーツ自転車部品脱落頚部受傷事件（別表2－238)、トランス用乾燥装置発火事件（別表2－163)、ヘリコプターエンジン出力停止墜落事件（別表2－161、284）など。
[31] 中古車出火焼損事件（別表2－58）。

事実として言及されることが多い。

(3) 考慮要素3：「通常予見される使用形態」（＝誤使用の有無）

<事例5>

折りたたみ自転車で4cm程度の段差を下ったところ、前輪フレームが突然折れ、前のめりに転倒して顔面を強打した。同自転車は購入して約半年間、月2回程度、街中移動のために使用していた。同自転車には「段差のあるところでは使用しないで下さい」との取扱説明書がついていた。

本件折りたたみ自転車について、通常使用類型として欠陥が認められるか。

（＊参考：小型折りたたみ自転車前輪フレーム破断転倒事件　別表2－281）

<一般的な検討要素>

製造業者等が予定する製品の使用方法
　――製品の表示・警告
製品使用者が理解・予定するであろう製品の使用方法
　――製品の使用者層

<本件における検討の視点>

取扱説明書に注意書きがあり、製造業者が段差のあるところでの使用を予定していないことは示されているが、その「段差」の程度が定かでないことに加え、そもそも自転車は路上走行をするための乗り物であるので、製品使用者が4cm程度の段差で使用することは想定した強度を備えているべきであると考えられる。したがって、通常使用類型として欠陥が認められる可能性が高い。

<解説>

「通常使用される使用形態」は、その表裏である被害者の誤使用の有無という形で検討されることが多い。この誤使用は抗弁的な扱いで被告側より主張されるが、その法的性格については、欠陥認定に影響する要素としての誤使用のほか、相当因果関係に影響する要素としての誤使用、過失相殺に影響する要素としての誤使用に区別して考えるべきことと解されている[32]。

そのうちここで問題とするのは欠陥認定にかかわる誤使用であるが、この場合には危険を生じさせた使用方法が保護に値するものであるかどうかが問題となる。これについては、まずは「製造業者が本来予定する使用方法」が着目されるが、それだけではなく「製品使用者が理解・予定するであろう製品の使用方法」も考慮対象となる。すなわち、製造業者が十分承知していても製品使用者からは判別しにくい危険性が存在しうること、また、事業者が適切な使用実態把握をしないで安全対策を考えている場合もあることから、事業者が想定する使用方法よりも製品使用者が考えるところの"正しい使用方法"のほうが通常は範囲が広い[33]。この場合でも一般常識に合致しうる限りは保護すべきと考えられており、かかる理解を表すために「①適正使用、②誤使用、③著しく異常な使用」[34]、「①機械の意図する使用、②合理的に予見可能な誤使用」[35]あるいは「①正常使用、②予見可能な誤使用、③非常識な使用」[36]など、さまざまな表現が用いられるが、意味するところは同じである。

---

32 RTT§2 cmt. p. 中村雅人「製造物の誤使用と製造物責任」升田編・前掲（注2）140頁。
 もっとも、相当因果関係に影響する誤使用については、検討順序としてその前に欠陥該当性が問題となるところ、当該誤使用が「合理的に予見可能な範囲内の使用方法として保護に値するか」という欠陥認定は、通常は被害結果との因果関係の相当性を織り込んだ判断となる。したがって、誤使用事案で欠陥が肯定されつつ、それでも相当因果関係が否定されるのは特殊な場合に限られる。
33 RTT§2 cmt. p. 製品評価技術基盤機構『消費生活用製品の誤使用事故防止ハンドブック 第3版』9～10頁（2007年）、経済企画庁国民生活局消費者行政一課編『逐条解説 製造物責任法』70頁（商事法務研究会、1994）。
34 升田純『詳解 製造物責任法』363頁（商事法務研究会、1997）。
35 巻末資料③ 機械の包括的な安全基準に関する指針 第1-3-(8)(9)。
36 製品評価技術基盤機構・前掲（注33）11頁。

本書では「①正常使用、②予見可能な誤使用、③非常識な使用」の用語を用いることとし、これによれば、①正常使用のみならず②予見可能な誤使用についても製品で安全を確保すべきであり、「通常使用中の受傷」を主張する通常使用類型における「通常使用」に含まれると理解することになる。

なお、かかる発想は製品安全設計の基本概念にも組み込まれており、リスクアセスメントにあたっては、最初に「使用者」「①意図する使用及び②合理的に予見可能な誤使用」（＝本書の用語では①正常使用および②予見可能な誤使用）を同定したうえで、（ハザード同定、リスクの見積もりを経て）リスクの評価をなすことが予定されている[37]。

〔図表 2〕

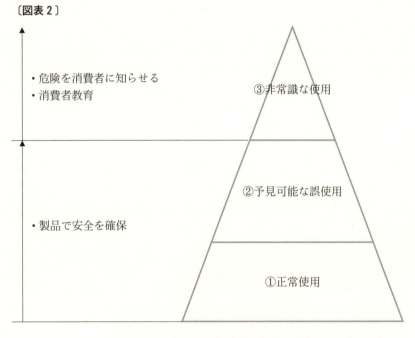

（図表引用：製品評価技術基盤機構・前掲（注33）11頁）

---

37 ISO/IEC Guide 51: 2014, Safety aspects-Guidelines for their inclusion in standards（安全側面―規格への導入指針）

②予見可能な誤使用と③非常識な使用の区別については、個々の事案ごとの検討が必要ではあるが、考慮要素としては製品に関する表示・警告、製品の使用者層等が重要と考えられている[38]。

このうち表示・警告については、製造業者等が予定する製品の使用方法が明確に示されているか否かが一つの着目点ではあり、その点では指示警告上の欠陥における検討内容と共通するものがある（第6章）。しかし、問題となった使用方法を禁ずる表示・警告がどれだけ明確であったとしても、それだけで製造業者が免責されることにはならない。たとえば小型折りたたみ自転車前輪破断転倒事件（別表2-281）では、「段差のあるところでは使用しないで下さい」との取扱説明書がある折り畳み自転車で4cm程度の段差を下ったことについて、破損の危険性を具体的に注意喚起していたとはいえないこと、本件自転車が路上走行をするための乗り物であることから4cm程度の段差での使用は予定すべきとして、誤使用との被告主張を排斥して欠陥が認定されている。また、手すり破損事件（別表2-270）でも、「この手すりは横付け専用です」との注意書きがあった手すりを縦付けしたことについて、縦付けの場合に破損する危険があるとの警告はなく、使用例には斜めに取り付けられた写真も掲載されていたこと、階段で転倒しかけて手すりを握る場合には体重のかなりの部分が手すりと平行の方向にかかる事態も容易に想定しうること、本件手すりを横付けした場合と縦付けした場合とでブラケットの耐荷重に有意な差異はないことから、縦付けも通常予見しうる使用形態の範疇として欠陥が認定されている。

製品の使用者層については、専門家、高齢者、幼児、一般消費者等といった特定の使用者層が想定されている場合には、その使用者層の能力、知識、

なお、巻末資料に挙げた機械の包括的な安全基準に関する指針でも、「機械の制限に関する仕様の指定」「危険性又は有害性の同定」「リスクの見積り」という用語を用いてガイド51と同内容のリスクアセスメントが規定されており、同指針の別図においてフローチャートが示されている。

[38] 升田・前掲（注34）364〜366頁。

経験を前提として製品使用者が理解・予定するであろう製品の使用方法を検討すべきと解されている（ただし、製造者が一般消費者を使用者として想定していたとしても、家庭内で使用される製品については幼児・高齢者によって使用・操作されることもあるから、そのような事態に備えた安全施策が必要となる）[39]。かかる視点が問題となった一例として、資源ゴミ分別機械上腕部切断事件（別表3-43、82。ただし、本書での分類上は設計上の欠陥事案）は、一般廃棄物処理業者の元役員が産業機械の回転中のローラーに付着した異物を手で除去しようとしてローラーに巻き込まれ上腕部を切断した事案であるが、かかる行為の危険性について、第一審では「幼児など上記危険に対する判断能力が必ずしも十分でない者であれば別段、そうでない一般人であれば、その危険性を容易に認識し、巻き込まれる危険のあることを想定することができる」として通常予見しうる使用形態ではないとした。これに対して控訴審では、「控訴人Aの注文により被控訴人が組み立て、控訴人Aの工場に設置したものであり、控訴人Aは初めて一般廃棄物処理業に携わり、本件機械について専門知識を有していなかった」点に着目して、「誤使用ではあるが、なお被控訴人にとって通常予期、予見され得る使用形態というべきである」と認定されている。

(4) 考慮要素4：被害発生時までの間の、他原因の介在可能性

＜事例6＞

折りたたみ足場台の天板の上に立って修理作業をしていたが、突然足場台の脚部が折れ曲がって変形したため転落し、頭部に怪我をした。専門家によれば、変形の原因については脚部の初期不整と補強金具の不具合の存在である可能性が高いと思われるが断定はできないとされた。同事故は足場台購入から3年9カ月後に発生しているが、製品耐用期間の

---

[39] 升田・前掲（注34）365頁。

範囲であり、また、使用者自身もその間同足場を足場としての用法以外で使用したことはなかった旨を一貫して主張していた。

同足場台について、通常使用類型として欠陥が認められるか。

（参考：折りたたみ足場台脚部座屈傷害事件を改変　別表2－136）

＜一般的な検討要素＞

製品引渡時から受傷時までの製品使用実績、使用態様

製品の製造過程

製品引渡時から受傷時までの時間的間隔・製品の耐用期間

＜本件における検討の視点＞

　足場台の天板の上に立つというのは足場台の通常の使用方法であり、その際に受傷したのであるから、受傷時に同足場台が通常有すべき安全性を欠いていたことは明らかである。そして、足場台の形状として、これを通常用途以外で使用することが想定しにくく、使用者本人も足場としての用法以外で使用したことはなかった旨を一貫して主張している。これに加え、引渡後3年9カ月経過しているが耐用期間内の範囲ではあり、専門家からは足場台の当初からの不具合である可能性も指摘されていることに鑑みれば、引渡時にも欠陥が存在したことが認められる可能性が高い。

＜解説＞

　製造上の欠陥における場合と同様、被害発生時に通常有すべき安全性を欠いていたとしても、それが製品引渡時にも同様の性状であったかは別問題であり、別途検討する必要がある。そして、立法当時の議論のなかで、被害発生時の欠陥から引渡時の欠陥を推定する旨の規定の導入が議論されたが、事案ごとに事実上の推定を行えばよいとして、導入は見送られた（第2章3参照）。

　もっとも、通常使用類型においては、受傷時点での欠陥を基礎づける事情

は「通常使用していたにもかかわらず受傷したこと」であるところ、これは引渡時点から継続して通常使用し続けていたことの主張を含意するのが普通であるから、原告側の立証場面で引渡時の欠陥を基礎づける資料を別途提出しうることはあまり多くなく、また通常使用していたことが裁判所に認められるのであれば同時に引渡時の欠陥も認められることが多い[40]。

あえて引渡時点の欠陥の有無について検討された例としては折りたたみ足場台脚部座屈傷害事件（別表2-136）があり、ここでは、購入時から3年9カ月経過後に足場台が壊れて受傷結果が生じたものの、「①……同期間は本件足場台が通常有する安全性が維持されてしかるべき合理的期間の範囲内であると考えられること、並びに、②本件足場台の形状からして、本件足場台の通常の用法以外の方法で使用されることがわかに考え難い上、原告も、本件足場台を購入後、同足場台を通常の用法に従い使用していたと供述及び陳述しており、特段この供述ないし陳述の信用性を疑うに足りる証拠もないことからすると、原告が、同足場台を購入後、同足場台を通常の用法に従い使用していたと推認される一方で、被告Aが被告Bに本件足場台を納入した当時から、本件足場台に本件変形の原因となる不具合があったと推認されること」[41]を総合して引渡時の欠陥が肯定されている。他方、電気カーペット火災死亡事件（別表2-235）では、電気カーペット使用開始から約5年後に電源コードから出火した事案について、同電源コードに素線のよじれや斜め方向の鋭利な断線があったことを理由に、「その間、原告の父及びBが本件カーペットを通常の用法に従って使用し続けていた事実、本件発火の原因との関係でいえば、電源コードに断線を生じさせ得るような外的圧力を加えることなく使用していた事実は、本件全証拠によっても認めることができない」と

---

[40] 小型折りたたみ自転車前輪フレーム破断転倒事件（別表2-281）では、通常使用中の受傷を理由に欠陥を認定する際、引渡時の欠陥の存在についてあえて言及しつつ、特段理由を付さず認定している。

[41] 本件事例6と同様、本件脚に初期不整等が存在した蓋然性が高い旨の専門家の意見があった事案であった。

して、通常使用し続けていた事実を否定することで引渡時の欠陥を否定している。

　なお、この論点に関しては、製造物責任法施行前の日本の製造物責任法理論の到達点を示す冷凍庫発火事件（第1章3参照）では、「消費者が、本来の使用目的に従って製造物を使用し、事故が発生した場合において、その時点で製造物に欠陥が存在したときは、特段の事情の認められない限り、製造物が流通に置かれた時点において、欠陥が存在していたものと推認することが相当である」として、受傷時の欠陥から引渡時の欠陥が推定されることが明示されていたので、これと製造物責任法において推定規定が導入されなかったこととの相違が注目される。もっとも、同判例も引渡時の欠陥を擬制するものではなく、特段の事情があれば反証は可能である。他方で、製造物責任法における通常使用類型も受傷時点での通常使用が認められれば引渡時の欠陥が認められる例が多く、少なくとも無理由でこれが否定された例は存在しない。したがって、現時点の公刊判例を検討する限り、冷凍庫発火事件判例の示すところと製造物責任法の実際の運用とで実質的な差異があるようには思われない。

4　通常使用類型の活用可能性

＜事例7＞

　　コーラの入ったガラス瓶が1ダース入った箱を落としてしまい、瓶の外見に問題がないか確かめるために一つずつ取り出して確認した。11個目までは問題がなかったが、最後の1個が突然爆発して怪我をした。当該コーラ入りガラス瓶は、A社の製造するガラス瓶にB社がコーラを充填したものであるが、B社のコーラ充填過程においてガス圧が強すぎた等の事情はなかった。また、当該ガラス瓶は新品であり、製造後初めてコーラ充填され出荷されたものであった（＊事案1と同内容の事案）。

原告の訴訟戦略として、当該ガラス瓶について通常使用類型として欠陥があったと主張したほうがよいか、それとも製造上の欠陥があったと主張したほうがよいか。

＜一般的な検討要素＞

通常使用類型の主張に適する製品類型か
予見可能な誤使用の論点が問題となる可能性
具体的な事故原因が判明しているか、それを裏づける資料があるか

＜本件における検討の視点＞

　ガラス瓶の設計上の強度と実際の強度について自ら調査することが可能であり、あるいは調査結果が訴訟提起前に入手可能であれば、端的に製造上の欠陥を主張立証することが簡便であり、説得力も高い。
　他方、そのような調査結果が訴訟提起前に入手困難であれば、通常使用類型として欠陥主張することになる。しかし、本件では箱ごと落としてしまうという事情が介在しており、それでも通常使用といえるかどうかをめぐり、予見可能な誤使用の論点が生じる。これについて同種事故事案が多数存在するのであれば、それを基に予見可能な使用方法の範囲を論じることも可能であるが、そのような資料がない場合には製造業者が想定していた安全水準等を手掛かりにするほかない。その場合には設計上の強度等を参照することになって、結局、製造上の欠陥の主張立証で必要となるのと同様の事実関係を主張立証しなければならない可能性がある。
　したがって、原告にとっては通常使用類型として欠陥主張する場合と製造上の欠陥として主張する場合とで絶対的な有利不利はない。もっとも、通常使用類型として欠陥主張する場合には、設計上の強度に関する資料が手もとになくても請求原因を示して訴訟提起すること自体は可能であるので、訴訟係属後に被告の反論を参照しつつ求釈明や文書提出命令等により証拠を整えるという方策がありうることになる。

<解説>

(1) アメリカにおける議論状況

　既述のとおり、アメリカでは、不具合類型（malfunction）と製造上の欠陥・設計上の欠陥は、いずれの類型としても主張できる場合にはどちらを選択してもよい[42]。そして、不具合事案（malfunction）のように代替設計を示さず状況証拠のみで欠陥を認定できる余地をどれだけ広く認めるかという点が消費者期待基準とリスク効用基準の採否をめぐる議論の実際の焦点ともなっている。

　しかし、実際に原告側弁護士の主張立証がどれだけ不具合類型に依拠しているかについては疑問視する声もある。すなわち、そもそもかかる主張は理論的に正しいとしても陪審員に対する感銘力が弱く、それよりも具体的に原告自ら機序を示して欠陥を証明したほうがはるかに説得的である。のみならず、これらはいずれも反証を許さないものではなく被告側で別途機序を主張立証することは可能である。そうすると、原告が不具合類型（malfunction）として訴訟活動を行いトライアルにまで至った場合、被告側が先に陪審員に対して機序を説明する機会を得ることになり、原告側は主導権を奪われてしまう。有能な弁護士であればそのような訴訟戦略をとることはあり得ず、結局のところ、少なくとも不具合類型としての主張立証を好んで選択する場面はほとんどないはず、というのが一般的な見解のようである。

　もっとも、これは、やむを得ず不具合類型としての主張に頼らざるを得ないような事案が存在することまでも否定するものではない。かかる主張立証方法が各裁判所のトライアルで実際にどの程度活用されているのかについては統計資料がないが、第3次リステイトメント起草者の認識としては、（主張の有効性・有用性は別論として）相当数の数があると推測しているとのことであった[43]。

42　RTT§3 cmt. b.
43　2015年2月6日、RTT§3の実際の活用状況をめぐる筆者の質問に対してTwerski教授

(2) 日本における状況

　通常使用類型は被害発生原因が判然としない場合でも欠陥立証を可能とするものであり、その点では、被害発生原因の解明を要する製造上の欠陥ないし設計上の欠陥よりも原告にとって便宜であることは明白である。もっとも、裁判所に対する説得力という観点からみた場合、同類型が効力をもつ場面は限られる。また、現状では原告の被害発生原因解明の負担を減少させる効果についても過大視し得ない。

　すなわち、まず、本章3(1)で検討したとおり、そもそも製品特性として通常使用類型の主張に馴染む製品と馴染まない製品があり、たとえば副作用を必然的に伴う医薬品やアレルギー反応を伴うことが多い化粧品、未知の危険が伴う化学物質などの場合には通常使用類型の主張は効果的でないことが多い。また、引渡後相当期間を経ていた場合にも、その間に他原因が介在する可能性が高まるので、継続して通常使用し続けていたことの立証は困難となることが多い。

　また、現状として、筆者が感知する限り、(当否は厳しく問われるべきであるとして)機序が不明なままでの通常使用類型での欠陥主張に対する裁判所の態度は冷淡であり、仮に裁判所がこれを原告主張として容れた場合にも、被告による誤使用や他原因の反論により欠陥はたやすく否定されうる。したがって、実際問題としては、通常使用類型においても原告において一応の機序を主張しなければならないことがほとんどであり、これを全く示すことなく請求が認容された例は稀である[44・45]。したがって、通常使用類型による欠

より回答を得た。
44　磁気活水器養殖ヒラメ全滅事件(別表2-53。ただし、被告から他原因の主張はなかったようである)、小型折りたたみ自転車前輪フレーム破断転倒事件(別表2-281。ただし、被告は本人訴訟)、シュレッダー破裂難聴など負傷事件(別表2-254。ただし、筆者が個人的に見聞したところによれば、控訴審では事故原因が争点となり、最終的には和解決着)。
45　なお、原告主張の機序が認められないとしても、そのことが他原因の存在を意味するものではなく、直ちに欠陥否定に結びつくわけではない。そのような場合にも欠陥が認められた例として、ふとん乾燥機出火死亡事件(別表2-241)、ヘリコプターエンジン

陥主張を選択した場合でも、実際には被害発生原因を解明する負担から完全に逃れられるわけではなく、製造上の欠陥ないし設計上の欠陥を主張する場合と比べて主張立証内容に大きな差異が生じることは必ずしも期待しがたい。

とはいえ、原告が最初から被害発生原因を解明しうることは稀であり、訴訟提起前の交渉段階において製造業者側から重要資料が開示されることも少ない。そのような日本の現状にあっては、まずは通常使用類型で請求原因を構成し、被告の反論を手掛かりに求釈明や文書提出命令等で情報収集するという訴訟戦略の重要性は高い（アメリカではかかる受け身な訴訟戦略に対する評価は低いが、ディスカバリー制度のような強力な証拠収集手段を有しない日本では事情が異なる）。

したがって、通常使用類型は、被告において相応の根拠を伴う反論をしなければ欠陥が認められる点、それゆえに被告側から（欠陥否定につながる）機序の主張立証等が必要となる点、あるいは、原告主張の機序の当否が不明な場合でも欠陥認定がなされうる点に意味があり、実質的に具体的な事故原因・機序についての主張立証責任を転換させうるものとして活用可能性があると思われる。

(3) 今後の方向性

これまでの公刊判例をみると、裁判所はもとより、原告の主張立証態度としても事故原因の主張立証に過度に着目しているような印象を受ける判例が見受けられる。

たとえば自動車制御不能衝突事件（別表2－123）では、突然強い力でハンドルが90度近く左に回転し、そのままハンドルは固まったようになって動かなくなったというハンドルの異常挙動は認定されたが、その機序として原告が示した推定原因をいずれも否定したうえで、機序について合理的説明がないことを理由に欠陥が否定された。同判例では原告も通常使用中の事故であることを強調していなかったような印象であり、それに対応する判示がない

出力停止墜落事件第一審（別表2－161）など。

が、もしも原告が通常使用類型として欠陥主張していれば、異なった結論もあり得たように思われる。

　また、製造上の欠陥類型において言及したポンプ欠陥係留船沈没事件（別紙1-116）も、「本件ポンプ内の六角ナットが外れたという事実は、本件ポンプが通常備えるべき性状、機能等を欠くことの現れであって、本件ポンプ内の六角ナットに何らかの設計又は製造工程上の欠陥が存在したことを推定させる」と認定しつつ、その後さらに事故原因が製造段階にあるのか設計段階にあるのかが認定されていた。これは原告が「製造上の欠陥」「設計上の欠陥」として主張していたことに対応するものであるが、もしも原告が通常使用類型として欠陥主張していれば、本来不要な議論であったと思われる。

　これらは、日本の欠陥定義が事故原因解明を必ずしも予定していない点について、法曹関係者の一般的な認知が得られていなかった可能性をうかがわせるものである。そうであるとすれば、今後、正しい理解が広まるなかで、通常使用類型の裁判規範としての重要性も増していくであろうと期待される。

　そのような裁判のあり方を実現するための一つの視点として、そもそも製造業者が当該製品の「使用者」「意図する使用及び合理的に予見可能な誤使用」の同定（本章3(3)参照）について、製品開発当時、どのような資料に基づきどのように認識していたのかに着目すること（＝原告の視点からは、これを求釈明、文書提出命令申立ての対象とすること）が有用であるように思われる。これらの同定は、製品安全設計の観点からは製造者が必ず行うべきプロセスであり、仮に製造業者においてそのような検討がなされていないのであれば、それだけで当該製品が不合理な危険を内包している可能性が高いと評価されて然るべきである。逆に、製造業者からこれらに関する根拠資料が示されたならば、その妥当性・十分性が（ともすれば裁判当事者の主観や類似事故の有無のみに頼りがちな）「予見可能な誤使用」と「非常識な使用」の区別に関する一つの着目点となり、裁判の予測可能性を高める効果が期待できるように思われる。また、このような裁判のあり方は、あるべき製品の安全設計を促進することになり、社会全体の利益にも資するのではないだろうか。

コラム：訴訟提起前の証拠収集処分・文書提出命令の現状

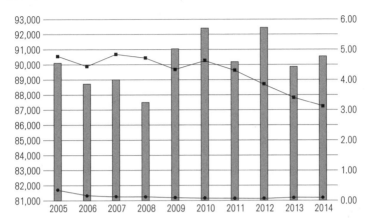

■ 第一審民事訴訟新受件数（過払除く）（左目盛り）
―●― 訴え提起前の証拠収集処分新受件数／第一審民事訴訟新受件数（右目盛り、％）
―■― 文書提出命令申立件数／第一審民事訴訟新受件数（右目盛り、％）

出典：次の統計資料を基に筆者作成
「裁判の迅速化に関する検討　第6回報告書」
　2.地方裁判所における民事第一審訴訟事件の概況及び実情　図2、資料編2　資料5、表5・表8

　上記の図は、訴え提起前の証拠収集処分制度、文書提出命令制度が民事訴訟でどの程度利用されているかを示すことを意図したものであり、両制度の活用実績が低調であることは明白である。
　実務上、当該証拠の必要性（民事訴訟法132条の4、181条1項）の疎明が困難であり、特に原告が存在を知らない資料についてはこれを疎明することが不可能であることから、これらの制度がディスカバリー制度のない日本において原告の資料収集能力を補うものとはなり得ていない。

第3章　製造上の欠陥と設計上の欠陥の境界線上の事案——「通常使用」類型

＜別表2＞　通常使用類型

＊注記　この表の「No.」は巻末訴訟一覧（資料①）の「No.」に対応するものであり、また、「事件名」「提訴（控訴等）の内容」および「判決」欄の審級関係に関する記載は、平成27年4月15日に消費者庁より公開された製品安全関連の訴訟情報記載を引用している（http://www.caa.go.jp/safety/index19.html）。ただし、「No.50.1」のように小数点以下のNo.が付されているものについては、筆者が付加・作成したものである。

No.	判決	事件名	提訴（控訴等）の内容	欠陥認定
25	和歌山地裁平成12年10月17日判決 巻末訴訟一覧No.60（控訴審）、巻末訴訟一覧No.78（上告審）の第一審。	プロパンガス漏れ火災事件	ガスボンベ工事における過失により、ガスコンロに点火したところ元栓口付近から火が広がり、戸外ガスボンベが爆発して自宅が全焼したとして、自宅所有者が、本件工事を行ったプロパンガス装置設置供給業者に対し、債務不履行責任、製造物責任等のいずれかに基づく損害賠償を求めた事案。	×
35	青森地裁平成13年2月13日判決 巻末訴訟一覧No.63の第一審。	コンピュータープログラムミス税金過払事件	他社製オフィスコンピューターにコンピュータープログラム開発会社作製に係る販売管理システムを導入して使用していた食品製造会社が、欠陥のあるプログラムを搭載した販売管理システムを使用して決算を行ったところ、売掛金の過剰計上が生じ、法人税等の過剰納付をして損害を被ったとして、コンピュータープログラム開発会社およびオフィスコンピューターのリース業者である事務機器賃貸会社に対し、それぞれ債務不履行、製造物責任または不法行為に基づき、損害賠償を求めた事案。	×
50	広島地裁平成14年5月29日判決 巻末訴訟一覧No.85の第一審。	自販機出火展示物焼失事件	玩具等の資料館経営者が、資料館に隣接して設置されていた自動販売機から出火した火災により資料館の展示物等が焼失したとして、自動販売機製造業者から同自販機を購入した業者および同購入業者から同自販機の貸与を受けて本件経営者に無償貸与していた業者に対し、民法415条、709条、717条ないし製造物責任法3条に基づく損害賠償を求めた事案。	（○）

<別表2> 通常使用類型

当該製造物の特性	受傷までの期間等	通常予見しうる使用形態/誤使用	受傷に関する他原因	原因を特定しない欠陥推定について
			本件火災の原因としてプロパンガスのガス漏れ以外に考えられるものはなく、本件火災は、ガス漏れの詳細こそ不明であるが、漏れたガスに引火して起こったものと認められる。	債務不履行構成で請求一部認容。製造物責任については、特に理由は示さず、原告主張の製造物責任を認めるに足りる的確な証拠はないとした(ただし、実質的製造業者等の争点もあった事案)。
現在合計プログラムは被告社員がサービスの趣旨で作成したものであり、被告の作成するプログラムを構成するものではない。			本件過剰計上の原因は、本件製造会社が現在合計プログラム実行前に地方発送売上月報の出力処理を怠ったことにある。	(他原因が存在する以上)原告の本訴請求は、その余について判断するまでもなく理由がない。
		自動販売機として本来の用法に従って使用していた。		自動販売機として本来の用法に従って使用していたのであり、それにもかかわらず、本件自動販売機の内部から出火したと認められるのであるから、特段の事情の認められない限り、本件自動販売機には通常有すべき安全性を欠く瑕疵があったものと推認するのが相当(ただし、平成7年1月1日以後の製造加工の事実がないため製造物責任否定、

第3章 製造上の欠陥と設計上の欠陥の境界線上の事案——「通常使用」類型

No.	判決	事件名	提訴（控訴等）の内容	欠陥認定
50.1	東京地裁 平成18年3月7日 判決	自動車点火プラグ発火事件	新車登録から1年4カ月、走行距離約3万4000kmの車が、高速道路上で点火プラグの失火を起こして炎上した。	×
52	広島地裁 平成13年12月19日 判決	車両制御不能崖下転落事件	自動車運転者らが自動車に乗車して走行中、自動車の欠陥によってハンドル制御が利かなくなり崖下に転落する事故が発生したとして、自動車製造販売会社に対し、製造物責任法3条に基づき、損害賠償を請求した事案。	×
53	徳島地裁 平成14年10月29日 判決 控訴審にて和解	磁気活水器養殖ヒラメ全滅事件	ヒラメ養殖業者が、磁気活水器製造業者の製造販売する磁気活水器を養殖池の給水管に設置したところ、同池の養殖魚が全滅したことから、本件装置に欠陥があったとして、本件装置の製造販売会社に対して製造物責任ないしは不法行為に基づき損害賠償を求めた事案。	○
58	大阪地裁 平成14年9月24日 判決	中古車出火焼損事件	中古車を購入した者が同車両を運転していた際、突然、同車両右前部が発火し、同車両が焼損したとして、運転者および同乗者が自動車製造販売会社に対し、不法行為責任、製造物責任または債務不履行責任に基づく損害賠償を請求した事案。	×
60	大阪高裁 平成13年12月20日	プロパンガス漏れ火災事件	ガス設備工事の不手際によるガス漏れのため火災が発生し家屋が焼失したとして、焼	×

<別表2>　通常使用類型

当該製造物の特性	受傷までの期間等	通常予見しうる使用形態/誤使用	受傷に関する他原因	原因を特定しない欠陥推定について
				不法行為責任についても過失を否定)。
	新車登録から1年4カ月、走行距離も3万4000kmにすぎない。		外在的物質の燃焼室内における異常燃焼を含む特定ができない何らかの原因によって点火プラグの失火が生じた可能性がある。	特定できない原因の場合はもとより、外在的物質が燃焼室内に入り込んで異常燃焼したことによって点火プラグの失火が生じた場合には、点火プラグを含む本件車両の内部に何らかの問題があって点火プラグが失火を起こしたものと直ちにいうことはできない場合も十分想定できる。
		状況証拠から原告の運転方法により積雪上のスリップ状態が継続したものと認定。		本件自動車のハンドル操作に異常を生じたことが外的要因等ではなく本件自動車の性状に起因することを具体的に明らかにせず、単にその可能性を指摘するのみでは、欠陥の主張がなされたとはいえない。
		海水での使用も通常使用。		本件装置から発生した効果によって本件事故が発生したと認められ、海水による使用の場合には魚類に悪影響を与えるおそれがあり、とりわけ養殖ヒラメには害を及ぼすと推認される。
中古車で修理繰り返されている。	製造時から相当期間を経過した中古車で、さらに取得から1年半経過。			製造時から相当期間を経過した中古車で、さらに取得から1年半後事故発生するまでの間第三者による整備点検が繰り返された事案においては、製造段階における「欠陥」の存在を前提として、「欠陥」の特定の程度を緩和または「欠陥」の存在を一応推定することはできないものと解するのが相当である。
			原告の主張するガス漏れの事実は認	本件火災がガス漏れによるものであることが認められない

第3章 製造上の欠陥と設計上の欠陥の境界線上の事案——「通常使用」類型

No.	判決	事件名	提訴（控訴等）の内容	欠陥認定
	判決 巻末訴訟一覧No.25（第一審）、巻末訴訟一覧No.78（上告審）の控訴審。		失した家屋の所有者が、プロパンガス装置設置供給者に対し、損害賠償を求めたことにつき、一部認容した第一審に対する控訴審の事案。	
63	仙台高裁 平成14年3月8日判決 巻末訴訟一覧No.35の控訴審。	コンピュータープログラムミス税金過払事件	他社製オフィスコンピューターにコンピュータープログラム開発会社作製に係る販売管理システムを導入して使用していた食品製造会社が、欠陥のあるプログラムを搭載した販売管理システムを使用して決算を行ったところ、売掛金の過剰計上が生じ、法人税等の過剰納付により損害を被ったとして、本件開発会社等に対し、債務不履行、製造物責任または不法行為に基づく損害賠償を求めたことにつき、請求を棄却した第一審に対する控訴審の事案。	×
71	甲府地裁 平成14年9月17日判決	自動車用燃料添加剤エンジン不調事件	所有していた軽自動車に、電子材料セラミックス製造販売会社製造の自動車用燃料添加剤を使用したところ、同車のエンジン不調といった故障が生じエンジン、燃料タンクの交換が必要になったとして、運送業を営む者が、本件会社に対し、製造物責任法または瑕疵担保責任に基づく損害賠償を求めた事案。	○
76.1	東京地裁 平成16年1月16日判決	大型石油温風暖房機発火事件	石油暖房機を設置していた建物で火事が発生し、在庫商品・什器備品等が焼失した。	×

88

<別表２> 通常使用類型

当該製造物の特性	受傷までの期間等	通常予見しうる使用形態／誤使用	受傷に関する他原因	原因を特定しない欠陥推定について
			められない（ただし、その他原因の特定はない）。	ことは前記のとおりであるから、その余について判断するまでもなく理由がない。
現在合計プログラムは被告社員がサービスの趣旨で作成したものであり、被告の作成するプログラムを構成するものではない。			本件過剰計上の原因は、本件製造会社が現在合計プログラム実行前に地方発送売上月報の出力処理を怠ったことにある。	（他原因が存在する以上）原告の本訴請求は、その余について判断するまでもなく理由がない。
		運送業者が本件製品を使用して長距離走行を行うことがあることは、製造業者である被告において当然に予想しておかなければならない事柄。	水抜き剤の大量使用、クラッチの不具合、純正品でないフューエルフィルターの使用、エアーフィルター、キャブレターの点検・清掃の怠り、ラジエターキャップの不具合などの被告指摘は、エンジン不調ないし異常摩耗の原因とは考えられない。	頻回の長距離走行では本件製品がエンジン不調をもたらすことがある旨警告していなかった以上、上記異常摩耗を原因とするエンジン不調が発生したのは、本件製品が長距離走行に耐え得る性能を有していなかったからにほかならず、本件製品は自動車燃料添加剤として通常有すべき安全性を欠いていた。
		周囲の可燃物と距離をとった使用方法でなく、通常の使用方法ではない。	たばこの可能性もある。	たばこの火による出火であるとすると、本件温風暖房機の欠陥の有無を判断するまでもなく被告の責任を認めることはできない。 本件火災が本件温風暖房機の過熱による出火であったとしても、到底本件暖房機を通常

No.	判決	事件名	提訴（控訴等）の内容	欠陥認定
76.2	東京地裁 平成14年10月29日 判決	自動車エアバッグ・タイヤ接触事件	車両のエアバックとタイヤの接触によりタイヤ破裂の恐れがあったため、エアバックとタイヤの間隔を広げる修理が必要となり、その修理期間中の車両使用不能により営業損害を被った。	(○)
85	広島高裁 平成15年3月20日 判決 巻末訴訟一覧No.50の控訴審。	自販機出火展示物焼失事件	玩具等の資料館経営者が、資料館に隣接して設置されていた自動販売機から出火した火災により資料館の展示物等が焼失したとして、自動販売機製造業者から同自販機を購入した業者および同購入業者から同自販機の貸与を受けて本件経営者に無償で貸与していた業者に対し、損害賠償を求めたことにつき、請求を棄却した第一審に対する控訴審の事案。	(○)
92	大阪高裁 平成15年5月16日 判決	缶入り野菜ジュース下痢症状事件	夕食後、缶入り野菜ジュースを飲んだ家族3人が、カビらしい異物があったため気分が悪くなり、下痢症状等が数日続いたなどとして、缶入り野菜飲料製造会社に対し、	×

<別表2> 通常使用類型

当該製造物の特性	受傷までの期間等	通常予見しうる使用形態/誤使用	受傷に関する他原因	原因を特定しない欠陥推定について
				の使用方法に従って利用していたとはいえないのであって、原告から本件温風暖房機について具体的な欠陥の主張がない以上、本件温風暖房機に欠陥があり、それが本件火災の原因となったと認めることはできない。
		超過積載量は、それほど過大なものとはいえず、また、原告の運転耐用が乱暴なものであったという証拠は認められないのであって、タイヤとエア・バッグとの接触の原因が原告の不適切な運行方法にあったとは言い難い。		タイヤとエア・バッグとの接触の原因が原告の不適切な運行方法にあったとは言い難い。したがって、本件車両には、タイヤとエア・バッグとの間に適切な間隔が確保されていない欠陥があった（ただし、営業損害の発生がなく請求棄却）。
		自動販売機として本来の用法に従って使用していた。		（原審と変わらず）自動販売機として本来の用法に従って使用していたのであり、それにもかかわらず、本件自動販売機の内部から出火したと認められるのであるから、特段の事情の認められない限り、本件自動販売機には通常有すべき安全性を欠く瑕疵があったものと推認するのが相当（ただし、平成7年1月1日以後の製造加工の事実がないため製造物責任否定、不法行為責任についても過失を否定）。
被控訴人のみならず多数の飲料品メーカーが				缶が脆弱であることを認めるに足りる証拠はない。

No.	判決	事件名	提訴（控訴等）の内容	欠陥認定
	巻末訴訟一覧No.62の控訴審。		製造物責任法3条に基づく損害賠償を求めたことにつき、請求を棄却した第一審に対する控訴審の事案（筆者注：欠陥原因について、缶の強度を問題にする新主張あり）。	
94.2	東京地裁平成16年8月26日判決	水槽用クーラー出火事件	天ぷら料理店のカウンター付近に置かれていた水槽の水槽用クーラーから出火して建物が焼損した。	×
111	広島地裁三次支部平成19年2月19日判決	チャイルドシート着用乳児死亡事件	子を後部座席のチャイルドシートに乗せていた母運転の普通車が、反対車線から逆走してきた加害者運転の普通車と正面衝突した際、子に着用させていたシートベルトの肩ベルトが外れ子が投げ出され死亡し、母も負傷したことから、加害者の相続人らに	×

<別表2> 通常使用類型

当該製造物の特性	受傷までの期間等	通常予見しうる使用形態/誤使用	受傷に関する他原因	原因を特定しない欠陥推定について
使用している製品であり、それ自体の強度に特段の問題はみられない。				
単純な構造であり、火災につながる要因はコンプレッサーの過熱、コンデンサー周りの過熱、電気回路のショート、トラッキング現象などが考えられる。	2年6カ月前（この間支障なく使用し続けており、一般的には製造当時の不具合による発火・過熱等は考えにくい）（クーラー耐用年数は5～7年程度だが、これはクーラーが使用に耐えるか否かであって安全性の判断には直接影響せず）	一般居室での安全性・防水性・防湿性を考慮して設計・製造されているところ、本件では密閉性が高く湿気・油煙等が存在する場所で使用されていた。これによりトラッキング現象が生じて火災原因となった可能性がある。		本件クーラーの構造、特性、製造物を引き渡した時期を考慮すると、本件クーラーがその引渡時において通常有すべき安全性を欠いていたと推認する事情は乏しく、使用形態の面から見ると、本件クーラーの使用条件からみても、トラッキング現象により本件火災が生じた可能性は否定できず、その他、他に火災等による事故発生の事案も乏しいことを総合考慮すると、本件クーラーについて、当該製造物が通常有すべき安全性を欠いていると推認ないし認定することは困難。
日本工業規格に適合するチャイルドシート。リコール対象となって		誤使用は認定せず。		日本工業規格に適合するチャイルドシートは、特段の事情がない限り、一応その拘束性において欠陥のない製品であると推測されるところ、これを覆す事実はない。

93

No.	判決	事件名	提訴（控訴等）の内容	欠陥認定
			対し、母が不法行為および自動車損害賠償保障法（以下、「自賠法」という）に基づく損害賠償を、亡子の両親が不法行為および自賠法に基づき発生した損害につき相続人としての損害賠償等を求めるとともに、両親が、本件チャイルドシートには瑕疵があったとして、チャイルドシート製造会社に対し、製造物責任法による損害賠償を求めた事案。	
114	東京地裁 平成18年7月19日 判決	送風機損壊事件	産業廃棄物処理業者（本件産廃業者）から注文を受けて焼却プラントに据え付ける送風機を製造、納入したとして、送風機製造販売会社（本件製造販売会社）が請負代金の支払を求めた（本訴）のに対し、本件産廃業者が、本件送風機の欠陥のため納入後に送風機が損壊して焼却プラントの操業ができなくなったとして、不法行為または製造物責任法に基づく損害賠償等を求めた（反訴）事案。	×
123	東京地裁 平成18年10月27日 判決 巻末訴訟一覧No.168の第一審。	自動車制御不能衝突事件	パワーステアリング・ポンプ交換の改善対策がされていなかったため、高速道路運転中通常の運転操作を行っていたにもかかわらず制御不能となりガードレールに衝突した。	×
135	東京地裁 平成20年12月24日 判決 巻末訴訟一覧No.210（控訴審）、巻	死亡事故後リコール判明事件	自動車で走行中、対向車線上で対向車両と正面衝突した自動車事故により死亡した夫婦の子および同夫婦の各両親が、本件事故は本件自動車のハンドル操作システムの機能不全という欠陥があったために、本件自動車が対向車線に侵入した際に、自車線に	×

<別表2> 通常使用類型

当該製造物の特性	受傷までの期間等	通常予見しうる使用形態/誤使用	受傷に関する他原因	原因を特定しない欠陥推定について
いた。				欠陥とまでいえずとも安全性を最重要視してリコール措置を採ることもありうる事態であり、リコール措置が欠陥の存在を直ちに裏づけるわけではない。
		腐食環境下で間欠運転がされるという本来的に予定された利用態様とは大きく異なる利用方法。		腐食環境下で間欠運転がされるという本来的に予定された利用態様とは大きく異なる環境下で使用された結果、応力腐食割れにより破損したものと解されるから、送風機として通常有すべき安全性を欠いていたとまでは解することはできない。
	購入後約2カ月	（高速道路において）本件事故現場に時速110kmの速度でさしかかり、アクセルを踏むことなく、カーブに合わせてハンドルを若干左に回転させて、軽くハンドルを握っていたところ、突然強い力でハンドルが90度近く左に回転し、そのまま動かなくなった。		原告らの主張する推定原因はいずれもその原因として合理的に説明することができるものとは認められず、結局、本件事故発生当時、本件自動車のパワーステアリングに欠陥があったとは認められない（ただし、原告も明確には通常使用の主張は行わず）。
本件事故の前後にリコール対象となっていた。			タイヤ痕から判断して、ハンドル操作システムは機能していた。	本件事故時に本件自動車のハンドル操作システムに機能不全があったことは認められないことは前示のとおりであるから、本件自動車にハンドル操作システムの不具合という

95

No.	判決	事件名	提訴（控訴等）の内容	欠陥認定
	末訴訟一覧No.244（上告審）の第一審。		戻ることができなくなって生じたなどとして、本件自動車の製造業者、同輸入業者および同販売業者に対し、製造物責任法3条および不法行為に基づき損害賠償を求めた事案。	
136	京都地裁 平成18年11月30日 判決 巻末訴訟一覧No.169（控訴審）、巻末訴訟一覧No.180（上告審）の第一審。	折りたたみ足場台脚部座屈傷害事件	足場台販売会社から購入した足場台製造会社製造の折りたたみ足場台の上で修理作業をしていた男性が、突然足場台脚部最下段の桟が座屈したため転落し、外傷性気胸および肋骨骨折の傷害を負ったとして、販売会社に対しては瑕疵担保責任に基づき、製造会社に対しては製造物責任に基づき、損害賠償を求めた事案。	○
140	東京地裁 平成19年2月5日 判決	工作機械出火焼損事件	工作機械製造販売会社の製造した工作機械を使用していた金型製造販売会社が、同機械の欠陥により同機械から出火して火災が発生し工場内備品機械等を焼損するなどの損害を受けたとして、工作機械製造販売会社に対して製造物責任法3条に基づき損害賠償を求めた事案。	×
142	仙台地裁 平成19年7月10日 判決 巻末訴訟一覧No.179（控訴審）、巻	携帯電話低温やけど事件	携帯電話製造会社製造の携帯電話をズボン前面ポケット内に入れて使用していた男性が、同携帯電話または電話のリチウムイオン電池の発熱により大腿部にやけどを負ったとして、同社に対し、製造物責任法または不法行為に基づく損害賠償を求めた事案。	×

<別表2> 通常使用類型

当該製造物の特性	受傷までの期間等	通常予見しうる使用形態/誤使用	受傷に関する他原因	原因を特定しない欠陥推定について
				欠陥があるとはいえない。
	購入してから3年9カ月(ただし、通常有する安全性が維持されてしかるべき合理的期間の範囲内)	通常使用と認められる。		本件足場台の通常の使用方法であり、その際に突然、同足場台の脚が変形したのであるから、原告が本件足場台を使用していた時点で、同足場台に何らかの不具合があったと推認される。 また、原告が同足場台を購入後、同足場台を通常の用法に従い使用していたと推認される一方で、納入当時から本件足場台に本件変形の原因となる不具合があったと推認されることを総合すれば、本件足場台には欠陥があったと認められる。
			原告のプログラムミスが出火原因となった可能性がある。	原告は、出火箇所が本件機械であることが明らかである以上、被告において本件火災が本件機械の欠陥に基づくものでないことを主張立証しない限り、本件火災が本件機械の欠陥によるものと認定されるべきであるとも主張するが、製造物責任を追及する者が製造物の欠陥の存在および欠陥と損害との間の因果関係の主張立証責任を負うことは明らか。
	製造出火から1年9カ月、購入から1年5カ月	通常使用。	こたつのふく射熱等を原因として生じた可能性が高い。	本件電話および本件リチウムイオン電池が本件熱傷の原因であるとは認められない以上、本件携帯電話に本件熱傷事故を生じさせる設計上、製造上または警告表示上の欠陥が

No.	判決	事件名	提訴（控訴等）の内容	欠陥認定
	末訴訟一覧№240（上告審）の第一審。			
146	大阪地裁平成20年6月25日判決	旋回ベアリング取付ボルト折損クレーン旋回台落下事件	孫請会社が、下請会社から発注された基礎工事にクレーン製造業者製造のクレーンを使用していたところ、同クレーンの旋回台と台車を結合している旋回ベアリング取付ボルトが全て折損し、旋回台が台車から落下する事故が生じたため、クレーン製造業者に対し、製造物責任に基づく損害賠償を求める（A事件）とともに、下請会社に対し、請負代金の支払および本件事故による孫請会社の債務不存在確認を求め（B事件）、本件事故による損害を賠償した元請会社に求償金を支払った下請会社が、孫請会社に対し、求償金の支払を求めた（C事件）事案。	×
151	東京地裁平成20年6月30日判決	焼肉店無煙ロースターダクト発火事件	韓国料理経営会社（本件会社）が経営する焼肉店で発生した火災の修復工事等を請け負った燃料器具販売業者（本件業者）が、工事代金の支払を求めた（本訴）のに対し、本件会社が、本件火災は本件業者が製造販売設置したダクト式無煙ロースターの欠陥等により発生したとして、製造物責任法または不法行為に基づく損害賠償を求めた（反訴）事案。	×
161	東京地裁平成24年1月30日判決　　巻末訴訟一覧№284（控訴審）、巻末訴訟一覧№336（上告審）の第一審。	ヘリコプターエンジン出力停止墜落事件	自衛隊の対戦車ヘリコプターがホバリング中、突然エンジン出力を失って約25フィート（約7.62メートル）の高さから墜落し、機体下部等を損壊して乗員2名が重傷を負った事故につき、本件事故原因は、事故機搭載エンジンの燃料制御装置内コンピュータ・アセンブリに組み込まれたN1ガバナー・サーボ・バルブ・アセンブリに装着されていたサファイアの脱落にあり、同エンジンには通常使用してもサファイアの脱落によるエンジン出力低下という欠陥があったなどとして、国が、同エンジンの製造業者であるヘリコプターエンジン製造業者に対し、製造物責任法3条に基づく損害賠償を求めた事案。	○

<別表2> 通常使用類型

当該製造物の特性	受傷までの期間等	通常予見しうる使用形態/誤使用	受傷に関する他原因	原因を特定しない欠陥推定について
				あったとは認められない。
		ボルトの破損は、定格総重量を超えたクレーン使用を間断なく連続したことによるものと認められ、これは通常予見される使用形態ではない。		本件クレーンは「通常有すべき安全性」を備えており、本件事故は、もっぱら原告の責めに帰すべき事由によって発生したものということができる。
	4年5カ月、オーバーホールから1年3カ月		自身が毎月1回の点検が必要な本件ロースターの点検および清掃を怠ったことが火災原因。	（機序否定につき）その余の点を判断するまでもなく理由がない。
	エンジンは2年6カ月（エンジン等交換時間1500時間とされていたところ、402時間35分）機体は9年10カ月だが、定期点検等で異常な	本件エンジンの引渡を受けこれを本件事故機の機体に組み込んでから本件事故に至るまでの間、本件エンジンを適正な使用方法で使用してきた。	原告主張の機序も、補助参加人主張の機序（異常に高い噴射圧）も、共に認められない。	本件エンジンを適正な使用方法で使用していたにもかかわらず、通常予想できない事故が発生したことの主張、立証で足り、それ以上に本件エンジンの中の欠陥の部位や態様を特定した上で、事故が発生するに至った科学的根拠まで主張立証すべき責任を負うものではない。

第3章 製造上の欠陥と設計上の欠陥の境界線上の事案──「通常使用」類型

No.	判決	事件名	提訴（控訴等）の内容	欠陥認定
163	東京地裁 平成21年8月7日 判決	トランス用乾燥装置発火事件	熱風循環式乾燥装置一式を購入したトランス製造販売会社が、同社の工場において、本件乾燥装置の発火を原因とする火災により本件工場および隣家が全半焼する事故が発生したため、本件事故の原因は本件乾燥装置の製造物責任法上の欠陥にあるなどとして、乾燥装置製造販売会社に対し、損害賠償を求めた事案。	○
179	仙台高裁 平成22年4月22日 判決 巻末訴訟一覧No.142（第一審）、巻末訴訟一覧No.240（上告審）の控訴審。	携帯電話低温やけど事件	携帯電話製造会社製造の携帯電話をズボン前面ポケット内に入れて使用していた男性が、同携帯電話機の欠陥により左大腿部に熱傷を負ったとして、携帯電話製造会社に対して製造物責任法3条または不法行為に基づき損害賠償を求めたことにつき、請求を棄却した第一審に対する控訴審の事案。	○
183	東京地裁 平成20年10月16日 判決	岩盤浴設備高湿度卒倒事件	岩盤浴設備経営会社が、加湿器製造販売会社の製造した湿度調整器の欠陥および不適切な対応を原因として、経営する店舗の岩盤浴室内が異常な高湿度状態となり、卒倒事故が発生するなどの悪評が立って店舗の経営を軌道に乗せることができなかったなどとして、加湿器製造販売会社に対し、製造物責任または不法行為に基づき損害賠償を求めた事案。	×
188	東京地裁 平成21年9月30日 判決	エアバッグ暴発手指等負傷事件	信号待ちのために停車していたところ、突然エアバッグが暴発して、左指等を負傷した自動車運転者が、本件自動車を輸入した自動車輸入業者に対し、本件事故の原因は同車のエアバッグの欠陥にあるとして、製造物責任法3条に基づき損害賠償を求めた事案。	○
199	東京地裁 平成22年10月20日	輸入自動車欠陥事件	自動車購入者が、本件自動車には突然エンジンストールするなどの瑕疵、欠陥がある	×

<別表2> 通常使用類型

当該製造物の特性	受傷までの期間等	通常予見しうる使用形態/誤使用	受傷に関する他原因	原因を特定しない欠陥推定について
	し。	年1回の自主点検を怠っていたが推定に影響せず（ただし、過失相殺3割として考慮）。	放火等の要素は考えられない。	本件火災の原因が本件乾燥装置の不具合によるものであり、その不具合が本件乾燥装置の製造後の事情によるものと疑うべき事情がない以上、原告はそれ以上、本件乾燥装置の不具合について具体的な主張立証責任を負うものではない。
	製造出火から1年9カ月、購入から1年5カ月	通常使用	アレルギー等の皮膚症状はみられない。	本件携帯電話について通常の用法に従って使用していたにもかかわらず、身体・財産に被害を及ぼす異常が発生したことを主張立証することで、欠陥の主張立証としては足りるというべきであり、それ以上に、具体的欠陥等を特定した上で、欠陥を生じた原因欠陥の科学的機序まで主張立証責任を負うものではない。
適格動作条件が摂氏15度から40度				本件調整器自体にセンサーの不具合等が存在したと認めるに足りる証拠はなく、定格動作条件に合った使用をする限りにおいては特段の欠陥はなかった（ただし、本件店舗の岩盤浴室に設置するものとして本件調整器を選定して原告に推薦したことについて過失を認め、不法行為責任認定）。
		信号待ちのために停車中、何も衝撃なし。		本件車両が停車中に何ら衝撃がないのに運転席側のエアバッグのみが作動して爆発したのは、本件車両のエアバッグ・システムが通常有すべき安全性を欠いている。
			使用開始後の原因による不具合。	本件自動車に発生した不具合は、原告が本件自動車の使用

No.	判決	事件名	提訴（控訴等）の内容	欠陥認定
	判決		と主張して、同自動車の販売業者に対しては、売買契約を債務不履行または瑕疵担保責任の規定により解除したとして原状回復請求権に基づき売買代金の返還を求め、本件自動車の輸入業者に対しては、製造物責任法3条に基づき損害賠償を求めた事案。	
235	東京地裁平成24年8月31日判決	電気カーペット火災死亡事件	電気製品製造会製造の電気カーペットを原因とする火災で家屋が焼損し、被害者が死亡したため、被害者の相続人である養女が、本件火災は本件カーペットの欠陥により生じたとして、本件会社に対し、製造物責任法3条1項本文に基づく損害賠償を求めた事案。	×
238	東京地裁平成25年3月25日判決　控訴審にて和解	輸入スポーツ自転車部品脱落頚部受傷事件	自転車輸入会社が輸入した自転車で出勤していた会社経営者が、同自転車の前輪フロントフォークサスペンション部分の分離および車輪脱落により顔面から路面に転倒し、頚椎損傷、頚髄損傷等の傷害を負い、重度四肢麻痺を伴う神経系統の後遺障害が残存した事故につき、同経営者とその妻が、本件事故は本件自転車の欠陥により生じたなどとして、本件輸入会社に対し、製造物責任法3条に基づく損害賠償を求め（第1事件）、同事故につき本件経営者に人身傷害保険契約に基づく保険金を支払った保険会社が、同経営者の製造物責任法3条に基づく損害賠償請求権を支払額の限度で保険代位により取得したなどとして、求償金の支払を求めた（第2事件）事案。	○

<別表2> 通常使用類型

当該製造物の特性	受傷までの期間等	通常予見しうる使用形態/誤使用	受傷に関する他原因	原因を特定しない欠陥推定について
				を開始した後の原因によるものと認められ、瑕疵、欠陥があったことによるものとは認められない。エアバッグ警告灯が点灯した原因は、SIMのプログラムが不適切であったことによるものと考えられるが、被告の対応により、この不具合の原因は解消され、これによる損害なし。
5年で点検すべきとの取説記載。	購入・使用開始から5年超	素線のよじれ、ななめ方向の鋭利な断面の存在から、引渡後に外的圧力があった事実を推認。電源コードに断線を生じさせうるような外的圧力を加えることなく使用していた事実は認められない。	電源プラグ内の短絡ではなく電源プラグ外の短絡が火災原因。	本件カーペットの電源コードに断線を生じさせ得る外的圧力を加えることなく5年超にわたり仕様していた事実を認めることはできないから、断線部①②における短絡およびそれによる本件発火の事実のみにより、本件カーペットが流通に置かれたときから欠陥が存在していたことを推認することはできない。
走行中のサスペンション分離という事態はおよそ想定されていない。自転車の使用態様年数について定めた法令等はない。自転車としては相応に高価。	6年4カ月前	ビンディングペダル使用は通常予想される使用形態に含まれる。一度も点検やサスペンションのメンテナンスを受けたことがなかったことは一定程度の落ち度だが、クロスバイクの使用者が定期点検を受けることが常識となっているとはいえず、また、点検の際にサスペンションの内部の点検まで行うことが通例とも		本件事故における転倒の原因が本件自転車の部品であるサスペンションの分離であることが主張立証されれば、欠陥についての主張立証としては十分であり、これ以上に、サスペンションの分離に至る詳細な科学的機序、あるいは、サスペンションの構造上の不具合までを主張立証する必要はない。

No.	判決	事件名	提訴（控訴等）の内容	欠陥認定
241	大阪地裁 平成25年3月21日 判決	ふとん乾燥機出火死亡事件	自宅で発生した火災により永住資格を有するナイジェリア国籍の夫が死亡したのは、ふとん乾燥機販売会社が輸入したふとん乾燥機の欠陥が原因であるとして、亡夫の妻子が、同社に対し、製造物責任法に基づく損害賠償を求めた事案。	○
253	東京地裁 平成24年1月17日 判決	住居洗剤塗装剥離変色事件	洗剤購入者が、本件洗剤を自宅の浴室の床の一部に使用したところ、使用部分すべての塗装がはげて白っぽく変色したから、本件洗剤には製造上または指示、警告上の瑕疵があるとして、同洗剤を製造した住居洗剤製造販売会社に対し、製造物責任に基づく損害賠償を求めた事案。	×
254	東京地裁 平成24年11月26日 判決 巻末訴訟一覧No.334の第一審。	シュレッダー破裂難聴など負傷事件	シュレッダー輸入販売会社が中国から輸入して販売した家庭用シュレッダーを使用していたところ、当該シュレッダーが大きな音を出して破裂したために負傷して右耳難聴の後遺症を負ったとして、被害男性が、本件業者に対し、製造物責任法3条に基づ	○

<別表2> 通常使用類型

当該製造物の特性	受傷までの期間等	通常予見しうる使用形態/誤使用	受傷に関する他原因	原因を特定しない欠陥推定について
		いえないことから、過失相殺として斟酌するにとどまる（1割相殺）。		
電気回路を利用して熱を発生させ、温まった空気を送風してふとんを乾燥させる構造を有しており、その利用に際し、電気回路や熱線などに起因する発火を防止するために高度の安全性が要求される。	5年の目標寿命の範囲内	通常使用していた。		外的要因によらずして本件機械から出火したのであれば、本件機械が通常有すべき安全性を欠いていた。
		通常使用している限り被害は発生せず、6時間以上放置するという本来の使用方法を大きく逸脱する使用方法であったと強く推認される。		本件製品は、塗布後短時間のうちに水洗いされるという、通常予見される使用形態によってはFRP製の浴室を変色させることはなく、本件製品の使用によって本件変色が生じたとしても、それは、原告がその使用方法を大きく逸脱したためであると認められるから、本件製品に製造上の瑕疵があるということはできない。
		満杯後の使用は否定。セロハンの細断についても因果関係不明。	粉じん爆発否定。	（カッターカバー内に細断くずが滞留し続けてカッターカバーが破裂した）原因については十分に解明されていないものの、カッターカバー内に細断くずが滞留し続けた事実

105

第 3 章 製造上の欠陥と設計上の欠陥の境界線上の事案——「通常使用」類型

No.	判決	事件名	提訴（控訴等）の内容	欠陥認定
			く損害賠償を求めた事案。	
267	東京地裁 平成25年6月3日 判決	転倒受傷部位自動ドア追加傷害事件	独立行政法人（本件法人）が管理する団地建物に居住していた被害者が、同建物の2階踊り場で転倒して受傷したとして、同法人に対し、土地工作物責任に基づく損害賠償を求めるとともに、自動ドア製造会社（本件製造会社）製造の自動ドアを設置した店舗経営者（本件経営者）の店舗で、当該自動ドアのある出入口通過の際、前記受傷部位に同自動ドアが衝突してさらに受傷したとして、本件製造会社に対しては製造物責任に、本件経営者に対しては土地工作物責任に、本件法人に対しては共同不法行為責任に基づき損害賠償を求めた事案。	×
270	福岡地裁 平成25年7月5日 判決 巻末訴訟一覧No.339の第一審。	手すり破損事件	自宅内に設置した手すり輸入販売会社（本件会社）の輸入販売に係る手すりをつかんだところ、同手すりのブラケット付け根部分が破損して転倒し、第12胸椎（きょうつい）圧迫骨折の傷害を負ったとして、手すり購入使用者が、本件会社に対し、製造物責任法3条に基づく損害賠償を求めた事案。	○
281	東京地裁 平成24年8月21日	小型折りたたみ自転車前輪フ	オークションで落札した小型折りたたみ自転車で走行中、同車の前輪フレームが突然	○

<別表2> 通常使用類型

当該製造物の特性	受傷までの期間等	通常予見しうる使用形態/誤使用	受傷に関する他原因	原因を特定しない欠陥推定について
				自体が本件シュレッダーの欠陥と評価せざるを得ない。
		通常人と同様の速度で自動ドアに進入しようとしていたことを裏づける証拠なく、かえって、本件ドアの設置状況、起動センサ等の設備、その設定状況からすると、原告が通常人より著しく早い速度で進入したことが推認される。	起動センサの不具合や異常な設定の形跡はない。	ある程度の質量を有する製造物が不適切な利用方法により人に傷害を負わせることがあるのは否定できないが、これが直ちに「欠陥」に該当するものでない。
		横付け専用との注意書きはあるが、縦付けの場合に破損する危険があるとの警告はなく、使用例には斜めに取り付けられた写真も掲載されていたこと、階段で転倒しかけて手すりを握る場合には体重のかなりの部分が手すりと平行の方向にかかる事態も容易に想定しうること、横付けと縦付けとでブラケットの耐荷重に有意な差異はないことから、縦付けも通常予見しうる使用形態の範疇と認定。		原告が、通常予見される使用形態に則って本件手すりを使用していたところ、本件ブラケットが破損したというのであるから、他に特段の事情のない限り、本件手すりには欠陥があったと推認すべき。
路上走行をするための		段差のあるところでは使用しない旨		このような状況で本件事故が生じたのであるから、本件折

107

第3章 製造上の欠陥と設計上の欠陥の境界線上の事案——「通常使用」類型

No.	判決	事件名	提訴（控訴等）の内容	欠陥認定
	判決	レーム破断転倒事件	折れて転倒したと主張する被害者が、同自転車を輸入し引き渡した自転車等輸出入卸販売業者に対しては、製造物責任法3条または不法行為に基づき、同社の代表取締役に対しては、会社法429条1項に基づき、損害賠償を求めた事案。	
284	東京高裁平成25年2月13日判決　巻末訴訟一覧No.161（第一審）、巻末訴訟一覧No.336（上告審）の控訴審。	ヘリコプターエンジン出力停止墜落事件	自衛隊の対戦車ヘリコプターがホバリング中にエンジン出力を失って7.5mの高さから墜落し、機体下部等を損壊して乗員2名が重傷を負った事故につき、本件事故原因はエンジンの燃料制御装置内コンピュータ・アセンブリに組み込まれたN1ガバナー・サーボ・バルブ・アセンブリに装着されていたサファイアの脱落にあり、同エンジンにはサファイア脱落によるエンジン出力低下という欠陥があったなどとして、国が、同エンジンの製造業者であるヘリコプターエンジン製造業者に対し、製造物責任法3条に基づく損害賠償を求めたことにつき、本件エンジンの欠陥を認めて請求を一部認容した第一審に対する控訴審の事案。	○
287	東京地裁平成26年3月27日判決	貨物自動車高速道路火災事件	貨物自動車購入の約1カ月後に高速道路上で火災が生じ、同車および別に購入した荷台が焼損したことに関して、自動車運送事業者が、本件貨物自動車の製造会社に対しては製造物責任法3条に基づき、同販売会社に対しては売買契約上の保証条項に基づき、損害賠償を求めた事案。	×

<別表2> 通常使用類型

当該製造物の特性	受傷までの期間等	通常予見しうる使用形態/誤使用	受傷に関する他原因	原因を特定しない欠陥推定について
乗り物。		の取扱い説明書記載があるが、破損の危険性を具体的に注意喚起していたとはいえないこと、本件自転車が路上走行をするための乗り物であることから、本件程度の4㎝程度の段差での使用は予定すべき。		りたたみ自転車は、通常有すべき安全性が欠けており、欠陥があった。
コンピューター・アセンブリなどを組み込んだ複雑な構造を有する本件エンジン複雑な構造（控訴審で追加指摘）。	エンジンは2年6カ月（エンジン等交換時間1500時間とされていたところ、402時間35分）機体は9年10カ月だが、定期点検等で異常なし。	本件エンジンの引渡を受けこれを本件事故機の機体に組み込んでから本件事故に至るまでの間、本件エンジンを適正な使用方法で使用してきた。		（本件における製造物が〜複雑な構造を有する本件エンジンであることから判断すると）本件エンジンを適正な使用方法で使用していたにもかかわらず、通常予想できない事故が発生したことの主張、立証で足り、それ以上に本件エンジンの中の欠陥の部位や態様を特定した上で、事故が発生するに至った科学的根拠まで主張立証すべき責任を負うものではない。
タイヤにパンク等が生じ得ること、その際、後続車等との接触を避けながら停車するために一定の距離を走行することは、自動車の特性	納車1カ月	パンク等した後に後続車等との接触を避けながら停車するために必要な最短距離を走行したにすぎない場合には予見しうる使用形態。ただし、本件ではその立証がない。	納車後に悪影響を与えるような使用または整備がされた事実、あるいは事故にあった事実などはうかがわれない。	パンク等した後に後続車等との接触を避けながら停車するために必要な最短距離を走行したにすぎないにもかかわらず、その走行継続を原因として本件火災が生じた場合には、それ以上に具体的な原因を原告において明らかにしなくとも、本件車両には欠陥があると推定されるというべきである。ただし、本件ではその立証が

109

No.	判決	事件名	提訴（控訴等）の内容	欠陥認定
291	大分地裁 平成26年3月24日 判決	美容マスク顔面皮膚障害事件	いわゆるパックである美容マスクの使用者が、顔面等に皮膚炎および皮膚炎後の色素沈着（黒皮症）の健康被害が生じたとして、同マスクを製造販売した化粧品製造販売会社に対し、製造物責任法3条に基づき損害賠償を求めた事案。	×
335	東京地裁 平成24年12月26日 判決	自転車舟線（サドルレール）破断事件	自転車製造業者（本件業者）製造の自転車走行中に負傷した者が、同自転車のサドルの欠陥のためサドルが破損して落下して地面に投げ出されて傷害を負うなどして精神的苦痛を被った旨主張して、本件業者に対し、製造物責任法3条に基づく損害賠償を求めた事案。	×
342	東京地裁 平成26年3月20日 判決	化粧品皮膚障害事件	化粧品使用者が、本件各化粧品を使用して顔に皮膚障害が生じたとして、化粧品販売会社に対しては債務不履行に基づき、化粧品発売元会社および化粧品製造販売元会社に対しては製造物責任法3条に基づき、それぞれ損害賠償を求めた事案。	×

<別表2> 通常使用類型

当該製造物の特性	受傷までの期間等	通常予見しうる使用形態/誤使用	受傷に関する他原因	原因を特定しない欠陥推定について
としてやむを得ない。				ない。
	使用後4〜5日後		使用者の皮膚炎は、本件マスクまたは本件マスクに含まれる美容液等を抗原とするものではなく、むしろ他の抗原によるものである可能性が高い。	本件マスクの使用と原告の皮膚炎の因果関係に係る原告の主張はいずれも採用することができない。
	購入後4年6カ月		金属疲労による疲労破壊。	本件サドルの舟線がもともと一般的使用方法に耐えられず破断が避けられないものであったと認めるのは困難であり、本件サドルが通常有すべき安全性を欠くと認めることはできない。
本来的にアレルギー反応を引き起こす危険性を内在したもの。				使用者の中にアレルギー反応による皮膚障害を発生するものがいたとしても、それだけでその製品が通常有すべき安全性を欠いているということはできない。

111

第4章

設計上の欠陥

1 総論

　設計上の欠陥は、製造物が設計・仕様どおりに作られたものの、その設計・仕様自体が安全性を欠いていた場合の欠陥であり、(製造工程における製品安全に着目する製造上の欠陥と異なり) 安全設計段階における製品安全に着目するものである。日本の欠陥定義との関係でいえば、設計・仕様自体が安全性を欠いており、それ故に被害結果をもたらすような製品は、当然に「通常有すべき安全性を欠いている」と評価される、という論理構造になる。

　製造上の欠陥と異なり、設計・仕様と製品の実際の状態を比較するだけでは欠陥の有無が判断できず、また、いったん欠陥と判断されればその影響が当該製造ライン全体に及ぶことから、その判断基準が大きな争点となる。そしてその際にはあらゆる場面で完全に安全な設計というものは存在せず、設計の改良が別のリスクをもたらす場合があり、さらにはコストの関係も無視し得ず、このような設計の多面的な性格を当該事案のみに着目する個々の裁判でどのように把握すべきかが重要な問題となる。

　既述のとおり、アメリカでは製造物責任は無過失責任として出発し、裁判所もそのような解釈態度を示していたが、設計・仕様自体の安全性が問われる事案では、判断のあり方次第では過失責任と実質的に何ら変わらないことにもなりうる。そのために1970年代以降、設計上の欠陥をめぐる学説判例は混迷を深め、その混乱状況を整理することの必要性が認識されるようになって、1998年の第3次リステイトメント改訂に至った[1]。しかし、ここで採用された基準 (代替設計との比較を要求するリスク効用基準) については批判も多く、未だ議論は続いている。

　なお、この設計上の欠陥類型として章末別表3に掲げた事案は、第3章で

---

[1] J. Henderson, Jr. and A. Twerski, A proposed revision of section 402A of the restatement (second) of torts, 77 Cornell L.Rev. 1512, 1526-1530 (1992).

解説している通常使用類型として理解しうるものも含まれるが、本書では、判示において事故原因が製造工程と安全設計段階のいずれにあるかについて言及された事案、あるいは不具合現象よりも事故原因に着目した事案を設計上の欠陥類型として分類した。また、(前提事実関係が異なるとして請求棄却された事案など)判示からこれらが判別し難い場合には、原告の欠陥主張が事故原因と不具合現象のいずれに着目しているかを基準として分類した(当事者が自身の主張を設計上の欠陥と呼称しているかどうかには重点をおいておらず、判決文における呼称と本書における分類が異なる場合もある)。

また、この設計上の欠陥類型として別表3に掲げた事案の中には、安全設計の一要素として指示警告の有無が問題となっており(第6章参照)、第5章で解説する指示警告上の欠陥としても理解可能なものも含まれる。

2 判断基準

＜事例8＞

　自動車フロントガラスの凍結防止カバーを自動車に装着しようとして、体をかがめて顔をドア下に近づけ、金属製フックをドア下のエッジにかけて固定しようとしたところフックが外れ、ゴム紐の張力で金属フック先端部が左眼に突き刺さった。同凍結防止カバーの製造業者は、製品設計段階でこのような事故を想定しておらず、フックの形状や材質、ゴム紐の張力等について検討したことがなかった。

　同凍結防止カバーについて設計上の欠陥が認められるか。

　(＊参考：フロントガラスカバー金属フック左眼突刺重傷事件を改変　別表3－48)

＜一般的な検討要素＞

当該製造物の通常の使用方法であったか

　(この検討の際、「当該製造物の特性」「引き渡した時期」「通常予見される使用形

態」「その他の当該製造物に係る事情」を勘案)
欠陥以外の他原因の有無
事故を防止しうる合理的な代替設計の有無

＜本件における検討の視点＞

製品の使用方法については、フックをかける際の姿勢として顔をフックに近づけるのはありうることであり、また、フックがうまく引っかからずに外れることも十分ありうると考えられるから、本件受傷はフック付き凍結防止カバーの通常の使用方法の範囲内でフックを使用していた際の受傷と考え得る。さらに、その場合に深刻な怪我が生じないようにフックの材質・形状を工夫したり、ゴムひもの張力を調整することも可能であったと思われるが、そのような配慮はなされていない。したがって、本件では設計上の欠陥が認められる可能性が高い。

＜解説＞
(1) アメリカの議論の発展状況

既述のとおり、設計上の欠陥の判断基準については、大別すると消費者期待基準とリスク効用基準の二つの考え方があるところ、代替設計との比較を要求するリスク効用基準が第3次リステイトメントの採用した基準であり、「合理的な代替設計が、製品のもたらす被害についての予見可能なリスクを、合理的なコストで減少させたかどうか、もし減少させたとして、……合理的な代替設計を採用しなかったことが、その製品を合理的に安全でなくしたかどうか」と説明されている[2]。

これに対する各州裁判所の評価はさまざまであり、これに明確に反対して同基準を採用しない旨を宣言した州も多数存在する[3]。しかし、第1章5で

2　RTT§2(b), cmt. d. 邦訳は、アメリカ法律協会編（森島昭夫監訳・山口正久訳）『米国第3次不法行為法リステイトメント　製造物責任法』（木鐸社、2001）。
3　たとえば Potter v. Chicago Pneumatic Tool Co. 694 A.2d 1319 (Conn.1997) は、草案

触れたとおり、消費者期待基準とリスク効用基準の理論上の対立はあるものの、その実際の運用は共通する部分が多い。第3次リステイトメント起草者も、ほとんどの場合、第3次リステイトメントに反対する州が採用する判例法理も実質的には第3次リステイトメントの採用する基準と大差はないとの理解を示している。

かかる理解に基づく2009年時点の第3次リステイトメント起草者の観察によれば、第3次リステイトメントと同様に代替設計を要求するリスク効用基準を採用するのは25州、併用基準を採用しつつ実際には第3次リステイトメントと同様の運用を行っているのは11州、明示には代替設計を要求しないが実際には代替設計を要求するのが5州、消費者期待基準に従っているのが5州、未だ判例態度が固まっていないのが6州である[4]（ただし、2009年当時ペンシルバニア州は判例態度が固まっていない州に分類されていたが、その後併用基準を採用する旨を宣言した[5]）。

(2) 日本の議論の発展状況

日本でも、立法過程では判断基準をいかに解すべきかが議論となり、ヨーロッパに倣って消費者期待基準を明示すべきとする動きもあったが法文化には至らず[6]、法文上は製造物責任法2条2項所定の諸要素（当該製造物の特性、その通常予見される使用形態、その製造業者等が当該製造物を引き渡した時期その他の当該製造物に係る事情）を考慮すべきこととしか規定されなかった。

もっとも、製造物責任法2条2項における欠陥定義（「通常有すべき安全性を欠いていること」）と、消費者期待基準に親和的な第2次リステイトメントの欠陥定義（不合理なほど危険（unreasonably dangerous）な製品の状態[7]）とは、

段階の第3次リステイトメントに対して早くも批判を加え、これを採用しない旨を宣言した。

4　A. Twerski and J. Henderson, Jr., 前掲（注1）1077, 1079-1080, 1094-1095, 1098, 1104-1105, n. 203.
5　Tincher v. Omega Flex, 104 A.3d 328 (Penn. 2014).
6　升田純『詳解　製造物責任法』318〜325頁（商事法務研究会、1997）。
7　RST§402A. 邦訳は、樋口範雄『アメリカ不法行為法　第2版』289頁（弘文堂、2014）。

危険な製品の性状に着目することで共通している。また、日本の製造物責任法は、リスクと効用の比較を明確には要求しておらず、代替設計の提示も必須要素としていない。したがって、アメリカにおける消費者期待基準とリスク効用基準の比較軸でいうならば、日本の製造物責任法は消費者期待基準の立場に近い。リステイトメント起草者も、少なくとも規定の体裁から判断する限りにおいて、日本の製造物責任法に対してそのような見解を示している[8]。

とはいえ、消費者期待基準は、よくいえば柔軟、悪くいえば曖昧なケース・バイ・ケースの事案処理にならざるを得ないものであり、リスク効用基準の発想に基づく事案解決も（合理的消費者であればそれを望むであろうと理解しうる限り）排斥するものではない。実際にも、日本の公刊判例を検討すると判断枠組みはおおよそ以下の3通りに大別することができ、消費者期待基準的発想に基づく判例が多いものの、リスク効用基準的発想に基づく判例もあり、事案の性格や当事者の主張内容に応じて適宜判断基準を使い分けるケース・バイ・ケースの処理がなされていると評価しうる。

① 代替設計と比較せず、原告が主張する製品の危険性に対して保護すべきかどうかの価値判断を行う。
② 代替設計を採用すべきであったかどうかを判断する[9]（規制や業界水準等から代替設計が想定される場合も含む）。
③ 代替設計も一つの要素とする、当該製品の有効性と危険を含めた総合衡量

---

[8] J. Henderson, Jr. and A. Twerski, What Europe. Japan. And Other Countries Can Learn From the New American Restatement of Products Liaility, 34 Tex. Int'l L.J. 1, 12 (1999). また、遠藤浩編『別冊法学セミナー　基本法コンメンタール　債権各論Ⅱ　第4版補訂版』149頁〔朝見行弘〕（日本評論社、2005年）でも同様の理解が示されている。
[9] ほとんどの場合、代替設計は原告より主張されているが、（判例記載から判断する限り）原告が代替設計を明確に主張していないが裁判所が言及している例も存在する。また、原告の主張する代替設計と裁判所が言及する代替設計が異なる場合もあり、必ずしも「"原告の主張する"代替設計を採用しうるかどうか」という明確な判断枠組みとはなっていない。

① 「代替設計と比較せず、原告が主張する製品の危険性に対して保護すべきかどうかの価値判断を行う」判断枠組みにおいては、その設計内容自体を分析検討して当該危険の有無を判断し、当該危険があるのであれば欠陥を肯定するのが典型例である。これは技術論争的な色彩が強いが、どういった使用者層・使用環境・使用態様を想定すべきかが深くかかわることも多く[10]、その場面では（実際の事実認定が本当に消費者の期待に沿っているかどうかは別論として）消費者期待基準的発想がみられる。また、なかには通常使用中に発生した被害であることを欠陥肯定の理由に掲げ、あるいは逆に誤使用に起因する被害であるとして欠陥を否定する場合もあり、これはまさに消費者期待基準的発想に基づくものである[11]。他方、通常使用中に被害が発生する可能性があるが、それを防止する設計までは要求されないとして欠陥を否定する判例もあり[12]、これらについてはシンプルな形のリスク効用基準的発想が採用されているとも評価しうる。

② 「代替設計を採用すべきであったかどうかを判断する」判断枠組みについては、本来はリスク効用基準的発想に基づく判断枠組みのはずである。しかし、公刊判例では代替設計に要するコスト増ないし代替設計がもたらす別のリスクへの言及はほとんど見られず[13]、また、誤使用であるというだけで

---

10 ピアノ防虫防錆剤液状化事件（別表3－61）、資源ゴミ分別機械上腕部切断事件（別表3－43、82）、こんにゃく入りゼリー1歳児死亡事件（別表212、256）など。

11 この場合の通常使用をめぐる検討内容は、実質的には第3章で解説した通常使用類型と変わらないが、本書の整理においては、原因を一応特定しつつ通常使用中の被害発生であったかどうかに着目するものを設計上の欠陥、原因を特定せず通常使用中の被害発生であったかどうかに着目するものを不具合類型として区別している。

12 たとえば幼児用自転車バリ裂挫傷事件（別表3－84）では、幼児用自転車に乗っていた女児がペダル軸の根元から飛び出ていたバリで受傷したが、バリの発生はやむを得ない結果であるとして、設計段階での安全対策は要求されなかった。また、自動車シートベルトエアバック欠陥事件（別表3－126）でも、閾値との関係でエアバックが作動しなかったが、当該閾値設定自体には問題がないとして見直しは要求されなかった。その他、轟音玉爆発手指欠損事件（別表3－102。ただし、予見可能な誤使用事案）、焼却炉燃焼爆発工場全焼事件第一審（別表3－124）。

13 そのような視点を有する判例が皆無ということではなく、たとえば食品容器裁断機リフト頭蓋底骨折死亡事件（別表3－27、56）では、原審においては代替設計に要するコ

欠陥を否定する例も多々見受けられる。したがって、現時点では、この判断枠組みは単に被害回避の技術的可能性を示すことで「そのような被害をもたらした設計に欠陥がある」という原告主張を補強するにとどまっており[14]、①の判断枠組みの延長上の議論としての位置づけになると思われる。

　③「代替設計も一つの要素とする、当該製品の有効性と危険を含めた総合衡量」は、文字どおりリスク効用基準の発想に基づくものである。ただし、代替設計が要素の一つに留まっている点で第3次リステイトメントの採用するリスク効用基準とは異なり、むしろ第3次リステイトメント起草者が否定しようとしたカテゴリーライアビリティー[15]の発想に近い[16]。

　日本の製造物責任における設計上の欠陥認定の現状はこのようなものであり、消費者期待基準的発想に基づく判例が多いものの、それ以外にもさまざまな判断枠組みが用いられている。そのうち医薬品については③「代替設計も一つの要素とする当該製品の有効性と危険を含めた総合衡量」を用いることがほぼ確定した流れだが、その他の製品については判断基準の使い分け等について明確な理解は未だ存在しないように思われる。したがって、原告としては考え得る主張をすべて掲げるということにならざるを得ず、当該設計

　　スト、控訴審においては代替設計採用による作業効率への影響について言及されており、トイレブース開き戸型ドア親指切断事件（別表3－214）でも代替設計採用の際のコスト増について言及されている。また、当事者の主張においてこれらの要素が散見されることもある。ただ、いずれにせよ数は少ない。
14　もっとも、国立大学法人研究棟ガラス落下事件（別表3－249）では原告の主張する代替設計が技術上実現困難であるとして欠陥が否定されており、代替設計の主張が常に原告の主張を補強する結果になるわけではない。
15　第1章5(2)（注27）〜（注29）参照。カテゴリーライアビリティーの判断枠組みにおいては、全く存在意義のない馬鹿げた製品ということでない限り、製品自体のリスクが有用性を上回るという結論に至ることは難しく、欠陥が認められる余地は著しく制限されることになる。
16　たとえば肺がん治療薬死亡等事件（別表3－121、128、262、264）では、明白に当該治療薬自体の有用性とリスクが比較衡量されており、結果として欠陥が認められる余地が極めて制限されている。もっとも、第3次リステイトメントも処方箋を要する医薬品等に関しては欠陥を認めうる範囲を非常に限定的に解しており（RTT§6）、その意味で医薬品等をめぐる日米の取扱いは結論的にはあまり違いがない。

〔図表3〕 製品安全設計の視点

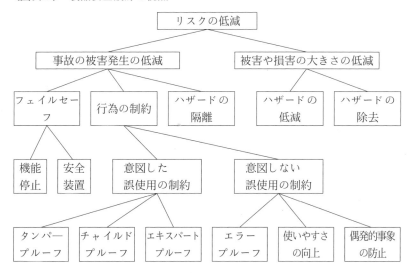

○ハザード：危害の潜在的な源（Guide 51 3.2）
○フェイルセーフ：
　安全対策を講じても結果的に何らかの異常状態が発生してしまう場合においても、製品を安全側に保ち、最終的に大きな損害を生じさせないよう配慮した設計。
○機能停止：
　例えば、電気カーペットや電気アイロンのスイッチを切り忘れても一定の時間が経過すると自動的に通電がとまる設計。
○安全装置：
　消費者の誤使用や製品の故障によって異常な状態が発生した際に、そのことでの被害、損害が生じないよう食い止める手立て。例えば、電気的な安全装置としてのヒューズ、ブレーカー、温度過昇防止装置、転倒OFFスイッチ等。
○タンパープルーフ：
　消費者が意図的に行おうとした作業により事故が起こることを防止する設計。例えば、危険な部位について消費者が自由に触れないよう、特殊工具がなければ開かないようにする設計等
○チャイルドプルーフ：
　子どもにはそもそも基本的に操作できないようにする設計

○エキスパートプルーフ：
　ベテランの慣れや慢心による誤使用を防ぐための設計
○エラープルーフ：
　人間が勘違いしたりうっかりミスをしても、その影響を防いで製品を安全に保つ仕組み。例えば、電子レンジや洗濯機の脱水槽のドアや蓋が開いていると作動しない設計等。

　出典：製品評価技術基盤機構『消費生活用製品の誤使用事故防止ハンドブック第3版』42～46頁（2007年）。図は、同書42頁の図に筆者が整理・加筆したもの。

　がもたらす危険の分析・解明に努めるとともに、最低限、使用方法が通常予見しうるものであったことを主張立証し、そのうえで、可能であれば（費用対効果の見地から）合理的な代替設計を示すことが有用な攻撃方法となりうる。他方、被告としてはこれらに対する単純否認・積極否認が主要な防御方法となり、その他、原告主張の代替設計により失われる効用・増加するコストを抗弁的に主張することも理論上は可能なはずである。

　なお、代替設計については、より優れた他社類似製品等があればそれを指摘するのが簡便であるが、そうでない場合には原告においてあるべき設計を検討することになる。これは決して簡単な作業ではないが、その手助けとなる一つの視点として、製品安全設計の観点からは前頁の〔図表3〕のような整理がありうる。また、特に子どもの製品事故については、ガイド50（ISO/IEC GUIDE50:2014）が14歳以下の子どもの特殊要因やありうる危険、設計改善手法の優先順位等を列挙しており、極めて有用である[17]。

---

[17] たとえばトイレブース開き戸型ドア親指切断事件（別表3－214）では、小学2年生児童の開き戸での指詰め事故について、誤使用による事故であるとして欠陥を認めず、また、かかる事故を防止する責任は第1次的に児童自身、第2次的に保護者、第3次的に施設管理者にあり、製造業者側で安全策を講ずべき必要はないと判示している。
　しかし、ガイド50を参照すれば、子どもは視野が狭く危険な状況を認識することが難しいことがありうる点（5.1.4）、危険認識能力に限界があり、大人にとって明白な危険が子どもにとって必ずしも明白でない点、成長過程で経験や保護者等が子どもの行動に影

3 引渡時における危険の予見可能性の要否

<事例9>

健康食品を製造・販売したところ、これを購入して摂取した消費者が呼吸器機能障害を発症した。調査の結果、同障害は健康食品に含まれていたあまめしばという原料が原因であったことが判明したが、かかる被害事案は国外の一部の研究で知られていたのみであり、健康食品製造業者はあまめしばにそのような危険が存在することを知らなかった。

当該健康食品について設計上の欠陥が認められるか。

（参考：健康食品呼吸器機能障害愛知事件　別表3－122、189）

<一般的な検討要素>

製品引渡時点における科学技術水準を前提とした当該危険の認識可能性
——国内資料、海外資料の有無

<本件における検討の視点>

障害を引き起こす原料を使用した健康食品について設計上の欠陥が認められることは明らかであり、この際、当該健康食品製造業者が当該危険を知っていたかどうかは関係がない。

響を与えるようになってくるが、製品開発の場面でそれを期待してはならない点（5.1.5）、そして、子どもが直面する危険の一つとして、隙間等に指を挟んでしまう危険がある点（7.2.1）、さらには、そのような危険を防ぐためには製品自体にそのような危険を防ぐ設計を施す保護策が最優先で検討されるべきである点（8.1）が示されている。判示上、同事案でガイド50が検討された形跡はうかがわれないが、これらの点が単なる結果論としての場当たり的な原告主張ではなく、製品安全の国際常識としての発想であることを示しうる点で、ガイド50を引用する意味が大いにある事案であったように思われる。

なお、2014年改訂前のガイド50（2002）の付属書Aには、危険源の予防措置の例として、子どもが直面するであろう危険に応じた設計改善案も例示されている。

ただし、製品引渡時点における科学技術水準を前提としても当該危険が認識できなかった場合には開発危険抗弁により製造業者は免責されうる。もっとも、本件では当該危険に関する海外研究成果があることから、開発危険の抗弁も認められない可能性が高い。

<解説>

(1) アメリカにおける議論の発展状況

第3次リステイトメントでは、引渡時点における危険に関する知識は当然必要と解されている[18]。その理由としては、製造業者が保険を通じて責任負担を分散しうる点が重要な製造物責任法理の基礎であるところ、引渡時点において予見不可能な危険については付保することができないため、などと説明されている[19]。

ただし、実際問題としてはほとんどの危険は予見可能であり、予見可能性が問題となるのは医薬品、医療用器具、化学物質などの一部の製品に限られる。そして、これらについて代替設計はほとんど考えられないことから設計上の欠陥はいずれにせよ認定困難であり、結論として、設計上の欠陥におけるこの予見可能性の議論は実質的意味に乏しいと考えられている。

(2) 日本の議論状況

日本では、過失責任と欠陥責任の峻別を志向する立法当時の発想を背景として、引渡時点における危険に関する予見可能性は当然不要であるべきと考えられており、そのうえで、いわゆる開発危険の抗弁を導入することが実質的に予見可能性を欠陥要件に呼び戻してしまうのではないか、という観点からの議論がなされていた。そして、このような議論の結果、最終的には、開発危険の抗弁導入は認めるものの、そこで予見不可能と認定されるための水準を大きく引き上げることで過失責任の峻別を図ることとなった。すなわち、

---

18 RTT§2 cmt.m.
19 J. Henderson, Jr., Why negligence Dominates Tort 50 UCLA L. Rev. 377, 392-393 (2002).

製造物責任法4条1項の開発危険の抗弁が導入されたことの解釈として、欠陥認定段階では危険に関する予見可能性はあるものという前提で判断を行い、例外的に、入手可能な最高の科学・技術知識の下でも予見可能性がないということを抗弁として被告が立証した場合にのみ開発危険の抗弁が認められて欠陥責任が否定されることとなった[20]。

したがって、危険の予見可能性は欠陥認定の段階では問題とならず、開発危険の抗弁として問題となりうるにとどまる。また、この開発危険の抗弁が問題となりうるのも、医薬品や化学薬品など、長期間の使用後初めて欠陥が明らかになるような性質の製品に限られるだろうという見解が一般的である[21]。

このような立法当時の理解は判例においてもおおむね踏襲されていると思われ、たとえば電気ストーブ化学物質過敏症別訴事件（別表3-149）では、予見可能性・回避可能性がない旨の被告の主張を開発危険抗弁として解釈し、当時の科学技術に関する知見から危険を認識可能であったと判断している。また、肺がん治療薬死亡等事件（大阪）控訴審（別表3-262）では、当該治療薬の危険性に関して「（当該治療薬の）客観的性状に変化がない以上は、後に判明した事情であったとしても、引渡し時（承認時）から存在した事情であるから、製造物責任法における欠陥（有用性の欠如）の判断の基礎事情となる」と判示しているが、これも欠陥判断における危険の予見可能性を不要とする理解と整合するものと解してよいと思われる。

また、（設計上の欠陥類型に限らない一般的考察になるが）開発危険の抗弁において予見不可能と認定されるための水準である「科学又は技術に関する知見」については、「当該製造物の安全性の判断に影響を与える入手可能な世界最高水準の科学知識又は技術知識」とするイシガキダイ料理食中毒事件（別表

---

20 経済企画庁国民生活局消費者行政第一課編『逐条解説 製造物責任法』109頁（商事法務研究会、1994）、「座談会 製造物責任法（PL法）の検討―立法から施行1年後までを振り返って」判例タイムズ907号26頁における伊藤発言など。
21 小林秀之「欠陥と開発危険の抗弁」金融・商事判例960号37頁など。

1−72、94）を筆頭として、概して高い水準が要求され、国内資料に記載がある場合はもとより[22]、外国文献であっても記載があれば予見可能性が肯定されている[23]。このように、開発危険の抗弁で問題とされる予見可能性を過失責任において要求される予見可能性と峻別する立法態度は判例上も維持されていると解してよいと思われる[24]。

　もっとも、実際の裁判過程ではこの予見可能性の論点が欠陥認定段階にも混在しているのではないかという疑念があり、公刊判例においても、たとえば健康食品呼吸器機能障害愛知事件第一審（別表3−122）では、開発危険の抗弁とは別項目の欠陥認定段階において、あまめしばが閉塞性細気管支炎を来した症例の認識可能性について言及されている。また、カーオーディオスイッチ設計欠陥事件（別表3−73）でも、事故原因となった銀マイグレーション現象自体はよく知られた現象であることが欠陥認定段階で指摘されている。これらの判例がなぜこのような危険の認識可能性に言及したのかは定かでないが、立法当時の理解に照らした概念の再確認が今後必要になるとも思われる。

　なお、第5章3で解説するとおり、この問題は指示警告上の欠陥類型においてより深刻な状況となっている。

---

[22]　ピアノ防虫防錆剤液状化事件（別表3−61）、イシガキダイ料理食中毒事件（別表1−72、94）、電気ストーブ化学物質過敏症別訴事件（別表3−149）、カプセル玩具誤飲高度後遺障害事件（別表3−154）など。
[23]　健康食品呼吸器機能障害愛知事件（別表3−122、189）。
[24]　塩蔵マッシュルーム異臭発生事件（別表1−340）では、被告が食品の原材料等の輸入販売業者として行うべき安全性確認を実施していたとして注意義務を果たしていたことが認められ、債務不履行責任が否定されている。したがって、（実際には主張はなかったが）おそらくは過失責任も認められなかったであろうと推測されるが、同案件でも被告の開発危険の抗弁は排斥されている。

4　明白な危険の取扱い

＜事例10＞

　飲料缶選別機の高速回転するローラーに付着した異物を取り除くために手を入れたところ、同ローラーに手が巻き込まれて怪我をした。このような、手を入れれば怪我をすることが明らかな構造の場合でも設計上の欠陥は認められるか

（参考：資源ゴミ分別機械上腕部切断事件　別表3－43、82）

＜一般的な検討要素＞

　通常使用中の受傷（＝予見可能な誤使用）といいうるか
　合理的な代替設計が想定しうるか

＜本件における検討の視点＞

　通常使用中に手が巻き込まれて怪我をしたという欠陥主張に拠った場合、危険が明白である以上、そのような使用方法は誤使用であって保護に値しないという結論に至りやすい。その場合でも予見可能な誤使用であったことを示すことができれば設計上の欠陥は認められうるが、一般的には厳しい判断が予想される。
　他方、効率を犠牲にせず安価にこのような事故を防げる合理的な代替設計を想定しうるのであれば、（危険が明白であろうとも）そのような合理的代替設計を採用しなかったことを以て設計上の欠陥と認められる可能性もある。

＜解説＞

(1)　アメリカにおける議論の発展状況

　消費者期待基準的発想からは、製品の危険性が明白であるならば消費者が取扱いに注意して危険を避けるべきであり、そのような注意を怠って被害を

被った場合にまで消費者が保護されるという期待は保護し得ないという発想になりやすい。かつてのアメリカでは、このような発想から、製品の危険性が明らかな場合には製造業者を免責する考え方が有力であった。

しかし、リスク効用基準が浸透した現在においては、危険の明白性も単なる考慮要素の一つにすぎず、合理的コストで危険を削減できたのであれば設計上の欠陥を認めるべきと考えられており、第3次リステイトメントもその立場に立っている[25]。上記の例でいえば、たとえば合理的コストでそもそもローラーに異物が付着しない合理的な代替設計が可能であったならば、設計上の欠陥が認められる余地があることになる。

なお、同趣旨の視点として、指示警告に従っていれば危険はなかったところ、指示に従わなかったために被害が生じたという場合に設計上の欠陥を認めうるか、という議論がある。これについても、明白な危険の議論と同様に考え、やはり設計上の欠陥は認められうると考えられている[26]。

(2) 日本における議論の発展状況

日本では、危険の明白性は、製造物責任法2条2項の「その他の当該製造物に係る事情」に含まれ得るという理解[27]以上の議論は特に存在しない。公刊判例では、危険が明白であることは設計上の欠陥を否定する方向の重要要素として扱われており[28]、たとえば資源ゴミ分別機械上腕部切断事件（別表3－43、82）では、本件事案と同様の状況下において、第一審では回転中のローラーに手を近づけることの危険性が強調されて欠陥が否定されたのに対して、その控訴審では製品使用者に機械構造に関する認識がなかったことが強調さ

---

25 RTT§2 cmt. d.
26 Uniroyal Goodrich Tire Co. v. Martinez, 977 S.W.2d 328 (Tex. 1998) など。なお、これは設計上の欠陥と指示警告上の欠陥の境界線上の事案の一つでもある（第6章参照）。
27 経済企画局・前掲（注20）72頁。
28 ただし、これが決定的要素ということではなく、たとえば自動二輪車シフトペダル脱落部接触中指切断事件（別表3－229）では、チェーンカバーがないために負傷したことについて、チェーンカバーがないことを購入当時から知っていたという点に加え、他にクレーム・事故報告がないことを指摘して欠陥がない旨の判断を導いており、単に危険が明白であった点のみを決定的な判断事情とはしていない。

れて欠陥が肯定されており、危険が明白といえるかどうかが重要な争点となっていた[29]。また、危険の明白性は誤使用の議論とも重なり合う一面があるところ[30]、誤使用を理由に欠陥を否定した例は数多い。

既述のとおり、日本の欠陥定義は消費者期待基準に親和的であることから、理論的には危険が明白である場合には欠陥が否定されやすい。これを回避するために、原告としては欠陥主張段階でリスク効用基準的発想をとり代替設計を主張することが考えられるが、その場合にどのような判断がなされるのかについて特段の先例は見当たらず、今後の議論対象になるものと思われる。

なお、合理的代替設計を採用すべきであったのに採用しなかったというリスク効用基準的発想からの立論は、過失責任構成でも主張可能である。製造物責任法の欠陥認定にリスク効用基準的発想を持ち込むことが必ずしも浸透していない現状では、一つの試みとして、原告としてはあえて過失責任として訴訟提起することも検討してよいように思われる（第7章参照）。

5　製品安全規制適合性との関係

<事例11>

焼却作業中に焼却炉の灰出し口の扉を開いたところ、バックファイヤーが発生して作業員が怪我をした。この焼却炉は廃棄物処理法等が定める焼却設備の構造基準には適合していたが、同基準はダイオキシン対

---

[29] なお、同事案では設計上および指示警告上の欠陥が一体となって製造物責任法3条の「欠陥」を構成している、との主張がなされているが、本書では、このような場合には指示警告が設計上の欠陥の一要素を構成しているものと理解して、設計上の欠陥として分類している。

[30] 誤使用か否かは、「予見可能な誤使用」と「非常識な使用」の区別に関する問題であり、指示警告内容や使用者層が考慮要素となるところ、製品の態様・外見自体から危険が明白である場合には、指示警告を待つまでもなく（受傷原因となった）当該使用態様が想定されていないことは明らかであるとして、誤使用を認める方向に傾きやすい。

策を主眼としたものでありバックファイヤーの危険を防止する趣旨のものではなかった。

この焼却炉について設計上の欠陥が成立しうるか

（＊参考：焼却炉燃焼爆発工場全焼事件　別表3－124、153）

＜一般的な検討要素＞

当該規制は強制基準か任意基準か

規制の趣旨は何か

＜本件における検討の視点＞

廃棄物処理法等が定める焼却設備の構造基準は、本件で問題となるバックファイヤーの危険とは無関係の規制であるので、同規制に適合していたとしても設計上の欠陥は成立しうる。

＜解説＞

(1)　アメリカの議論状況

第3次リステイトメントでは、不法行為の一般原則に従い、（原告に生じた被害をもたらす危険に関連する）強制力を有する公的製品安全規制に適合していなければ直ちに欠陥と認定しうるが、適合していたとしてもそれは考慮要素の一つにすぎず、やはり欠陥と認定し得る旨を定めている[31]。

なお、任意規制、民間規制に関しては第3次リステイトメントでは明確な言及がない。

(2)　日本の議論状況

日本でもこの点に関しては製造物責任法独自の議論はなく、不法行為の一般原則に従うことになる。すなわち、強制力を有する行政上の製品安全規制と製造物責任法はその趣旨・目的を異にしていることに鑑み、その適合・不

31　RTT§4.

適合は考慮要素の一つにすぎないと解されている[32]。その具体的意味としては、当該安全規制が（各製造物責任事件において問題となる製品安全と同様の）製品安全を目的としている場合でも、それは安全基準の最低水準を定めたものにすぎないので、製品が当該安全規制に適合していても製造物責任が免責されることにはならず、他方、製品が安全規制に適合していなかった場合には最低限度の水準も満たしていなかったとして欠陥が強く推認されることになる[33]。

　民間規制、任意規制、国内強制力のない外国法規制についても、やはり適合・不適合は考慮要素の一つにすぎず、当該規制の趣旨を勘案しつつ欠陥認定への影響を個々に検討することになる。各規制不遵守の場合にはこれを以て欠陥認定・推定しうるかどうかが着目点となるが、公刊判例では、JIS規格に合致しないことが欠陥認定の一要素とされた例[34]、逆にJIS規格は安全性の基準ではなくこれに合致しなかったとしても欠陥とはならないとされた例[35]、EU規格を満たしていなくとも欠陥とはならないとされた例[36]などがあり、やはり個々の事案毎の検討とならざるを得ない。他方、遵守の場合に欠陥を否定する強い効力が生じることは稀であるが、チャイルドシートについて、「チャイルドシートは、シート等への拘束によって、自動車内の乳幼児を、……保護しようとすることを目的とする製品である。そうすると、チャイルドシートに関する上記規格における、拘束性に関する試験方法や試験条件等は、一般の社会通念に照らして当然備えられている拘束性が備わっているか否かを確認できるものとして設定されていると解される。従って、日本工業規格に適合しているとされたチャイルドシートは、特段の事情がない限り、一応その拘束性において欠陥のない製品であると推測される」とした判例[37]

32　経済企画庁・前掲（注20）72〜73頁。
33　朝見・前掲（注8）161〜162頁。
34　レンジつまみ過熱事件（別表3−81）。
35　外装用ガラス破損脱落落下事件（別表3−150）。
36　廃食用油軽油代替燃料精製装置残留メタノール事件（別表3−147）。
37　チャイルドシート着用乳児死亡事件（別表2−111）。ただし、本書では原因を特定し

も存在し、事案によっては強い効力が生じ得る可能性がある。

6　安全関連器具のオプション化と最低限の安全水準

＜事例12＞

　バス会社がバス製造業者からバスを購入する際、バックアップアラーム（＝バック時に作動するアラーム）を付けることを提案されたが、バス会社はそれを断り、同アラームのついていないバスを購入した。その後、駐車場でバス会社の従業員がバスをバックさせた際、同従業員は後方にいた同僚に気づかず、その同僚も他用に気をとられていたためバスに轢かれてしまった。バックアップアラームがあれば、この事故は防ぐことができたはずであった。

　同アラームがついていなかったバスに設計上の欠陥は認められるか。

　　　（＊参考：Scarangella v. Thomas Built Buses, Inc. (N.Y. 1999)）

＜一般的な検討要素＞

（危険回避の技術的可能性があるなかで、それでも）安全オプションがない状態での製品が最低限度の通常有すべき安全性を有すると評価できるか。

- ――当該種類の安全オプションの存在が当該製品の使用者層に知られているか、当該製品にはそのオプションが付されていないことが識別可能か。
- ――安全装置をオプションとすることが費用対効果の発想に照らして合理的か。

ていない通常使用類型として分類している。

＜本件における検討の視点＞

　バックアップアラームの付いていないバスが、バスとして通常有すべき安全性を有するかを検討することになる。具体的には、本件事故はバスの本来の運転方法では生じない事故ではあるが、それでも予見可能な範囲内の誤使用として保護に値するかどうかが問題となる。

　バックアップアラームという安全オプションの存在は、被害防止についての技術的可能性があったという点で、欠陥を肯定する方向の一要素となりうる。

＜解説＞

(1) **アメリカの議論状況**

　製品に安全オプションが用意されている場合において、利用者が自主的に同オプションを付けず、そのために後日事故が起こった場合、同オプションがついていないというだけで欠陥と評価されるべきではない。しかし、理論上は安全オプション付きの製品が代替設計となり、リスク効用基準の下では欠陥が認められかねない。このような結論を避けるための理論構成については第3次リステイトメントにも規定がなく、未解決の問題となっている[38]。なお、アメリカにおいてこの議論を複雑なものとしている理由の一つは、陪審制度を前提とした裁判枠組みである。すなわち、アメリカでは事実問題は陪審、法律問題は裁判官が判断するが、陪審審理に至るまでの手続負担や陪審員の判断の予測困難性等の事情により、事実審理として陪審判断に至るかどうか自体が重大問題となる。そのため、この安全オプションの問題についても、ケースごとに事実問題として判断することは可能であるが、そうではなく法律問題として（陪審審理に至る前に）結論を出せる理論構成が求められている[39]。

38　J. Henderson, Jr., and A. Twerski, Optional Safety Devices: Delegating Product Design Responsibility to the Market, 45 Ariz. St. L.J 1399. (2013).
39　Scarangella v. Thomas Built Buses, Inc. (N.Y. 1999) では、安全オプションがない製

もう一点、この議論に関するアメリカ独自の事情として、この安全オプションの有無の論点は、雇用者が従業員の安全を犠牲にして安全オプションのない廉価な機械を購入した結果労災事故が起きるという場面で問題となることが多い。しかし、一般的に、アメリカでは労災案件の即時解決の見地より従業員から雇用者への全額の損害賠償請求が制限されているため、損害の完全な回復のためには従業員と製造業者間の製造物責任の問題として事案解決が図られることになる。この場合、機械購入者＝雇用者が自ら安全オプションのない製品を選択したとしても、それは被害を受けた従業員自身の選択ではないため、この点を製造物責任免責の根拠とすることは難しく、このことが製造業者の立場をより一層困難なものとさせている。

(2) **日本の議論状況**

　日本でも立法時点において安全オプションの取扱いに関する議論は存在したが、安全オプションがないというだけで欠陥とは評価されないはずという結論が示されるのみであり[40]、これを導く議論についてはその後も進展がない。

　公刊判例をみると、使用者が安全オプションをあえて選択しなかった場合において、安全オプションのない状態の製品でも通常有すべき安全性を有するかどうかを検討した判例[41]、あるいは安全オプションのない状態の製品を前提として誤使用の有無を検討した判例[42]があり、また、安全オプションの存在が一般にも相当程度知られていた場合において、やはり安全オプション

　　品が欠陥とならない条件として、①買主が製品の使用方法と安全オプションの有用性を熟知していること、②通常の使用状況が、安全オプションがなくても製品が不合理に危険とはならないようなものであること、③買主が、製品の想定使用状況下において安全オプションを付さないことについてのリスクと利益を比較検討できる地位にいること、という3要件が掲げられている。しかし、かかる基準は買主と製造者の直接交渉がなければあてはめられず、一般的基準としては成り立たないと批判されている。

[40] 通商産業省産業政策局消費経済課編『製造物責任法の解説』101〜102頁（通商産業調査会、1994）等。
[41] 無煙ロースター眼痛事件（別表3－112.1）。
[42] フォークリフト装着充電器コネクタ出火損害賠償代位行使事件（別表3－224）、フォークリフト装着充電器コネクタ出火事件（別表3－228）。

のない状態の製品でも通常有すべき安全性を有するかどうかを検討した判例[43]がある。他方、使用者が安全オプションの存在を知らなかった場合において欠陥解釈が行われた判例は未だ見当たらない（ただし、製品製造業者が直接製品を販売していた場合において、安全オプションに関する説明義務の問題として債務不履行構成が採られた判例はある[44]）。

このように、これまでの各判例は直截に安全オプションのない状態でも通常有すべき安全性を有するかどうかを問題としており、同製品が当該種類の製品として（製造物責任法が要求するところの）最低限度の通常有すべき安全性を満たすかどうかが検討対象となっている。この場合の安全オプションの位置づけについて考えると、日本の消費者期待基準的発想に基づく欠陥主張（「通常使用中の受傷」）では、一方では被害防止についての技術的可能性があったという点で欠陥を肯定する方向の一要素となりうるが、他方では、当該種類の安全オプションの存在が当該製品の使用者層に知られておりかつ当該製品にはそのオプションが付されていないことが識別可能であるならば、使用者にも安全オプションがない前提での行動が求められることになるので通常使用と認められる余地が狭まることにもなりうる。また、リスク効用基準的発想に基づく欠陥主張では、安全オプションの存在がそのまま合理的代替設計候補となるが、費用対効果の問題としてこれをオプション化することが合理的であるならば、やはり結論として欠陥は否定されうる。したがって、事案毎の判断は必要であるが、結論としては安全オプションがあるだけで欠陥

---

43 トイレブース開き戸型ドア親指切断事件（別表3-214）。なお、同案件は製造物引渡後に被告自ら安全オプション（指詰め防止用器具）を開発した事案であり、その安全オプションを開発した旨を伝えなかったことについて、利用者に対する安全配慮義務違反に係る不法行為構成もあわせて主張された。しかし、指詰め防止用の器具の存在は一般にも相当程度知られていたという事実認識を前提として、製造物責任・不法行為責任とも否定された。

44 カラオケ店立体駐車場脳挫傷死亡事件（巻末訴訟一覧No.55）。同判例は、安全性をさらに向上させるために、オプションでどのようなセンサーが用意されており、その価格はどの程度であるかといった本件装置の危険性とその安全装置であるセンサーの内容等について、原告に具体的に説明すべき信義則上の義務があったとした。

が否定されるという不合理な事態は回避しうると思われる[45]。

なお、製品安全設計の見地から検討した場合、製品が最低限の安全水準を満たしているかどうかはリスクアセスメントの問題となる（第3章3(3)参照）。すなわち、リスクとは危害の発生確率とその危害の度合い（＝損害の大きさ）の組み合わせとして理解されるところ（ガイド51　3.9）、種々の安全対策の結果、これを許容可能なリスクの範囲内に抑えられたかどうかが問題となる。安全オプションがあろうとなかろうと、製品として世に出す以上は許容可能なリスクの範囲内でなくてはならず、安全オプションがなければ同範囲内に収まらないのであれば、それは標準装備とすべきであってオプション化することは許されない。

第3章3(3)でも触れたとおり、このリスクアセスメントはガイド51の要請するところであり、製品安全設計の観点からは製造者が必ず行うべきプロセ

〔図表4〕　最低限の安全基準

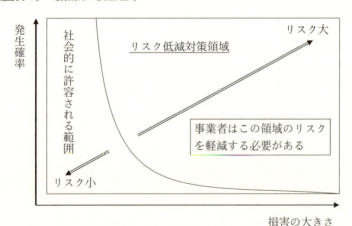

引用：製品評価技術基盤機構・第3章（注33）39頁「図4　リスクを低減すべき領域」

---

[45] アメリカでは、このような結論では陪審判断となることを避けられず、あるべき解決方法として不十分だが、日本では特段の支障はない。

スである。したがって、このような安全オプション化の可否が議論の対象となる場合には、安全オプションのない製品が許容しうるリスクの範囲内かどうかについて、製品開発当時、どのような資料に基づきどのように認識していたのかに着目すること（＝原告の視点からは、これを求釈明、文書提出命令申立ての対象とすること）が有用であるように思われる[46]。

7　部品における欠陥判断の特殊性

＜事例13＞

　パチスロ機製造業者が電源製造業者の製造するパチスロ機用電源（本件電源）を組み込んでパチスロ機（本件パチスロ機）を製造したが、本件パチスロ機が焼損して保管していた倉庫を半焼させる事故が起きた。本件電源の過電流保護機能は12Ｖ回路に最大26Ａの電流が流れる可能性を有するものであったが、本件パチスロ機で使用されていたハーネスは16Ａで溶解する性能であり、本件焼損事故は、これにより本件電源の出力とパチスロ機の筐体内部が短絡を起こし、筐体内部の通電性塗料が発煙・赤熱して生じたものであった。

　本件電源の過電流保護機能は、それ自体としては電源の過電流保護機能を有しており、本件パチスロ機も本件電源以前に使用していた電源を組み込んでいた間には焼損事故が生じなかった。また、本件電源は特注

---

[46] ただし、リスクの定義からも明らかなとおり、製品安全設計の発想は個々の具体的状況において期待される安全性というよりも想定される製品使用状況下における全体的な安全性を志向するものであり、その意味ではリスク効用基準的意味合いが強い。したがって、特に欠陥について消費者期待基準の発想に立った場合には、製造物責任法が要求するところの最低限の安全水準と製品安全設計の見地から要請される最低限の安全水準は必ずしも一致せず、後者の観点から最低限の安全水準を満たしていたとしても、なお製造物責任法における欠陥が認められる可能性はあると思われる。第7章（注18）参照。

137

電源であったが本件電源の過電流保護機能に関してパチスロ機製造業者からの指示はなく、電源製造業者には本件パチスロ機の設計に関する情報は一切与えられていなかった。

本件電源に設計上の欠陥は認められるか

（＊参考：パチスロ機電源火災事件を改変　別表3－70、139）

＜一般的な検討要素＞

部品それ自体に欠陥が存在するか
部品を組み込んだ最終製品に欠陥が存在するか
部品の設計に関して最終製品製造業者からの指示があったか
最終製品への部品組み込みについて実質的な関与があったか

＜本件における検討の視点＞

本件電源を組み込んだ本件パチスロ機には欠陥があるが、本件電源それ自体としては欠陥がない。そして、電源製造業者は単に本件電源を引き渡しただけであり、本件電源を組み込むに際して、本件電源に合わせてパチスロ機筐体を改良するなどの積極的関与をしたわけでもない。したがって、本件電源に設計上の欠陥は認められない可能性が高い。

＜解説＞

(1) **アメリカの議論の発展状況**

第3次リステイトメントでは、部品も最終製品とは別個に製造物責任の対象たる「製造物」として取り扱っており[47]、その論理的帰結として、部品自体に欠陥がなければ、それを組み込んだ最終製品に何らかの欠陥があったとしても製造物責任を負わないのが原則である[48]。

47　RTT§19 cmt. b.
48　RTT§5 (a).

もっとも、部品それ自体には欠陥がないとしても、最終製品の全体構造との関係で、最終製品に組み込まれた際には不具合を生じさせる場合もある。そのような場合には、部品製造者が最終製品への組み込みに実質的関与をした場合に限り、例外的に部品製造者についても製造物責任を認めることとしている[49]。ここにいう実質的関与とは、単に最終製品製造者の指示に従って部品を作成したというだけでは足らず、「組み込み製品のメーカーもしくは組立業者が、組み込み製品の一部としてとくに機能するようある部品を設計させるために、あるいは販売者の部品を受け入れるよう組み込み製品の設計を変更するのを手伝わせるために、当該部品の販売者を招く」、「いずれの部品が、組み込み製品の要求にもっとも資するかを決する際に、部品の販売者が重要な役割を演ずる」といった例が想定されている[50]。

(2) 日本の議論状況

日本でも、部品は最終製品とは別個に製造物責任の対象たる「製造物」として取り扱われており、部品自体に欠陥がなければ、それを組み込んだ最終製品に何らかの原因で欠陥があったとしても製造物責任を負わないのが原則である[51]。しかし、本件事例のような、部品それ自体としては欠陥がないが最終製品に組み込まれた際には不具合を生じさせるような部品の欠陥該当性をいかに考えるべきかについては特段の議論がない[52]。

この点、パチスロ機電源火災事件第一審（別表3-70）では、問題となった部品が最終製品製造業者と部品製造業者間で合意した仕様書どおりであり、同仕様書では当該部品の特性が前提となっていたことを理由として当該部品

---

49 RTT§5 (b).
50 RTT§5 cmt. e. 邦訳は森島監訳・前掲（注2）。
51 経済企画庁・前掲（注20）114頁。
52 やや類似する場面として、人工呼吸器換気不全死亡事件(1)（別表3-76）では、ジャクソンリース回路および気管切開チューブの双方とも、それぞれの構造には意味があり安全に使用する方法もあるとして設計上の欠陥は否定されたが、両製品の組み合わせにより換気不全が生じ得る可能性について指示警告を欠いたことについて指示警告上の欠陥が認められた。

の欠陥該当性が否定された。それ以外の場面については特段判例学説が見当たらないが、第3次リステイトメントの想定するような状況でもない限り、原則通り部品についての製造物責任を認める必要はないように思われる。

なお、部品自体に欠陥があった場合については、免責事由として「その欠陥が専ら当該他の製造物の製造業者が行った設計に関する指示に従ったことにより生じ、かつ、その欠陥が生じたことにつき過失がない」場合には免責される旨が規定されている（法4条2号、設計指示の抗弁）。

8 補論：欠陥と因果関係の立証責任

(1) アメリカの議論の発展状況

第3次リステイトメントでは欠陥の主張立証責任は原告側にあることが当然の前提とされ[53]、そのうえで、代替設計立証に関して要求される内容についてある程度原被告間の立証責任分配が意識されている（代替設計のプロトタイプまで提示する必要はない、代替設計採用に関するコストと効用を詳細に立証する必要はない、など[54]）。もっとも、この原被告間の公平な立証責任分配の観点をさらに強調し、欠陥の主張立証責任を被告に転換する州も少数ながら存在し[55]、特に影響力の強いカリフォルニア州がこの立場を採用していることから、その理由が注目される[56]。

---

[53] RTT§2 cmt. d.
[54] RTT§2 cmt. f.
[55] Barker v. Lull Engineering Co, 20 Cal. 3d 413 (Cal 1978), Caterpillar Tractor Co. v. Beck, 593 P.2d 871 (Ala. 1979).
[56] ただし、アメリカでは、陪審員への説得の観点からは被告の主張を待つのではなく原告が自らのストーリーで事故原因と代替設計を示すほうがはるかに効果的であり、あえて立証責任転換法理に頼る弁護士はいない、という現実的側面からの指摘がなされることもある。

最初にかかる被告への立証責任転換を明示したカリフォルニアの判例は1978年の Barker 判決である。同判決は設計上の欠陥の採用基準に関して消費者期待基準とリスク効用基準を併用することとしつつ、後者に関して、受傷の事実およびこれと設計との相当因果関係さえ原告が立証すれば、当該設計が欠陥でなかったことは被告が証明すべきとする。その理由としては、設計の妥当性に関する立証資料の中には製造業者のみが知識を有する技術的事項も含まれることなどが指摘されていた。

　同論旨の妥当性は1994年の Soule 判決[57]でも再度議論の対象となったが、ここで製造業者が主張したのは、ないことの証明を迫られることの不合理さに加え、現在のディスカバリー制度の下では"製造業者のみが有する知識"という論拠は非現実的であるということであった。これに対して裁判所は、製造業者は自分が採用した設計の効用が危険を上回ることを証明すればよいだけである、また、現在のディスカバリー制度の現状は製造業者と消費者間の本質的な技術的不均等を埋め合わせるほどのものではなく、製造業者が自ら開発して採用した設計の評価を最初に原告に行わせうるようなものではないと判示して製造業者の主張を認めなかった。そして、現在までこの立証責任転換の判断枠組みは維持されている。

　以上のとおり、カリフォルニア州における立証責任転換の理由は、ディスカバリー制度がどれほど原告の立証活動を現実的に可能にするか、という点に関する理解と深く関連する。この点第3次リステイトメントは、原告に代替設計立証を求める設計上の欠陥の判断基準はそのような代替設計が現実的にありうるかどうかを確かめ得る合理的なディスカバリーを行えることを前提とする旨を明言しており[58]、ディスカバリーがそのようなものであるという理解に立っている。このように、ディスカバリー制度に対する第3次リステイトメントと Soule 判決の理解はニュアンスが異なっており、これが立証

57　Soule v. General Motors Corp., 882 P.2d 298 (Cal. 1994).
58　RTT§2 cmt. f.

責任転換に関する態度にも反映されていると思われる。

(2) 日本の議論状況

日本では、欠陥に関する立証責任の転換に関して立法段階では議論があったが、結局は採用されず、経験則や事実上の推定によって事案に応じた被害者の立証責任の軽減が図られることを期待するにとどまった[59]。判例においても、通常使用類型として処理しうる場合を除き、立証責任の軽減・転換が意図された例は特段見当たらない。しかし、立証責任転換をめぐるアメリカの上記議論状況を鑑みるに、そもそもディスカバリー制度が存在せず、それに相応する強力な証拠収集手段もない日本において、原告に立証責任を負わせるという原則に固執することの妥当性については、なおも議論の余地があるように思われる。

欠陥と損害との間の因果関係（事実的因果関係・相当因果関係）についても同様の議論が妥当する。ただし、実務的には欠陥の有無と事実的因果関係の証拠関係は重複することが多く、欠陥に関する立証責任の議論と別個に因果関係の立証責任を問題とすべき場面は限定的であるように思われる[60]。

---

59 通商産業省産業政策局消費経済課編・前掲（注40）138頁
60 なお、欠陥の判断基準について消費者期待基準を採用する場合、消費者が期待する製品性状の検討の際には当該製品がもたらす損害結果も合わせて検討されるのが通常であり、欠陥と因果関係は実質的に同一の要件となってしまうのではないか、という点が指摘されることがある。このような消費者期待基準の特徴は理論上の混乱を招くものであるとして、リスク効用基準を採る立場からは批判対象となる。

コラム：開発危険抗弁と state of art

　開発危険の抗弁は「当該製造物をその製造業者等が引き渡した時における科学又は技術に関する知見によっては、当該製造物にその欠陥があることを認識することができなかったこと」（製造物責任法4条1号）と規定されており、これはヨーロッパの開発危険抗弁を参考にしたと説明されている。　ただし、厳密には、ヨーロッパの開発危険抗弁における主語は「the state of scientific and technical knowledge」（EC directive 1985 7条(e)）であり、製造業者等の認識可能性ではなく科学・技術水準に着目した規定となっている。

　なお、第3次リステイトメントにおいては、そもそも欠陥認定段階で危険の予見可能性を必要（ただし、ほとんどの危険については予見可能）と解するため、認識可能性という趣旨での開発危険の抗弁は存在しない。科学・技術水準(state of art)という趣旨での抗弁についても、論点としては認識されているものの、日本のようにその当否が大きな議論の対象とはなっていない。その理由を明確に述べる文献には接しなかったが、そもそも欠陥主張のためには原告が代替設計を提示することが要求されているところ、原告が世界最高水準の高度な科学・技術水準を用いた代替設計を提示すること自体が困難であるから、実務上これが問題となる場面が想定し難いためではないかと思われる。

＜別表3＞　設計上の欠陥

表中の「判示構造」の数字（本章2参照）
①：代替設計と比較せず、原告が主張する製品の危険性に対して保護すべきかどうかの価値判断を行う
②：代替設計を採用すべきであったかどうかを判断する
③：代替設計も一つの要素とする、当該製品の有効性と危険を含めた総合衡量

No.	判決	事件名	提訴（控訴等）の内容	欠陥認定
15	新潟地裁長岡支部平成11年9月8日判決　　巻末訴訟一覧No.45の第一審。	紙パック容器負傷事件	レストラン経営者が業務用ストレートティーを開ける際に、その抽出口で左手親指にカミソリで切ったような長さ15ミリ、深さ1〜2ミリの傷を負ったとして、ストレートティー製造会社およびパック製造会社に対し、共同不法行為および製造物責任法3条に基づく損害賠償を求めた事案。	×
19	さいたま地裁平成13年9月28日判決	集塵機出火炎上事件	機械製造販売業者が製造販売した集塵機の納入先で発生した火災事故につき、同事故発生を原因として中小企業PL保険契約に基づく保険金請求権が発生しているか否かをめぐり、保険会社が本件業者に対して債務不存在確認を求め（本訴）、本件業者が保険会社に対して保険金の支払を求めた（反訴）事案。	×
27	浦和地裁熊谷支部平成12年6月29日判決　　巻末訴訟一覧No.56（控訴審）、巻末訴訟一覧No.66（上告審）の第一審。	食品容器裁断機リフト頭蓋底骨折死亡事件	プラスチック製食品容器を裁断して自動搬送する油圧裁断機による裁断作業従事中に、女性が食品容器を積み重ね搬送するリフト上のコンベアと天井部分との間に頭部を挟まれ死亡した事故につき、同人の内縁の夫とその子供らが、油圧裁断機製造業者に対しては製造物責任法3条に基づく損害賠償を求め（甲事件）、同女性を雇用していた合成樹脂成型加工販売業者に対しては債務不履行ないし不法行為に基づく損害賠償を求めた（乙事件）事案。	×
29	大阪地裁平成15年3月31日判決	自動車エアバッグ非作動事件	自動車を運転中にハンドル操作を誤って電柱に衝突して重傷を負い、その後に死亡した者の相続人である妻が、本件事故の際、同車両に装備されていたエアバッグシステムが作動しなかったことにつき、当該エアバッグシステムが通常有すべき安全性を欠き、また、自動車の輸入販売会社およびそ	×

<別表3> 設計上の欠陥

＊注記　この表の「No.」は巻末訴訟一覧（資料①）の「No.」に対応するものであり、また、「事件名」「提訴（控訴等）の内容」および「判決」欄の審級関係に関する記載は、平成27年4月15日に消費者庁より公開された製品安全関連の訴訟情報記載を引用している（http://www.caa.go.jp/safety/index19.html）。ただし、「No.112.1」のように小数点以下のNo.が付されているものについては、筆者が付加・作成したものである。

判示構造	判示内容	原告提示の代替設計	被告の主な反論
②（機序否定）	本件容器の注出口につき、鋭利なエッジ形状が存在する事実は認められず、人の手指に怪我が発生する潜在的可能性を認めることもできない。	抽出口上端部外側をまるみのある形状に変更した改良後の製品。	他原因。形状変更は営業政策上の配慮であって、欠陥自認ではない。
②（機序否定）	集塵機の内部発火と認める余地がない。	集塵機内部の清掃・除去機能が具備された集塵機。	清掃・除去機能がなかったことについては使用者が被告（製造業者）から説明を受けているはずであるし、実際、本件では同機能欠如に起因する自然発火はなかった。
②	代替設計については、荷崩れ直す対策あり、同構造なくとも直ちに欠陥とはならない。代替設計②については、防止可能性はあり、高価でもないが、あらゆる危険に対する防止措置の設置までは法的に要求されない。	①荷崩れを起こさない構造、荷崩れを直し終わってフットペダルを踏むまではリフトが自動的に上昇しないようにする構造、②自動停止センサー。	誤使用。
②	本件は低速度での事故だが、エアバッグが展開すること自体にも危険性をはらんでいること、適正な作動条件の設定が極めて高度な技術を要するものであることから、低速衝突の場合の安全装置としては	粘性ダンピング式センサー。センサーの取り付け位置・数。	軽微な衝撃によっても展開することはかえって危険。本件事故は、他メーカー同車種においても作動条件外。

145

第4章　設計上の欠陥

No.	判決	事件名	提訴（控訴等）の内容	欠陥認定
			の正規ディーラーが保証した性能を欠いていたなどとして、本件車両の輸入販売会社に対しては不法行為責任（製造物責任・不実表示責任）および契約責任（保証責任）に基づき、本件車両を販売したディーラーに対しては、契約責任（債務不履行責任）に基づき、損害賠償を請求した事案。	
37	名古屋地裁 平成14年4月22日 判決 控訴審にて和解	輸入漢方薬腎不全事件(1)	主婦らが、内科医から処方された冷え性患者に効能があるという漢方薬を服用したところ、慢性腎不全に罹患したとして、同漢方薬を輸入販売した医薬品等輸入販売業者に対し、主位的に製造物責任に基づき、予備的に不法行為に基づき、損害賠償を求めた事案。	×
40	長崎地裁 平成14年5月29日 判決 巻末訴訟一覧No.87の第一審。	土壁内竹組害虫発生事件	新築建物の所有者らが、同建物に害虫が大量発生し食害が発生したのは、本件建物の土壁の下地とされた竹材である丸竹に原因があるとして、同人らに本件丸竹を販売した竹材販売会社に対し、製造物責任等に基づく損害賠償を求めた事案。	○
41	金沢地裁 平成13年7月17日 判決	子ども靴前歯折損事件	子ども靴製造販売会社製造の靴を履いていた当時1歳5カ月の女児が、母親と帰宅した際、玄関先で靴が不意に脱げたため転倒し、顎を打ちつけ、前歯1本を折る事故が発生したことにつき、当該靴は通常有すべき安全性を欠いていたとして、本件会社に対し、製造物責任法3条および民法709条に基づく損害賠償を求めた事案。	×
43	東京地裁 平成14年2月26日 判決	資源ゴミ分別機械上腕部切断事件	甲事件：飲料缶選別機のローラーに付着した異物を手で除去しようとしてローラーに巻き込まれ右上腕部を切断した一般廃棄物	×

<別表3> 設計上の欠陥

判示構造	判示内容	原告提示の代替設計	被告の主な反論
	シートベルトを第1に考えるのがむしろ相当。		
①（機序否定）	本件主婦らに対する本件製造物たる漢方薬の投与期間の日数比率は低いから、本件主婦らが腎不全に罹患したことが本件製造物の服用のみに起因するとはいい難く、本件製造物を服用しなければ腎不全に罹患しなかったともいい難い＊製造物責任法施行後の少量のKM服用と腎不全り患との間の因果関係の問題。 不法行為責任は肯定	なし。	原告の腎不全がKMの副作用によるものとは断じがたい。
②	十分な防虫処理が行われていないことに加え、引渡の際に防虫処理の状況・害虫発生の危険性を告げなかったことを合わせて欠陥を認定。	十分に防虫処理した丸竹。	元々被告による防虫処理は不要。
①	本件靴が脱げないよう足をホールドする基本的構造部分である本件甲ゴムの位置は、同機能を果たさないものとはいえないから欠陥の存在は認められず、また、付随的に足をホールドする機能を有するに過ぎない面ファスナーが両側に存するという構造をもって、同ファスナーに同機能を果たさないような欠陥があるとは認められない。	なし。	甲ゴムの位置設計・甲ゴム使用の適切性はこれまでの販売実績で明らか。面ファスナーは甲ゴム伸長防止の役割を果たせば足りる。安全試験も行い、日本工業規格にも適合。
②（誤使用判断のみ）	缶の落下流入防止措置が取られていないことについては、スチール缶が侵入しても即座	掃除口に機械稼働中には開かないカバー、本件掃除口に誤って手を	誤使用。

147

No.	判決	事件名	提訴（控訴等）の内容	欠陥認定
	巻末訴訟一覧No.82の第一審。		処理業者の元役員が、同機械を製造、納入した廃棄物再生処理業者に対し、製造物責任法に基づく損害賠償を求めた事案。 乙事件：一般廃棄物処理業者に飲料缶選別機を販売した廃棄物再生処理業者が、売買代金の支払を求めた（本訴）のに対し、一般廃棄物処理業者が、本件機械の瑕疵を主張して、本訴で相殺主張した残代金の支払を求めた（反訴）事案。	
45	東京高裁 平成12年2月29日 判決 巻末訴訟一覧No.15の控訴審。	紙パック容器負傷事件	レストラン経営者が業務用ストレートティーを開ける際に、その抽出口で左手親指にカミソリで切ったような長さ15ミリ、深さ1～2ミリの傷を負ったとして、ストレートティー製造会社およびパック製造会社に共同不法行為および製造物責任法3条に基づく損害賠償を求めたことにつき、請求を棄却した第一審に対する控訴審の事案。	×
46	東京地裁 平成17年2月24日 判決	治験薬投与虚血性心不全死亡事件	虚血性心不全で死亡した男性の妻および子供が、治験薬開発製造会社の治験薬には心臓に対する副作用があり、本件男性には心臓等に異常が認められたにもかかわらず、担当医によって本件治験薬を処方されたために本件男性が死亡したとして、担当医に対しては不法行為責任に基づき、本件男性が治療を受けた病院に対しては、担当医の行為についての使用者責任ないし担当医を履行補助者とする債務不履行責任に基づき、治験薬開発製造会社に対しては、治験薬に係る製造物責任ないし不法行為責任に基づき、損害賠償を求めた事案。	×
48	仙台地裁 平成13年4月26日 判決 控訴審にて和解	フロントガラスカバー金属フック左眼突刺重傷事件	凍結防止カバー製造業者が製造販売したフロントガラス等の凍結防止カバーを自動車に装着しようとして左眼を負傷した者が、本件製造業者に対し、損害賠償を求めた事案。	○

<別表3> 設計上の欠陥

判示構造	判示内容	原告提示の代替設計	被告の主な反論
	には機械性能や稼働状況に支障が生じないこと等から、欠陥非該当。 掃除口については、あえて自ら手を挿入しない限り、本件ローラーに誤って手を触れたり近づいたりする可能性はないこと等から欠陥非該当（控訴審で否定）。	いれた場合に機械を緊急停止することができるような装置。	
②（機序否定）	（原審と同じ） 本件容器の注出口につき、鋭利なエッジ形状が存在する事実は認められず、人の手指に怪我が発生する潜在的可能性を認めることもできない。	まるみのある形状に変更した改良後の製品。	他原因。 形状変更は営業政策上の配慮であって、欠陥自認ではない。
③（機序否定）	本件治験薬に心筋梗塞を惹起せしめるような心刺激性を認めることはできない。 またその有効性に比して重大な副作用が生ずる危険性が認められるかどうかによって設計上の欠陥を判断すべきであるところ、少なくとも本件治験薬に心筋梗塞を起こす可能性があるような心刺激性があり、重大な副作用があると認めるに足りるデータはない。	なし。	本件治験薬に心刺激性はない。
②	フックが跳ね上がり、使用者の身体に当たる事態も当然予想されるところ、傷害を生じさせる事態を防止するために、フックの材質、形状を工夫したり、ゴムひもの張力が過大にならないようにするなどの配慮はほとんどなされていないものであり、通常有すべき安全性を欠く。	より安全な方法の例示として、被告が本件事故後に変更したプラスチック製フックや、他社製品を指摘。 ただし、これを採用すべきと主張するものではない。	誤使用。

第4章 設計上の欠陥

No.	判決	事件名	提訴（控訴等）の内容	欠陥認定
56	東京高裁 平成13年4月12日 判決 巻末訴訟一覧No.27（第一審）、巻末訴訟一覧No.66（上告審）の控訴審。	食品容器裁断機リフト頭蓋底骨折死亡事件	合成樹脂型加工販売業者に雇用され、油圧裁断機を操作して、プラスチック製の食品容器（フードパック）の裁断作業に従事していた女性が、裁断したフードパックを積み重ねて搬送するリフト上のコンベアとその天井部分に頭部を挟まれて死亡した事故につき、同人の内縁の夫と子が、油圧裁断機製造会社に対しては製造物責任法3条に基づき、死亡女性を雇用していた合成樹脂成型加工販売業者に対しては債務不履行ないし不法行為に基づき損害賠償を求めたことにつき、油圧裁断機製造業者に対する請求を棄却し、合成樹脂成型加工販売業者に対する請求については不法行為責任を認めたものの、死亡女性にも過失があったとして7割の過失相殺を認めた第一審に対する控訴審の事案。	○
57	奈良地裁 平成15年10月8日 判決	給食食器破片視力低下事件(2)	当時、国立小学校の3年生に在学していた女児が、給食食器片づけの際、落とした硬質ガラス製ボウルの破片を右眼に受けて角膜裂傷、外傷性白内障などを負い、視力が0.1まで低下したため、同食器の製造会社および販売会社に対しては製造物責任に基づき、国に対しては、本件傷害等は小学校または教諭の過失、公の営造物である本件食器の設置または管理の瑕疵によるものであるとして、国賠法上の責任に基づき、損害賠償を求めた事案。	×
61	東京地裁 平成16年3月23日 判決 控訴審にて和解	ピアノ防虫防錆剤液状化事件	ピアノ用防虫防錆剤製造業者から納入を受けた本件錠剤を販売していたピアノ用防虫防錆剤販売業者が、本件錠剤にはピアノ内部で使用中に液状化するという設計上の欠陥および液状化の可能性についての指示・警告上の欠陥があったとして、ピアノ用防虫防錆剤製造業者に対して、製造物責任法に基づき損害賠償を求めるとともに、同欠陥は債務不履行に該当するから、債務不履行に基づき売買契約を解除したとして、原状回復請求として支払済み売買代金等の返還を求めた（本訴）のに対して、ピアノ用	○

<別表3> 設計上の欠陥

判示構造	判示内容	原告提示の代替設計	被告の主な反論
②	原告の行動は予測の範囲を超えた異常な使用形態ではなく、そして、機械を停止せず、作業効率を犠牲にせず、しかも安全に荷崩れ品を排除することも可能であった（原告代替設計は不採用）。	リフトに身体が入ると機械が自動停止するセンサー、あるいは身体をリフトに入れられないような防護装置。 ＊裁判所による例示 リフトが最下部でフードパックを梱包場所に移動させた後、そのまま停止するか、あるいはリフトが最上部まで上がらずに、もっと下で一旦停止して、次のサイクルに入ると同時に最上部まで上昇していくようなシステム。	誤使用。
③	製造物が有する危険性の性質、その危険の回避可能性および難易度、その製造物につき安全対策をとることが有用性に与える影響、利用者が危険を予期し回避することが可能であったか等を総合考慮（ただし、あてはめにおいてコストの指摘なし）。	車のフロントガラスのような被害回避措置。	有用性が割れた場合の危険をはるかに上回る。
①	本件錠剤は空気中の湿気を吸い、溶けて液状化する性質を有し、ピアノ内部において液状化すれば、ピアノ内部汚損、故障、床の汚損のおそれが十分あったにもかかわらず、被告が、その設計段階において、本件錠剤の液状化を防止するための工夫等を施した形跡はうかがわれない。 通常使用も認定。	なし。	温度30度以上、湿度80％以上で水蒸気の供給が常にあるという状況下での使用は通常の使用状態とはいえない。 また、液状化につき具体的予見可能性がない。 ＊開発危険の抗弁としての取扱い。

第4章 設計上の欠陥

No.	判決	事件名	提訴（控訴等）の内容	欠陥認定
			防虫防錆剤製造業者が、本件錠剤販売業者に対して、売買契約に基づき本件錠剤の売掛残代金および本件錠剤納入以前から納入していた商品の代金の支払を求めた（反訴）事案。	
65	さいたま地裁平成15年10月31日判決 巻末訴訟一覧No.110（控訴審）、巻末訴訟一覧No.137（上告審）、巻末訴訟一覧No.138（上告審）の第一審。	食肉自動解凍装置バリ付着事件	食肉自動解凍装置を稼働させた際に解凍食肉に金属異物が付着するという事故に関し、食肉自動解凍装置製造業者が、同装置に使用したポンプおよびバルブに欠陥があるとして、ポンプ製造業者およびバルブ製造業者に対し、製造物責任法3条等に基づき、損害賠償を求めた事案。	×
70	東京地裁平成17年2月8日判決 巻末訴訟一覧No.139の第一審。	パチスロ機電源火災事件	電源開発業者および電源製造者表示業者の製造に係るパチスロ機用の電源に欠陥があり、そのために本件電源を使用したパチスロ機に火災が生じたとして、電源納入業者から本件電源の納入を受けた遊技機器製造販売業者が、主位的に、電源納入業者、電源開発業者および電源製造者表示業者に対して債務不履行に基づき、予備的に、電源開発業者および電源製造者表示業者に対して、製造物責任法に基づき損害賠償を求め（甲事件）、パチスロ機焼損事故の発生を受けて同遊技機器製造販売業者の協力会社らに交換用の電源を納入した同電源製造者表示業者が、本件電源に欠陥がない以上、同遊技機器製造販売業者は交換用電源を無償で取得できる法律上の根拠はないなどとして、同遊技機器製造販売業者に対し、納入された電源の売買代金相当額の不当利得返還を求めた（乙事件）事案。	×
73	東京地裁平成15年7月31日	カーオーディオスイッチ設計欠	音響機器製造販売業者が電化製品・機械部品製造販売業者の製造するFTスイッチを	○

<別表3> 設計上の欠陥

判示構造	判示内容	原告提示の代替設計	被告の主な反論
①（誤使用判断のみ）	本件ポンプおよび本件バルブを、異物除去の措置をとることなく、食肉解凍装置に用いることは社会通念上想定されている合理的な使用形態ではない（控訴審で変更）。	被告からバリを発生させない装置についての言及はあるが、原告からそれを採用すべきという主張はしていない。	本件ポンプ・バルブを食品を扱う装置にそのままの状態で無条件に使用できることまで保証していない。 それぞれの装置の具体的な態様に応じて、汎用品バルブを使う者が、適切な措置を講ずるべき。 バリの発生しない製品を作成することは可能だがコストがかかり、大多数の顧客には無用の工程とコスト。
①（誤使用判断のみ）	本件事故の原因は、原告が、本件特性の認識ないし認識可能性があったにもかかわらず、被告が示した電流値でも溶断してしまうようなハーネスを用いてパチスロ機を設計し、また、導電性の塗料を本件パチスロ機筐体内部に塗布したことによる。 したがって、通常予見される使用形態とはいえない形態で本件電源が使用された場合といえる。	なし。	過電流保護機能は電源自体を保護するものであり、その機能は有していた。 本件事故はパチスロ機の設計ミス。
②	保証範囲内で短絡事故を発生し、その原因は銀マイグレー	裁判所は接点を金メッキにするなどの代替設	原告の主張するような高温・高湿・電圧連続印加

153

No.	判決	事件名	提訴（控訴等）の内容	欠陥認定
	判決 控訴審にて和解	陥事件	使用してカーオーディオを製造、販売したところ、本件FTスイッチの一部が常時短絡して通電するようになり、これに起因して本件FTスイッチ使用のカーオーディオ製品を設置した自動車のバッテリーが上がるなどの事故が多発したとして、製造物責任法または不法行為に基づき、本件機械部品製造販売業者に対して損害賠償を請求した事案。	
76	東京地裁 平成15年3月20日 判決 控訴審にて和解	人工呼吸器換気不全死亡事件(1)	公立病院でジャクソンリース回路に気管切開チューブを接続した呼吸回路による用手人工呼吸を行おうとしたところ、回路閉塞により男児が換気不全となり死亡したため、男児の両親が、両器具の欠陥の存在、病院担当者らによる両器具の欠陥不確認の過失を主張して、ジャクソンリース回路製造販売会社およびチューブ輸入販売会社に対しては製造物責任または不法行為責任に基づき、病院設置自治体に対しては不法行為責任または債務不履行責任に基づき、損害賠償を求めた事案。	×
77	東京地裁 平成17年2月3日 判決	健康栄養補助食品変質事件	栄養補助食品製造販売会社が、医薬品製造販売会社によって開発、製造された食品用コンドロイチンを原料として健康栄養補助食品を製造、販売したところ、原料の品質に問題があったため、本件栄養補助食品に褐色の変色、臭気等の変質が生じ、また、医薬品製造販売会社が本件訴訟前の交渉過程において当該変質の原因につき真実を隠蔽し誤導により栄養補助食品製造販売会社を翻弄したため、同社は本来不要な原因解明の費用等を要することになったとして、栄養補助食品製造販売会社が医薬品製造販売会社に対して製造物責任および不法行為に基づく損害賠償を求めた事案。	×
81	大阪地裁 平成15年4月16日 判決	レンジつまみ過熱事件	住宅設備会社が輸入した外国製ガスオーブンレンジを購入した主婦が、同オーブンには金属性つまみの過熱により人体にやけどを負わせるような欠陥があり、取扱説明書	○

<別表3> 設計上の欠陥

判示構造	判示内容	原告提示の代替設計	被告の主な反論
	ション現象であり、同現象自体はよく知られ、その回避方法はあった。	計を指摘。ただし、原告がその採用を主張するものではない。	等の複合状態において継続的に使用することは使用保証範囲外。また、原告に用法違反あり。
②	それぞれ現在の構造には意味があるし、安全に使用する方法もある。	ジャクソンリース回路：気管切開チューブに接続したときに、新鮮ガス供給パイプが気管切開チューブの接続部の内壁に密着しない設計。気管切開チューブ：接続部内径を新鮮ガス供給愛プの外径よりも大きくする等の代替設計。	ジャクソンリース回路：販売後10年以上も経過して広く使用されており、気管切開チューブ製造者の側で不具合発生回避対策を講じるべき。気管切開チューブ：汎用性が高いが、本件ジャクソンリースのような特殊な形状をした製品との接続は想定されていなかった。また、開発危険の抗弁。
②（機序否定）	他の食品用コンドロイチンに比べメイラード反応が起きやすいものであったということはない。	従来使用していた製品。	本件変質がメイラード反応によるものかは確定できず、仮にそうであったとしても、他の食品用コンドロイチンに比べメイラード反応が起きやすいものであったということはない。
①	本件オーブンのつまみの温度が消火後80度に達する点については、火傷の危険があること、日本工業規格によれば	なし。	危険ではない。

155

No.	判決	事件名	提訴（控訴等）の内容	欠陥認定
			にも警告がないなど、同社は製品の安全性を確保すべき注意義務にも違反しているとして、同社に対し、製造物責任または不法行為に基づく損害賠償を求めた事案。	
82	東京高裁 平成14年10月31日 判決 巻末訴訟一覧No.43 の控訴審。	資源ゴミ分別機械上腕部切断事件	飲料缶選別機のローラーに付着した異物を手で除去しようとしてローラーに巻き込まれ右上腕部を切断した一般廃棄物処理業者の元役員が、同機械を製造、納入した廃棄物再生処理業者に対し、製造物責任法に基づく損害賠償を求め（甲事件）、一般廃棄物処理業者が、本件機械の瑕疵を主張して瑕疵により被った損害のうち乙事件本訴で相殺の主張をした残代金支払を求めた（乙事件反訴）ことにつき、本件機械には設計上および指示警告上の欠陥もないなどとして各請求を棄却する旨判断した第一審に対する控訴審の事案。	○
84	広島地裁 平成16年7月6日 判決	幼児用自転車バリ裂挫傷事件	幼児用自転車に乗っていた事故当時5歳の女児が、ペダル軸の根元から飛び出ていた針状の金属片により膝窩部裂挫傷の傷害を負い傷跡が残ったため、自転車の製造会社に対し、製造物責任法に基づく損害賠償を求めた事案。	×
86	名古屋地裁 平成16年4月9日 判決 控訴審にて和解	輸入漢方薬腎不全事件(2)	医薬品等輸入販売業者の輸入した医療用漢方薬を服用した女性が、本件漢方薬によって腎不全に罹患したとして、本件漢方薬の輸入販売業者に対して製造物責任法に基づき損害賠償を請求した事案。	○
87	福岡高裁 平成17年1月14日 判決 巻末訴訟一覧No.40	土壁内竹組害虫発生事件	家屋建物に竹材の害虫が大量発生し、本件建物の土壁の下地とされた竹材（下地用竹材）等に食害を与えたため、本件建物の所有者らが、本件下地用竹材の材料である丸竹を販売した竹材販売会社に対して、本件	○

<別表３> 設計上の欠陥

判示構造	判示内容	原告提示の代替設計	被告の主な反論
	金属製のつまみ類の温度は60度以下とされていることによれば、本件オーブンは製品が通常有すべき安全性を欠き、製造物責任法上の欠陥があるといえる。		
①	本件機械の仕様、性能、危険性について具体的、詳細に説明し、その危険性について警告すべきところ、そのような警告がなかったこと、スチール缶が選別機から漏れてコンベア内に進入し、本件ローラーに付着しやすいということと相まって、欠陥があったと認めうる。 通常使用も認定。	原告は原審で「掃除口に機械稼働中には開かないカバー、本件掃除口に誤って手をいれた場合に機械を緊急停止することができるような装置」の採用を求めていたが、控訴審はこの点についての言及なし。	誤使用。
①（危険あるも保護せず）	バリ発生はやむを得ない結果、組立マニュアル明記の締め付けトルクで取り付けていたならば本件のようなバリは発生しない。	なし。	バリ発生はやむを得ない結果、組立マニュアル明記の締め付けトルクで取り付けていたならば本件のようなバリは防げた。
③	当該医薬品の効能、通常予見される処方に従って使用した場合に生じる副作用の内容および程度、副作用の表示および警告の有無、他の安全な医薬品による代替性の有無並びに当該医薬品を引き渡した時期における薬学上の水準等の諸般の事情を総合考慮。	なし。	原告の腎不全がKMの副作用によるものとは断じがたい。
②	十分な防虫処理が行われていないことに加え、引渡の際に防虫処理の状況・害虫発生の危険性を告げなかったことを合わせて欠陥を認定。	十分に防虫処理した丸竹。	元々被告による防虫処理は不要。

157

第4章　設計上の欠陥

No.	判決	事件名	提訴（控訴等）の内容	欠陥認定
	の控訴審。		食害が発生したのは本件丸竹が通常有すべき安全性を欠いていたことに原因があるとして、主位的に製造物責任に基づき、予備的に債務不履行責任（不完全履行）に基づいて損害賠償を求めたことにつき、製造物責任に関する本件建物の所有者らの主張を全面的に認めた第一審に対する控訴審の事案。	
88	東京地裁平成17年3月24日判決 巻末訴訟一覧No.145（控訴審）、巻末訴訟一覧No.159（上告審）の第一審。	電気ストーブ化学物質過敏症事件	ストーブ販売会社が販売した電気ストーブから有害化学物質が発生したため中枢神経機能障害、自律神経機能障害を発症し化学物質過敏症になったとするストーブ使用者が、両親とともに、同社に対し、不法行為、債務不履行または製造物責任法に基づく損害賠償を求めた事案。	×
93	東京地裁平成18年1月25日判決	穴掘建柱車オーガスクリュー脱落脳挫傷事件	屋外広告看板製作施工会社が広告塔を立てるため建設機械製造販売会社製造の穴掘建柱車を使用して基礎部分の掘削工事をしていた際、排土作業中の屋外広告看板製作施工会社の作業員が脳挫傷による傷害を負うとの事故が発生したため、事故の原因は、本件穴掘建柱車の掘削部分の接続部について掘削部分が抜けないようにするための措置が執られていない欠陥があったために突然掘削部分が外れたという製造上ないし設計上の欠陥によるものであるとして、建設機械製造販売会社に対し、製造物責任法に基づき損害賠償を求めた事案。	×
102	東京地裁平成16年3月25日判決 巻末訴訟一覧No.119の第一審。	轟音玉爆発手指欠損事件	男性が火薬・花火類製造販売業者の製造した動物駆逐用花火を用いようとしたところ、本件花火が右手内で爆発して右手指の欠損、聴力障害の後遺障害が生じたため、事故の原因は本件花火の欠陥にあるとして、本件花火の製造業者に対して製造物責任法に基づき損害賠償を求めた事案。	×

<別表3> 設計上の欠陥

判示構造	判示内容	原告提示の代替設計	被告の主な反論
①（機序否定）	本件使用者の症状が、そもそも化学物質の曝露による中枢神経機能障害・自律神経機能障害さらにはこれに伴う化学物質過敏症であるか疑問があるうえ、同人の症状と本件ストーブから発生する化学物質との因果関係を認めるに足りる証拠もない（なお、控訴審では因果関係が認められたが、709条を適用）。	なし。	「製造業者」に該当しない。規制法はホルムアルデヒド等の含有量の基準を定めているにすぎず、一歳含有してはならないと規定しているわけではない。
②（機序否定）	本件事故態様は不明というりほかないのであって、仮に何らかの瑕疵が本件建柱車にあるとしても、その瑕疵と本件事故との因果関係が認められない。	他社製スクリュー。被告自身の後日設計変更。	事故態様が異なる。抜け止め防止を考慮した設計をしている。
①（危険あるも保護せず）	爆発までの残り時間を予測することが不可能だが、導火線には火薬の中心に火を落とす、水中でも火が消えないようにする、周囲に火を生じさせないようにするといった実用性が要求されている一方で、爆発する瞬間を見計らって投て	火の進み具合が外見から確認できない構造であることの指摘はあるが、代替設計の提示には至らず。	芯の燃焼状況が外からは見えなくなっているのは構造上やむを得ない。

No.	判決	事件名	提訴（控訴等）の内容	欠陥認定
105	千葉地裁松戸支部平成17年1月31日判決	折りたたみ自転車転倒傷害事件	折りたたみ自転車製造会社製造の折りたたみ自転車に乗車中、前輪がずれハンドルがとられたため転倒し傷害を負った妻とその夫が、本件会社に対し、製造物責任を理由にそれぞれ損害賠償を求めた事案。	×
106	東京地裁平成19年5月17日判決	IHクッキングヒーター内インバータユニット通信エラー発生事件	韓国法により設立された電子機器製造業者（本件製造業者）が、日本法により設立された住宅機器等製造販売会社（本件販売会社）に対し、IHクッキング・ヒーター用のインバータユニット等を売り渡したなどとして、未払代金の支払を求めた（本訴）のに対し、本件販売会社が、本件製造業者に対し、納品された本件インバータユニットには通信エラーが発生するなどの瑕疵、欠陥があるとして債務不履行、製造物責任、不法行為等に基づく損害賠償を求めた（反訴）事案。	○
110	東京高裁平成16年10月12日判決 巻末訴訟一覧No.65（第一審）、巻末訴訟一覧No.137（上告審）、巻末訴訟一覧No.138（上告審）の控訴審。	食肉自動解凍装置バリ付着事件	ポンプ製造業者製造のポンプおよびバルブ製造業者製造のバルブを使用して食肉自動解凍装置を製造し食品会社に納入した食肉自動解凍装置製造業者が、解凍食肉に装置の金属異物が付着する事故が発生したため、本件事故は本件ポンプおよびバルブのバリが原因で発生したものであるから同製品は欠陥商品であるとして、同製品の製造業者2社に対し、共同不法行為および製造物責任に基づく損害賠償を求めたことにつき、本件事故の原因は本件ポンプおよびバルブのバリであるものの各製品に欠陥は認められないとして各請求を棄却した第一審に対する控訴審の事案。	○
112	東京地裁平成17年8月26日判決	皮引き（皮むき器）包装負傷事件	主婦が、購入した皮引き製造会社製造の皮引き（皮むき器）の包装に通常有すべき安全性を欠いた欠陥があったため、皮引きを	×

<別表3> 設計上の欠陥

判示構造	判示内容	原告提示の代替設計	被告の主な反論
	きするような使用方法は予定されていないことなどを勘案すると、欠陥なし。		
②（機序否定）	小径車としての欠点はあるものの、走行安定性に欠けるとかタイヤが横滑りするといった通常有すべき安全性を欠いた構造上の欠陥があるとは認められない。	一般的な径の車輪を持つ自転車。	走行性は多少劣るが通常走行に問題ない。ISO合致。
②	全く過電流防止措置がないために一定の使用形態をとれば過電流が発生して絶縁ゲート・バイポーラ・トランジスタ破壊が発生するのであるから、通常有すべき安全性を欠く。	過電流防止措置のあるインバーターユニット（次期納品分には装着された）。	本件インバータユニットの仕様・設計は、被告が責任を負うもの。
①	残留バリの種類（残留バリではなく切削バリ）、被控訴人らにおけるバリ取りの方法、他のポンプ製造業者の製品製造状況からの検討では、本件ポンプおよび本件チャッキバルブに切削バリが存在したことは、通常有すべき安全性を欠いていた。 （原審変更）本件ポンプ・チャッキバルブともに、パンフレット・取扱い説明書の記載からは食肉解凍装置への使用も予定しうる使用形態と読み取れ、バリについての警告記載も一切ない。 通常使用も認定。	被告からバリを発生させない装置についての言及はあるが、原告からそれを採用すべきという主張はしていない。	誤使用。
②	特異な動作をしなければ、刃によって傷害を負う危険性はない。	ある程度の強度のあるプロテクター。	誤使用。

第4章 設計上の欠陥

No.	判決	事件名	提訴（控訴等）の内容	欠陥認定
			包装の台紙から外そうとした際に皮引きの刃で指に怪我をしたとして、本件会社に対し、製造物責任法に基づく損害賠償を求めた事案。	
112.1	東京地裁平成18年7月10日判決	無煙ロースター眼痛事件	焼き肉店を開設するため無煙ロースター8台を購入して設置したが、同ロースターには脱臭装置がついておらず、客に眼痛などを生じさせた。そのため悪評がたって客がこなくなった。	×
116	東京地裁平成17年8月26日判決	ポンプ欠陥係留船沈没事件	係留船にたまった雨水等の排水目的で設置したポンプ製造会社製造のポンプにつき、当該ポンプの欠陥または瑕疵が原因で同ポンプの部品であるナットが外れて排水作動しなかったため、同船が沈没し引き揚げ費用等が発生したとして、回漕会社代表者が、ポンプ製造会社に対し、製造物責任または不法行為責任に基づく損害賠償を求めた事案。	×
118	東京地裁平成19年4月11日判決 巻末訴訟一覧No.176（控訴審）、巻末訴訟一覧No.237（上告審）の第一審。	メッキ装置内ヒーター爆発事件	メッキ装置に使用するヒーターを組み込んだ無電解すずメッキ装置を顧客に納品した無電解すずメッキ装置設計製作会社が、本件ヒーターが爆発して本件メッキ装置の処理槽等が破損するという事故が発生したとして、本件ヒーターの納入会社に対し、製造物責任法3条、瑕疵担保責任または債務不履行に基づいて損害賠償を求めた事案。	○
120	京都地裁平成19年2月13日判決 控訴審にて和解	介護ベッド胸腹部圧迫死亡事件	ギャッチベッド製造業者の製造したギャッチベッドを使用していた女性が死亡したことについて、本件女性の相続人が、同ベッドに設計上および指示・警告上の欠陥があり、これにより本件女性が呼吸不全に陥り死亡したとして、ギャッチベッド製造業者に対しては製造物責任および不法行為（説明義務違反）、介護保険居宅介護支援業者を吸収合併した居宅サービス事業者に対しては製造物責任および不法行為（安全配慮義務違反・ギャッチベッドの選択義務違反・説明義務違反）、ギャッチベッド貸与業者	×

<別表3> 設計上の欠陥

判示構造	判示内容	原告提示の代替設計	被告の主な反論
②	もともとガス化したアミンを除去する機能を有しておらず、換気が悪いと目が痛くなることは原告に予め告げられていたことであり、適切な換気がされる環境下で使用すべきであった。	アミン除去に効果がある脱臭装置の付されたロースター(オプションとして存在)。	肉を焼けば必然的にアミン類が発生し、その排出は規制されていない。
②	特段の基準なし トルク値が類似商品に関する実績評価に基づく検討を経ている点を指摘。	ナット緩み止めには、舌付き座金・細めネジが必要であった。	舌付き座金が一般的とは言い難く、歯付き座金で不都合は生じていなかった。 一般に流通しているのは並目ねじで、20年間不都合なかった。
①	密閉型の外管にしたことが事故原因であるという鑑定結果から、当然に設計上の欠陥を認定。 原告使用の不適切性が本件事故に結び付いたことを伺わせる事情はない。	漏電遮断装置が作動する構造を要求しているが、その具体策は提示していない。	不適切使用。
②	競合して製造・販売される同種の製造物にはそれぞれ長所と短所があるのが一般。 本件ベッドに欠陥があるというためには、同時期に製造・販売されていた同種のギャッチベッドと比較して、看過しがたい程度に、胸部および腹部に対する圧迫が生じることを主張立証することを要するものというべきであるところ、そのような主張立証はされて	原告は代替設計を主張しないが裁判所は要求。	むしろ、人間の自然な動きに合わせて背上げ・膝上げを行う構造。

第4章 設計上の欠陥

No.	判決	事件名	提訴（控訴等）の内容	欠陥認定
			に対しては債務不履行および不法行為（いずれも安全配慮義務違反、説明義務違反）に基づいて損害賠償を求めた事案。	
121	大阪地裁 平成23年2月25日 判決 巻末訴訟一覧No.262（控訴審）、巻末訴訟一覧No.310（上告審）の第一審。	肺がん治療薬死亡等事件（大阪）	肺がん抗がん剤輸入販売会社が輸入販売した非小細胞肺がん治療薬（抗がん剤）の投与後に副作用である間質性肺炎を発症して死亡した各患者らの遺族および間質性肺炎を発症した患者本人が、本件会社に対しては製造物責任法等に基づく損害賠償を求め、国に対しては適切な規制権限の行使を怠ったとして国賠法1条1項に基づく損害賠償を求めた事案。	×
122	名古屋地裁 平成19年11月30日 判決 巻末訴訟一覧No.189（控訴審）、巻末訴訟一覧No.213（上告審）の第一審。一部被告とは控訴審で和解	健康食品呼吸器機能障害愛知事件	雑誌発行会社発行の雑誌上で、健康食品製造会社が製造し、健康食品販売会社が販売する健康食品（あまめしば）に関する記事を読んで本件あまめしばを購入・摂取した母娘が、閉塞性細気管支炎等の呼吸器機能障害を発症したとして、健康食品製造会社に対して製造物責任法3条に基づき、健康食品販売会社に対して同法3条または不法行為に基づき、本件健康食品に関する記事を掲載した雑誌発行会社および本件記事を公表した者に対し不法行為に基づき、それぞれ損害賠償を求めた事案。	○
124	富山地裁 平成17年12月20日 判決 巻末訴訟一覧No.153の第一審。	焼却炉燃焼爆発工場全焼事件	焼却作業中に木製サッシ製造販売会社の従業員が焼却炉製造販売業者製造の焼却炉の灰出し口の扉を開いたところ、焼却炉の欠陥によりバックファイヤー（燃焼爆発）が発生し、本件従業員に火傷を負わせ、舞い上がった火の粉によって火災を発生させたとして、木製サッシ製造販売会社およびその従業員が焼却炉製造販売業者に対し、製	×

164

<別表3> 設計上の欠陥

判示構造	判示内容	原告提示の代替設計	被告の主な反論
	いない。		
③	医薬品の効能、効果と副作用とを比較考量し、医薬品の有効性が認められない場合または医薬品の効能、効果ないし有用性に比して著しく有害な副作用がある場合に設計上の欠陥あるところ、本件では、承認時において有用性認められる。 なお、医薬品の客観的性状には変化はないが、承認後の医学的・薬学的知見の発展により欠陥が判明した場合に現時点の医学的・薬学的知見を基準として引渡時にも欠陥が存在したことを推認できるかどうかについては否定。	なし。	イレッサの有用性。 副作用の内容。
①	通常予見される使用方法に従って使用した場合にも閉塞性気管支炎が生じ得る。 引渡時点でそのような症例を知ることは可能であった。 したがって欠陥あり（通常使用を認定）。	なし。	あまめしばと閉塞性気管支炎の相関関係、因果関係。 また、開発危険の抗弁。
①（危険あるも保護せず）	灰出し口を設置することおよび燃焼中にこれを開けるとバックファイアーが発生する可能性があることはやむを得ない。	なし。	廃棄物の処理及び清掃に関する法律施行規則（以下、「廃棄物処理法施行規則」という）所定の償却設備の構造基準に適合。

165

No.	判決	事件名	提訴（控訴等）の内容	欠陥認定
			造物責任法3条に基づく損害賠償を求めた事案。	
125	名古屋地裁平成18年2月24日判決	軽乗用車出火焼損事件	自動車製造業者製造の軽乗用車が走行中にエンジンルーム内から出火するという事故を起こして損傷したため、本件車両を所有していた女性が、本件事故はタオル様の異物が車体下部からエンジンルーム内に入り込んだことが原因であるとして、自動車製造業者に対して製造物責任または不法行為責任に基づく損害賠償を求めたところ、本件女性が本訴訟係属中に死亡したため、夫および子供らがこれを承継した事案。	×
126	東京地裁平成23年3月29日判決	自動車シートベルトエアバック欠陥事件	交差点を直進しようとする被害女性運転の自動車と対向車線から右折する加害者運転の自動車が衝突した事故につき、被害女性が、交通事故の加害者に対しては不法行為に基づき、被害車両である本件自動車の製造会社に対してはシートベルトおよびエアバック等に欠陥があったとして製造物責任または黙示の安全保証義務の違反に基づき損害賠償を求め、被害女性を雇用している会社が、交通事故の加害者に対しては不法行為に基づき、同自動車製造会社に対しては製造物責任に基づき、損害賠償を求めた事案。	×
128	東京地裁平成23年3月23日判決　巻末訴訟一覧No.264（控訴審）、巻末訴訟一覧No.275（上告審）および巻末訴訟一覧No.276（上告審）および巻末訴訟一覧No.277（上告審）の第一審。	肺がん治療薬死亡事件（東京）	肺がん抗がん剤輸入販売会社（本件会社）が輸入販売した肺がん治療薬（抗がん剤）の投与後に死亡した各患者の遺族らが、同社に対しては製造物責任法等に基づく損害賠償を、国に対しては適切な規制権限の行使を怠ったとして国賠法に基づく損害賠償を求めた事案。	×
129	奈良地裁	卓球台転倒受傷	折りたたんだ状態の卓球台を開こうとした	○

<別表3> 設計上の欠陥

判示構造	判示内容	原告提示の代替設計	被告の主な反論
②（機序否定）	本件車両の走行中に本件異物が車体下部からエンジンルーム内に入り込んだとは認められないのであるから、異物混入を阻止する目的でのアンダーカバー不設置をもって欠陥ということはできない。	アンダーカバーの設置。	アンダーカバーなくとも異物は入り込まない。
①（機序否定）・（危険あるも保護せず）	（シートベルトについて）本件シートベルトのロック機能が作動しなかったことを認めるに足りる証拠はない。 （エアバッグについて）クラッシュ・パルスが閾値に達しなかったためETRおよびエアバッグが作動しなかった可能性がある。同閾値設定は他の自動車メーカーの車両や国交省や日本自動車工業会におけるエアバッグ機能についての説明でも同様であるから、閾値に問題があったということはできない。	なし。	（シートベルトについて）ロック機能は作動していた。 （エアバッグについて）エアバッグの閾値外。
③	当該医薬品の効能，効果，通常予見される処方によって使用した場合に生じ得る副作用の内容および程度，副作用の表示および警告の有無，他の安全な医薬品による代替性の有無並びに当該医薬品を引き渡した時期における医学的，薬学的知見等の諸般の事情を総合考慮して判断。	なし。	イレッサの有用性。 副作用の内容。
①	使用方法が通常使用の範囲内	なし。	国際卓球連盟基準に合致。

167

第4章　設計上の欠陥

No.	判決	事件名	提訴（控訴等）の内容	欠陥認定
	平成21年5月26日判決	事件(1)	ところ、卓球台が倒れこんできて足を挟まれ、中足骨骨折など受傷した。	
130	大阪地裁平成18年10月20日判決	焼肉店ダクト低温発火事件	保険契約を締結していた焼肉店の店主に火災保険金を支払った保険会社が、本件火災原因はダクトに接する根太の低温発火であり、同発火は無煙ロースターの廃棄ダクトの設置方法によるものであるとして、無煙ロースターを設置した厨房機器類製造販売会社に対し、代位請求した事案。	×
131	奈良地裁平成21年5月26日判決	卓球台転倒受傷事件(2)	折りたたんだ状態の卓球台を動かしたところ、卓球台が倒れこんできて足首を挟まれて負傷した。	○
133.1	東京地裁平成18年4月28日判決	パイプ連結ジョイント漏水事件	被告が製造したジョイントを使用して消火設備用連結送水管等の配管工事をしたところ、二度にわたり漏水事故が発生した。	×
139	東京高裁平成18年1月18日判決

巻末訴訟一覧No.70の控訴審。 | パチスロ機電源火災事件 | 電源開発業者および電源製造者表示業者の製造に係るパチスロ機用の電源を使用したパチスロ機に火災が生じたことにつき、パチスロ機等の遊技機器製造販売業者が、電源納入業者、電源開発業者および電源製造者表示業者に対し、損害賠償を求め（甲事件）、パチスロ機焼損事故の発生を受けて同遊技機器製造販売業者の協力会社らに交換用の電源を納入した同電源製造者表示業 | × |

<別表3> 設計上の欠陥

判示構造	判示内容	原告提示の代替設計	被告の主な反論
	であることからは、本件事故が起こったのは、キャスターの車輪軸が狭いことから横転しやすい傾向があったためであるといえる（通常使用も認定）。		二人での開板が必要なところ一人で必要以上の力で行おうとしていた。
②	市条例も常に断熱材による被覆を要求せず、設置当時状況も市条例が適用される状況ではない。また、ダクトに断熱材があったかどうかと本件火災発生には因果関係がない。	断熱材を巻く。	火災発生原因異なる。断熱材巻く義務なし。
①	本件卓球台はキャスターの車輪幅が狭く、通常の使用により横転しやすいという欠陥を有しており、そのために本件事故が引き起こされた（通常使用も認定）。	なし。	国際卓球連盟基準に合致。原告が本件卓球台をやや強めの力で押した。
②	ボルトおよびボルトホールの馬蹄形の向きが製造しなくても締め付けすることができるとしても、作業員には正しく挿入設置されたかの確認が求められており、その確認も可能であること、他方、本件作業員はボルトとボルトホールとを適切に設置させなかったという異常な使用方法により本件ジョイントを取り付けたと認められる。	目視による確認をしなくとも正しく挿入することを可能とする工夫被告製造の別製品。	通常使用ではなかった。
①（誤使用判断のみ）	本件特性と本件事故の因果関係は明らかでない（控訴審での判断）。本件事故の原因は、原告が、、本件特性の認識ないし認識可能性があったにもかかわらず、被告が示した電流値でも溶断してしまうようなハーネスを用いてパチスロ機を設計し、	なし。	過電流保護機能は電源自体を保護するものであり、その機能は有していた。本件事故はパチスロ機の設計ミス。本件特性と本件事故の因果関係も明らかでない（控訴審主張追加）。

No.	判決	事件名	提訴（控訴等）の内容	欠陥認定
			者が、本件電源に欠陥がない以上、遊技機器製造販売業者は交換用電源を無償で取得できる法律上の根拠はないなどとして、不当利得の返還を求めた（乙事件）ことにつき、甲事件の請求を棄却し、乙事件の請求を認容した第一審に対する控訴審の事案。	
141	大阪高裁 平成18年2月16日判決 巻末訴訟一覧No.90（第一審）、巻末訴訟一覧No.156（上告審）の控訴審。	収納箱児童窒息死事件	児童が自宅の居間に置かれていた収納箱に入って遊んでいるうちに、蓋が閉まった際に留め金がかかり、その中で窒息死したのは、本件箱に製造物責任法の構造上の欠陥および表示上の欠陥があったためであるとして、死亡した児童の両親が収納箱輸入業者および同社から営業および商号の譲渡を受けた会社に対して、商法26条1項により、製造物責任法3条に基づく損害賠償を求めたことにつき、本件箱に製造物責任法にいう欠陥があったとはいえないとして請求を棄却した第一審に対する控訴審の事案。	×
147	東京地裁 平成20年4月24日判決 巻末訴訟一覧No.194の第一審。	廃食用油軽油代替燃料精製装置残留メタノール事件	軽油代替燃料精製装置開発製造会社が開発製造した廃食用油から軽油代替燃料（BDF）を精製する装置には、軽油代替燃料中の残留メタノール量が多いという欠陥があるなどとして、軽油代替燃料製造販売会社が本件装置開発製造会社に対して製造物責任法3条に基づき、同会社の代表取締役に対して不法行為または取締役の第三者に対する責任に基づき損害賠償を求め、国立大学法人の助教授が本件装置を本件装置開発製造会社と共同で開発製造したなどとして、国立大学法人に対して不法行為（使用者責任）または製造物責任法3条に基づき損害賠償を求め、軽油代替燃料精製装置販売代理店が本件装置の1号機の実質的売主であるなどとして、本件装置販売代理店に対して債務不履行または瑕疵担保責任に基づく損害賠償を求め、本件装置の2号機を軽油代替燃料製造販売会社に対して販売した軽油代替燃料精製装置販売財団法人に対して瑕疵担保責任に基づく損害賠償を求	×

＜別表3＞ 設計上の欠陥

判示構造	判示内容	原告提示の代替設計	被告の主な反論
	また、導電性の塗料を本件パチスロ機筐体内部に塗布したことによる。 したがって、通常予見される使用形態とはいえない形態で本件電源が使用されたといえる。		
②（誤使用判断のみ）	かくれんぼ遊びのために本件箱の中に自ら入ったことは、通常予見される範囲を超える（原審資料ないため詳細不明）。	金具の仕様を変えたり、止め金具との接合方法を変える。	誤使用。
②	NEROを使用する事業者の認識を基準にあるべき安全性を判断すると、本件装置から精製されたBDFがEU規格以上のメタノールを含むことが通常有すべき安全性を欠いているということはできず。	残留メタノールが0.2質量%以下となるようなBDFを精製する装置。	EU規格を満たしていなくても危険ということではない。 誤使用。 トラブルとの関連性について科学的立証は未だなされていない。 BDFを扱う者にとってBDF自体にゴム・金属に対する攻撃性があることは基本知識。

第4章 設計上の欠陥

No.	判決	事件名	提訴(控訴等)の内容	欠陥認定
			た事案。	
149	東京地裁 平成20年8月29日 判決	電気ストーブ化学物質過敏症別訴事件	ストーブ輸入販売会社(本件会社)が輸入した電気ストーブから有害化学物質が発生したため中枢神経機能障害、自律神経機能障害を発症し化学物質過敏症になったとするストーブ使用者が、両親とともに、本件会社に対し、製造物責任または不法行為に基づく損害賠償を求めた事案。	○
150	東京地裁 平成19年11月27日 判決	外装用ガラス破損脱落落下事件	ビルに使用されていた板ガラス製造販売業者製作の外装用ガラスが破損し、その破片が脱落、落下するという事故が発生したため、本件事故の原因は本件ガラス製造販売業者が過失により外装用ガラスとして欠陥のあるガラスを製作したか、同ガラスが製造物責任法2条2項にいう通常有すべき安全性を欠いていることにあるとして、本件ガラスの落下防止のための安全対策費用等を支出するなどした建築材料製造販売会社が、本件ガラス製造販売業者に対して、主位的には不法行為責任に、予備的には製造物責任法に基づいて損害賠償を求め、また、板ガラス販売輸入業者に対して、本件ガラス製造販売業者が欠陥のあるガラスを供給等しないことを誓約させるよう関係者に助言すべき注意義務に違反したことを理由とする不法行為責任に基づいて、損害賠償を求めた事案。	×
153	名古屋高裁 金沢支部 平成19年7月18日 判決 巻末訴訟一覧No.124の控訴審。	焼却炉燃焼爆発工場全焼事件	焼却作業中に焼却炉製造販売業者製造の焼却炉の灰出し口の扉を開いた際、同焼却炉の設計上の欠陥または指示・警告上の欠陥による燃焼爆発(バックファイヤー)により火の粉が飛散し、木製サッシ製造販売会社所有工場を全焼させ、同社作業員に火傷を負わせたとして、同社および同作業員が、本件業者に対し、製造物責任法に基づく損害賠償を求めたことにつき、請求を全部認容した第一審に対する控訴審の事案。	×
154	鹿児島地裁 平成20年5月20日 判決	カプセル玩具誤飲高度後遺障害事件	カプセル入り玩具のプラスチック製球状カプセルを2歳10カ月の男児が飲み込んで低酸素状態となり脳に重度の後遺症が残った	○

172

<別表3> 設計上の欠陥

判示構造	判示内容	原告提示の代替設計	被告の主な反論
①	ガード部分が加熱されることによって人に健康被害を発生させうる有害な化学物質が発生するものであった。	なし。	予見可能性・結果回避可能性（＝無過失との主張）＊開発危険の抗弁としての取扱い。
②	倍強度ガラスが通常有すべき安全性の基準としてJIS規格を根拠とすることはできない。	JIS規格を満たすガラス。	JIS規格は安全性の基準とはならない。
①（危険あるも保護せず）	灰出し口を設置することおよび燃焼中にこれを開けるとバックファイアーが発生する可能性があることはやむを得ない（原審と同様。控訴審では争点とならず）。	なし。	廃棄物処理法施行規則所定の償却設備の構造基準に適合。
②	3歳未満の幼児が玩具として使用することが通常予見される使用形態であるにもかかわ	（原告）幼児の口径より大きい物がより適当であり、完全な球体より	カプセルで遊ぶことは予定されていない。また、開発危険の抗弁。

第4章 設計上の欠陥

No.	判決	事件名	提訴（控訴等）の内容	欠陥認定
	控訴審にて和解		ため、男児およびその両親が、本件カプセル入り玩具の製造業者に対し、本件カプセルには設計上および表示上の欠陥があったとして、製造物責任法に基づく損害賠償を求めた事案。	
155	東京地裁 平成19年4月17日 判決	ノートパソコンディスプレーゆがみ事件	電気機械器具製造業者製造のノートパソコンを購入した者が、本件パソコンのディスプレーはくさび形Vの特異形状をしているため、開閉時にゆがみ、ディスプレーに均等に配分されない内力が生じる欠陥を有しており、同欠陥による故障のために折りたためなくなり持ち運びできなくなったから、通常有すべき性能を欠くとして、また、本件業者から悪質な対処を受けたとして、製造物責任法3条または民法709条、715条による損害賠償を求めた事案。	×
162	東京地裁 平成21年3月30日 判決	排ガス処理施設内電気集塵機火災発生事件	排ガス処理施設内の電気集塵機において火災が発生し、同施設使用者に生じた損害について火災保険契約に基づく保険金を支払った保険会社が、本件火災は製造物である電気集塵機およびその制御盤の欠陥によるものであり、製造物責任法3条に基づく損害賠償請求権を保険代位により取得したとして、電気集塵機および制御盤等から構成される電気集塵設備の製造会社（本件会社）および電気集塵機の製造業者（本件業者）に対し、損害賠償を求めた事案。	×
165	東京地裁 平成21年10月21日 判決 巻末訴訟一覧No.	外国製高級車自動変速機構等誤作動死亡事件	坂道で停車中に後退した車両を追いかけ、同車両がガードパイプに衝突して停止した際に車体と運転席ドアの間に上半身を挟まれて死亡した被害者の妻子が、本件事故発生は本件車両の欠陥に起因するものである	×

174

<別表3> 設計上の欠陥

判示構造	判示内容	原告提示の代替設計	被告の主な反論
	らず、3歳未満の幼児の口腔内に入る危険、さらに一度口腔内に入ると窒息を引き起こす危険を有しており、本件カプセルは設計上通常有すべき安全性を欠いていた。	口に入りにくい形状にする工夫をすることがより適切。 (裁判所)角形ないし多面形とし、表面が滑らかでなく、緊急の場合に指や医療器具に掛かりやすい粗い表面とする、また気道確保のために十分な径を有する通気口を複数開けておく等の設計。	
①（原因不明）	故障原因特定できず。	なし。	故障原因特定できず。
②（原因不明）	集塵電極板が乾いた状態で荷電が行われることのみによって集塵電極板が燃焼して火災が発生すると認めることはできず、本件EPあるいは本件制御板に本件火災の原因となる、いかなる欠陥があったのか明らかでなく、欠陥があったとしても、はたしてその欠陥が本件EPと本件制御板のいずれにあったのか断定し難い。	集塵電極板を濡らすための洗浄水が何らかの原因で止まった場合には荷電しないインターロックをかけたシステム（すでに組み込まれているが、設定されていなかったもの）。	集塵電極板は乾いていなかった。 また、集塵電極板がアーク放電等によって燃焼することはない。
②	（セレクターレバーについて）目視が困難な状態は想定し難いから、警報装置が設置されている方が危険防止の面からは優れているといえるとして	セレクタレバーがRとPの中間で止まった場合に警報を発する装置。	不自然な操作。

175

No.	判決	事件名	提訴（控訴等）の内容	欠陥認定
			226の第一審。として、同車両を輸入した輸入販売会社に対し、製造物責任法3条に基づく損害賠償を求めた事案。	
166	東京地裁平成19年11月13日判決	タイヤチェーン着脱負傷事件	タイヤチェーンを購入した者が、自動車運転の際に本件チェーンの着脱作業に困難を生じ、裂傷等を負ったため、本件チェーンには設計上および指示・警告上の欠陥があるとして、本件チェーンの製造業者および販売業者に対し、損害賠償を求めた事案。	×
167	東京地裁平成22年5月26日判決	コレステロール低下剤副作用健康被害事件	製薬会社2社製造のコレステロール低下剤を服用したところ、全身の筋萎縮、排尿障害および嚥下障害の健康被害が生じ、会社を退職せざるを得なくなったとする男性が、製薬会社2社に対し、製造物責任法3条、6条、民法719条に基づく損害賠償を求めた事案。	×
186	東京地裁平成20年12月26日判決	塗料リフティング発生事件	自宅建物の壁面を塗装した塗料使用者が、リフティング（しわ）が発生したことから、塗料製造販売会社に対し、製造物責任、不法行為に基づき損害賠償を求めた事案。	×
187	東京地裁平成20年11月25日判決	自動車エンジン急停止腰椎捻挫事件	自動車輸入業者の輸入する自動車のエンジンが走行中に停止し（エンジンストール）、ブレーキが踏まれて本件自動車が急停車して、本件自動車の後部座席に乗車していた者（本件被害者）が腰椎捻挫の傷害を負う事故が発生したところ、本件被害者が、本件事故は自動車の欠陥に起因するとして、自動車輸入業者に対し、製造物責任法3条	×

<別表3> 設計上の欠陥

判示構造	判示内容	原告提示の代替設計	被告の主な反論
	も、そのような装置が設置されていないからといって通常備えるべき安全性を備えていないということはできない。（それ以外の原告指摘の不具合について）前提となる不具合事実の立証なし。		
①	タイヤチェーンの金属アーム部分の強度については、必要な強度を有しないことを認めるに足りる証拠がない。その余の設計上の欠陥主張については、タイヤチェーンの特性や通常予見される使用形態を考慮すると、通常有すべき安全性を欠くとは認められない。	なし。	誤使用。
③（機序否定）	（補論として）副作用による有害性の程度が、その医薬品の有用性を考慮してもなお許容されない場合に、当該医薬品について設計上の欠陥が認められるというべきである。ただ、当該医薬品に代替品があるのであれば、当該医薬品の有用性を小さく評価すべきである。	食事療法や運動療法。	有用性が有害性を上回る。代替品もない。
②（機序否定）	リフティングが発生しやすいという不具合現象自体が認められない。	2度目の上塗り時の上層塗料が下層塗膜に作用してリフティング等が作用しないよう塗料の耐溶剤性を調整。	リフティングが発生しやすいという不具合現象自体が認められない。
②	給油機が自動的に停止した後、さらにガソリンを追加給油し、過剰給油の状態を生じさせることが自動車の通常使用方法であるとは認められない上、本件自動車のセーフティーブックには過剰給油を禁止する旨の警告がされていること	ガソリンタンクの構造を過剰給油のできないものにするか、または、エンジンの構造を過剰給油がされてもエンジンストールが発生しないものにしなければならない。	過剰給油は通常の使用方法ではない。

No.	判決	事件名	提訴（控訴等）の内容	欠陥認定
			に基づき損害賠償を求めた事案。	
189	名古屋高裁平成21年2月26日判決 巻末訴訟一覧No.122（第一審）、巻末訴訟一覧No.213（上告審）の控訴審。 一部被告とは控訴審で和解	健康食品呼吸器機能障害愛知事件	雑誌発行会社発行の雑誌で公表されていた医学博士記載の記事を見て健康食品を購入・摂取した母娘が、閉塞性細気管支炎等の呼吸器機能障害を発症したとして、本件健康食品の製造会社に対しては製造物責任法3条に基づき、同販売会社に対しては同法3条または不法行為に基づき、医学博士および雑誌発行会社に対しては不法行為に基づき、損害賠償を求めたことにつき、本件健康食品の製造物責任法上の欠陥を認めて製造会社および販売会社の賠償責任を認めるなどした第一審に対する控訴審の事案。	○
190	大阪地裁平成22年11月17日判決	赤外線ドーム両下肢網状皮斑事件	エステティックサロン経営会社（本件経営会社）との間で、同社が経営するフィットネスサロンの会員契約を締結して、同店に設置された赤外線サウナドーム（本件ドーム）を使用し、また、健康美容機器販売会社（本件販売会社）から本件ドームを購入した女性が、本件ドームの使用により両下肢に網状皮斑が生じたのは、本件販売会社および健康美容機器製造会社（本件製造会社）が製造した本件ドームの設計上および指示・警告上の欠陥、本件経営会社の本件ドームに係る説明義務および安全配慮義務違反に起因するとして、本件販売会社に対しては、製造物責任法3条、不法行為および本件ドームの売買契約の債務不履行に基づき、本件製造会社に対しては、製造物責任法3条および不法行為に基づき、本件経営会社に対しては、本件女性との会員契約の債務不履行および不法行為に基づき、損害賠償を求めた事案。	×
202	東京地裁平成25年10月9日判決	安定器出火炎上事件	訴外会社販売の電装部品に由来する火災事故が生じたことにつき、訴外会社から店舗用陳列機器類の設計・製作等にかかわる事業を譲り受けた設計施工会社（本件設計会社）が、本件火災の原因は電気照明器具部品製造業者（本件製造業者）が製造し、電	○

<別表3> 設計上の欠陥

判示構造	判示内容	原告提示の代替設計	被告の主な反論
	も勘案すると、通常有すべき安全性を欠くとはいえない。		
①	通常予見される使用方法に従って使用した場合にも閉塞性気管支炎が生じ得る。引渡時点でそのような症例を知ることは可能であった。したがって欠陥あり（通常使用を認定）。	なし。	あまめしばと閉塞性気管支炎の相関関係、因果関係。また、開発危険の抗弁。
②	負荷の高い過剰な態様ではない使用方法での危険性は示されていない。過剰利用を防止する方法としては、原告主張の方法によるほか、取扱説明書に警告表示することも考えられる。	一度使用したら、再度電源を入れても利用できないような設計。	負荷の高い過剰な使用態様。
①	半田部分の短絡等により発火に至るという欠陥があることは明らか。	なし。	機序が異なる。ヘルツ設定を誤った誤使用。

179

第4章　設計上の欠陥

No.	判決	事件名	提訴（控訴等）の内容	欠陥認定
			子点滅器販売会社（本件販売会社）が本件電装部品のホルダーに組み込んで販売した安定器に不具合があったためであるとして、訴外会社に本件ホルダーを継続的に供給していた本件販売会社に対しては、瑕疵担保責任、債務不履行責任または製造物責任に基づく損害賠償を、本件安定器を製造した本件製造業者に対しては、製造物責任または不法行為に基づく損害賠償を求めた（本訴）のに対し、本件販売会社が、本件火災の発生を受け本件設計会社との間で本件電装部品の点検作業請負契約を締結したとして、同社に対し、請負契約に基づく請負報酬の支払を求め、または、商法512条に基づく相当の報酬請求権を有するとして報酬の支払を求めた（反訴）ところ、本件設計会社を吸収合併した店舗用陳列機器類製造会社（本件会社）が訴訟を承継した事案。	
204	東京地裁 平成23年1月31日 判決	トンカチ槌破片飛散負傷事件	工事現場でトンカチ槌を用いて作業をしていた被害者が、トンカチ槌の打撃面の角が欠けた際、欠けた鉄片が左眼に入って負傷したため、同工具を販売した販売会社および同工具の製造業者に対し、製造物責任法3条に基づく損害賠償を求めた事案。	×
212	神戸地裁 姫路支部 平成22年11月17日 判決 巻末訴訟一覧No.256の第一審。	こんにゃく入りゼリー1歳児死亡事件	当時1歳9カ月の幼児がこんにゃく製品製造販売会社の製造・販売するこんにゃく入りゼリーを食べた際これを喉につまらせ窒息し、その後に死亡したのは、同社らがこんにゃく入りゼリーの設計上の致命的な欠陥を放置してこれを漫然と製造・販売したことによるものであるなどとして、幼児の両親が、本件製造販売会社に対しては製造物責任および不法行為責任に基づき、同社の役員2名に対しては取締役の第三者に対する責任に基づき、損害賠償を求めた事案。	×

＜別表3＞　設計上の欠陥

判示構造	判示内容	原告提示の代替設計	被告の主な反論
②	トンカチには多種多様な形状があり、それぞれの作業用途に適したものとして開発・製造されている。 本件もブロック等加工作業用として設計されている。	面取りをすべき。	安全メガネ装着せず、かつ目的外用途。
①	ゼリーというカテゴリーに属するため、食品特性（破砕されにくい、溶解しにくい、冷温では硬さ・付着性が増加する）を意識しにくいという指摘については、事故当時に一般消費者は通常のゼリーとの異同を認識可能であった。 ミニカップの形態から上向き食べ吸い込み食べが誘発されるという指摘については、ある程度の年齢の小児であれば吸い出さなくとも中身が出てくるものであることは容易に認識しうるし、乳幼児に対しては保護者が適当な大きさに	なし。	どんな食物でも窒息のリスクはあるところ、むしろこんにゃくゼリーは他の食品より安全性が高い。大多数の消費者は蒟蒻畑が一般のゼリーとは異なることを知っている。内容物が一気に喉に詰まることはなく、また、一口では食べられない大きさ、量である。

第4章　設計上の欠陥

No.	判決	事件名	提訴（控訴等）の内容	欠陥認定
214	東京地裁 平成23年2月9日 判決	トイレブース開き戸型ドア親指切断事件	小学校2年生の児童が建具製品製造販売業者製造のトイレブース開き戸ドアに親指を挟まれて切断する事故が発生したため、被害児童に損害賠償をした社会福祉法人に保険金を支払った保険会社が、社会福祉法人は、被害児童の製造物責任法3条または不法行為に基づく損害賠償請求権を代位取得し、民法717条3項の求償権を有するところ、各権利を保険代位したとして、本件業者に対し、求償金の支払を求めた事案。	×
215	高松地裁 平成22年8月18日 判決	高松自動車事故負傷事件	運転者が、自動車製造業者製造のRV車を運転中に単独横転事故を起こしたことに関し、同車の取扱書に運転操作時の注意点につき記載がないという指示・警告上の欠陥、必要な装備がないという設計上の欠陥により本件事故が発生したとして、本件業者に対し、製造物責任法3条に基づく損害賠償を求めた事案。	×
216	岐阜地裁 平成22年9月14日 判決 巻末訴訟一覧No.246（控訴審）、巻末訴訟一覧No.273（上告審）の第一審。	犬用引き紐欠陥犬傷害事件	犬用引き紐輸入販売会社が輸入販売するフレキシリードを使用して飼い犬を散歩させていた際、飼い犬が傷害を負ったため、本件リードには欠陥があるとして、本件リードを使用した飼い主が犬用引き紐輸入販売会社に対して、製造物責任法3条に基づき損害賠償を求めた事案。	×
223	甲府地裁 平成24年5月22日 判決	石油ストーブ火災事件	石油器具製造販売会社製造の石油ストーブを使用中に同ストーブが異常燃焼し、自宅が全焼して居合わせた者2名が死亡した事故につき、石油ストーブ所有者が、本件ストーブには燃料供給タンクの蓋が完全に閉まらず使用中に灯油漏れが生じる欠陥が存在し、本件火災は、同欠陥により漏出・気化した灯油にストーブの炎が引火して発生したものであるなどとして、本件会社に対し、製造物責任法2条2項および3条に基	×

<別表3> 設計上の欠陥

判示構造	判示内容	原告提示の代替設計	被告の主な反論
	切り分けるなどして与えるべき。		
②（誤使用判断のみ）	本件トイレブースは本来の用法に従って使用する限り、指詰め事故発生の危険性はない。	指詰め防止用具、および吊り元エッジの材質・形状の工夫。被告自身も、納入1年後にはオプション品を開発。	本件ドアは学校等の教育施設に設置する用途のものではなく一般的なもの。
②（機序否定）	道路状況に見合った十分な減速を行わなかったのが事故原因。アクティブTRCやVSCなくとも性能に問題ない。米国モデルで登載されているのは米国の運転環境を考慮したため。	被告や他社の登載機種特に被告のほぼ同機種の米国モデル。	アクティブTRCやVSCなくとも性能に問題ない。米国モデルで登載されているのは米国の運転環境を考慮したため。
①	ブレーキボタン内部の先端がリールの歯の真上に乗ることが頻繁に起こるとは考え難いし、仮に乗った場合でも、一旦指を離してブレーキボタンを押し直せばブレーキは作用する、適切な位置で握れば手の小さい女性であっても通常の力でブレーキボタンを押せる、など。	なし。	（ブレーキボタン機能の欠陥主張について）原告主張の不具合原因を否定。
②（誤使用判断のみ）	ガソリンを入れるという誤使用。	口金構造を変更した新型機種を指摘。	ガソリンを入れるという誤使用が火災原因。口金構造は無関係。新型機種は消費生活用製品安全法改正に対応するためであり、灯油を漏れやすくするためではない。

183

第4章 設計上の欠陥

No.	判決	事件名	提訴（控訴等）の内容	欠陥認定
			づく損害賠償を求めた事案。	
224	東京地裁 平成23年10月27日 判決	フォークリフト装着充電器コネクタ出火損害賠償代位行使事件	損害保険会社との間で火災保険契約等を締結していた訴外会社所有の水産加工工場、機械設備等が、フォークリフト製造販売会社製造のフォークリフトに装着されていた充電器からの出火により焼損したため、本件保険契約に基づき訴外会社に対して保険金を支払った損害保険会社が、本件充電器を装着したフォークリフトには製造上の欠陥があったとして、フォークリフト製造販売会社、充電器製造会社に対し、製造物責任法3条の損害賠償請求権を保険者の代位により行使した事案。	×
228	東京地裁 平成23年6月24日 判決	フォークリフト装着充電器コネクタ出火事件	フォークリフト製造販売会社の製造するバッテリ式フォークリフトを工場内に導入して使用していた鮮魚等製造販売業者が、同フォークリフトの充電中にそのコネクタ端子部分から出火して工場を焼損したため、同フォークリフトは通常有すべき安全性を備えておらず設計上または製造上の欠陥があったとして、フォークリフト製造販売会社に対し、製造物責任法3条に基づき損害賠償を求めた事案。	×
229	東京地裁 平成22年12月28日 判決	自動二輪車シフトペダル脱落部接触中指切断事件	自動二輪車の製造加工販売業者の製造加工に係る自動二輪車で走行中、同車のシフトペダル操作部先端部分が脱落したため、手で操作しようとしてシフトペダル付近を左手で探ったところ、チェーンが剥き出しになっている部分と接触し左手中指切断等の傷害を負った被害者が、本件業者はシフトペダル操作部の先端部分の脱落を防止し、かつチェーンカバーを装着すべき注意義務を怠った、本件事故発生は製造物である同自動二輪車の欠陥に起因するものであるなどとして、本件業者に対し、債務不履行ないし製造物責任法3条に基づく損害賠償を求めた事案。	×
231	神戸地裁尼崎支部 平成24年5月10日 判決	排ガス廃液処理装置沈降槽断裂事件	顔料製造販売会社の工場に設置されたガス等処理装置の沈降槽が断裂し、酸性液流出事故が発生したところ、かかる沈降槽の破	×

<別表3> 設計上の欠陥

判示構造	判示内容	原告提示の代替設計	被告の主な反論
①（誤使用判断のみ）	水産仕様があるなかで、標準仕様車を塩水の付着する環境において使用したのは通常使用ではなかった。	なし。	通常使用ではなかった。
①（誤使用判断のみ）	標準仕様のコネクタを塩水が付着するような環境で使用することは通常使用ではない。	なし。	通常使用ではなかった。
②	チェーンカバーないことを知って購入した、本件事故以外にクレームや事故報告なし。	カバーある機種の存在に言及。	チェーンカバーないことを知って購入した点に言及。
①	強度計算書によれば、強度計算上の問題点は認められず、また、成形指図書上も、その	なし。	特になし（裁判所の傍論としての判示）。

No.	判決	事件名	提訴（控訴等）の内容	欠陥認定
			損は、同沈降槽の製造を担当した沈降槽製造業者の施工時の欠陥に基づくものであるとして、本件会社が、本件業者に対し、製造物責任法2条2項、3条および民法709条に基づく損害賠償を求めた事案。	
246	名古屋高裁 平成23年10月13日判決 巻末訴訟一覧No.216（第一審）、巻末訴訟一覧No.273（上告審）の控訴審。	犬用引き紐欠陥犬傷害事件	犬用引き紐輸入販売会社が輸入販売するフレキシリードを使用して飼い犬を散歩させていた際、飼い犬が傷害を負ったため、飼い主が、本件フレキシリードには欠陥があるとして、犬用引き紐輸入販売会社に対して製造物責任法3条に基づき損害賠償を求めたことにつき、本件リードには欠陥がないとして請求を棄却した第一審に対する控訴審の事案。	○
249	東京地裁 平成26年2月26日判決	国立大学法人研究棟ガラス落下事件	国立大学法人が、設計図書作成会社との間で研究棟に係る設計図書等の作成につき業務委託契約を締結し、ジョイントベンチャー（JV）代表者会社を代表者とするJVとの間で本件設計図書等に基づき本件研究棟を建築する旨の工事請負契約を締結し、同工事により完成した本件研究棟を使用していたところ、本件研究棟のメカニカルシャフトに装着されていたガラス製造業者製造の強化ガラスの1枚が自然破損して落下する事故が発生し、他の強化ガラスの全撤去およびアルミパンチングパネル装着工事を本件代表者会社に発注して行うことになったため、本件設計図書作成会社および本件代表者会社に対しては、瑕疵担保責任、債務不履行責任、不法行為責任に基づき、本件製造業者に対しては製造物責任、不法行為責任（安全配慮義務違反）に基づき、損害賠償を求めた事案。	×
250	東京地裁	芝刈機指負傷事	電気機器製造販売会社の製造に係る芝刈機	×

<別表3> 設計上の欠陥

判示構造	判示内容	原告提示の代替設計	被告の主な反論
	内容自体に問題点があるとまで認めることはできない。		
①	飼い犬が突然走り出したような場合、ブレーキボタンを押すことにより、リードの伸びを素早くかつ確実に阻止し、走り出した飼い犬を制止できるようなものでなければならないところ、本件リードは、ブレーキボタンを押しても、ブレーキボタンの内部の先端とリールの歯とがかみあわず、ブレーキが掛からなかったのであって、ブレーキボタンがブレーキ装置として本来備えるべき機能を有せず安全性に欠けるところがあった。	なし。	（ブレーキボタン機能の欠陥主張について）原告主張の不具合原因を否定。
②	（原告が発注したのは強化ガラスであろうことを前提として）硫化ニッケルの膨張等による自然破損可能性のない強化ガラスの作成は技術上困難。	硫化ニッケルの膨張等による自然破損の可能性がないガラス。	本件研究棟のメカニカルシャフトに設置するための特注品であったという原告主張は否認。
①（誤使用	原告のとった本件行為は、一	旧型機への言及はある	通常の使用方法から逸脱

187

第4章 設計上の欠陥

No.	判決	事件名	提訴（控訴等）の内容	欠陥認定
	平成23年4月19日判決	件	の使用中に指を負傷した者が、本件製造販売会社に対しては、本件芝刈機は通常有すべき安全性を欠いていたことおよびそれを認識しつつ本件芝刈機を出荷販売したことを理由として、製造物責任法3条または不法行為に基づき、国に対しては、本件芝刈機が技術基準に適合しない電気用品であるにもかかわらず、経済産業大臣が電気用品安全法に基づく回収命令の発令を怠ったことを理由として、国賠法1条1項に基づき、損害賠償を求めた事案。	
255	東京地裁平成24年11月29日判決	立体駐車場駐車自動車地震発生損傷事件	不動産賃貸業者（本件業者）との間で駐車場利用契約を締結し、機械式駐車設備製造販売会社（本件会社）製造の立体駐車場を利用していた自動車所有者が、地震の際、同駐車場に駐車していた所有自動車が車止めから外れ、柱等に接触して損傷したことにつき、本件会社に対しては同社製造の立体駐車場に設計上の欠陥または指示・警告上の欠陥が存在したとして製造物責任法または民法709条に基づき、本件業者に対しては、本件業者は同駐車場の占有者であり、本件駐車場利用契約締結時等における説明義務違反または安全配慮義務違反があるとして、民法717条1項、709条または利用契約上の債務不履行に基づき、損害賠償を求めた事案。	×
256	大阪高裁平成24年5月25日判決 巻末訴訟一覧No.212の控訴審。	こんにゃく入りゼリー1歳児死亡事件	当時1歳9カ月の幼児がこんにゃく製品製造販売会社製造のこんにゃくゼリーを食べて喉に詰まらせ窒息し、その後に死亡したのは、同社らがこんにゃくゼリーの設計上および警告表示上の致命的な欠陥を放置して漫然と製造・販売したことによるなどとして、幼児の両親が、本件会社に対しては製造物責任および不法行為責任に基づき、同社の役員2名に対しては取締役の第三者に対する責任に基づき、損害賠償を求めたことにつき、請求を棄却した第一審に対する控訴審の事案。	×
258	東京地裁	立体駐車場駐車	自動車を立体駐車場に駐車した自動車がパ	×

<別表3> 設計上の欠陥

判示構造	判示内容	原告提示の代替設計	被告の主な反論
判断のみ）	般人が通常行う行為であるとは到底認められず、通常予見される使用形態ではない。	が、それを採用すべきという主張ではない。	した行為。
②（機序否定）	①適切な入庫をしておらず主張の前提を欠く。また、他の同種の駐車場設備の車止めと比べて高さが不十分でもない。②利用者が求められる入庫方法に従った入庫を行った場合に、通常の運転により車両がトレーからはみ出す状態が生じると認めるに足りる証拠はなく、センサー設置の必要がない。	①震度4程度の地震による振動が加わっても前輪が乗り越えない程度の高さの車止め。②センサー設置。	①適切な入庫をしなかったのが事故原因。②サイドブレーキを十分に引かなかったのが事故原因。
①	窒息事故の危険性から、特に食べる対象者を含めた食べ方についての留意事項についての配慮がなされているかを検討し、これを肯定。	原告はサイズ、クラッシュタイプ、柔らかさ等の代替設計を主張したが、判示はこれと比較する考え方自体を否定。	他食品の事故発生率、一般のゼリーと違うことについての周知、包装紙上の警告表示、カップの形状、1個あたりの大きさ。
①	一定の指示警告をしたうえで、	車輪止めに言及あるも、	サイドブレーキを引いて

189

No.	判決	事件名	提訴（控訴等）の内容	欠陥認定
	平成24年3月28日判決	自動車壁面衝突事件	レットの移動に伴って車止めを乗り越え、前方の壁面等に衝突するという事故が発生したため、本件自動車の所有者が、立体駐車設備製造販売会社および駐車場管理会社に対し、本件事故の原因は本件立体駐車場の設計上の欠陥ないし瑕疵、指示・警告上の欠陥ないし瑕疵または立体駐車設備製造販売会社らの過失にあるとして、製造物責任法3条、民法717条1項（土地工作物責任）、不法行為に基づき損害賠償を求めた事案。	
260	東京地裁平成25年4月19日判決 巻末訴訟一覧№337（控訴審）、巻末訴訟一覧№343（上告審）の第一審。	エスカレーターからの転落事件	商業施設2階の下りエスカレーターの乗り口付近で、エスカレーターの移動手すりに接触して乗り上げ、エスカレーター外側の吹き抜けから1階の床に転落して死亡した男性の両親が、本件ビルの管理運営会社および本件ビルの管理運営委託会社に対しては民法717条1項に基づき、本件エスカレーター製造会社に対しては製造物責任法3条の製造物責任に基づき、損害賠償を求めた事案。	×
262	大阪高裁平成24年5月25日判決 巻末訴訟一覧№121（第一審）、巻末訴訟一覧№310（上告審）の控訴審。	肺がん治療薬死亡等事件（大阪）	肺がん抗がん剤輸入販売会社が輸入販売した非小細胞肺がん治療薬（抗がん剤）の投与後に副作用である間質性肺炎を発症して死亡した各患者らの遺族らおよび間質性肺炎等を発症した患者本人が、本件会社に対しては製造物責任法等に基づき、国に対しては適切な規制権限行使を怠ったとして国賠法1条1項に基づき、損害賠償を求めたことにつき、第1版添付文書とともに流通に置かれた本件抗がん剤の指示・警告上の欠陥を認める一方、国の責任を認めなかった第一審に対する控訴審の事案。	×
264	東京高裁平成23年11月15日判決 巻末訴訟一覧№	肺がん治療薬死亡事件（東京）	肺がん抗がん剤輸入販売会社（本件会社）が輸入販売した肺がん治療薬（抗がん剤）の投与後に死亡した各患者の遺族らが、同社に対しては製造物責任法等に基づく損害賠償を求め、国に対しては適切な規制権限	×

<別表3> 設計上の欠陥

判示構造	判示内容	原告提示の代替設計	被告の主な反論
	成年男子が一人で手で押した程度では動かない制動措置をとることを前提として設計をしていれば、通常有すべき安全性が認められるところ、そのような設計であった。	どのような車輪止めを採用すべきかについての言及なし。	いれば本件事故は起こらなかった。
②（誤使用判断のみ）	本件のような態様で移動手すりの折り返し部分に寄りかかるということは、エレベーターの本来の用法からかけ離れたものであることはもちろん、エスカレーターを設置または保存する者の通常予測し得ないものというべき。	水平区間を長く取る、移動手すりの両側に十分な高さの障壁や落下防止網を設けたりするなどの転落防止措置。	通常予見しうる使用形態ではなかった。
③	申請にかかる効能、効果または性能を有しない（有効性の欠如）、または効能、効果ないし有効性に比して著しい有害な副作用があると認められること（有用性の欠如）によって判断。 なお、副作用の発症頻度や重篤度が承認当時の予測を上回ることが後に判明した場合にあっても、当該医薬品の科学的性状に変化がない以上は、欠陥判断の基礎となるべき事情になる。	なし。	イレッサの有用性。 副作用の内容。
③	副作用の存在にもかかわらずその医薬品に有用性を認めるかどうかは、当該疾病または症状の生命・身体に対する有害性の程度およびこれに対す	なし。	有用性（腫瘍縮小効果を有し、従来の抗がん剤にほぼ必ず生じる血液毒性等の副作用がほとんどみられない）。

第4章 設計上の欠陥

No.	判決	事件名	提訴（控訴等）の内容	欠陥認定
	128（第一審）、訴巻末訴訟一覧No.275（上告審）および巻末訴訟一覧No.276（上告審）および巻末訴訟一覧No.277（上告審）の控訴審。		の行使を怠ったとして国賠法に基づく損害賠償を求めたことにつき、本件抗がん剤の指示・警告上の欠陥を認めるとともに国の違法性を認めて一部遺族らの請求を一部認容するなどした第一審に対する控訴審の事案。	
282	東京地裁平成24年9月26日判決	駅構内点字ブロック転倒骨折事件	旅客鉄道運輸業者が、乗換時間の配慮のないダイヤ改正をし、駅に設置された点字ブロックが水浸しで滑りやすい状態にあったのを放置したため、乗換え時に駅で転倒し骨折したとして、被害者が安全配慮義務の債務不履行または製造物責任に基づき、損害賠償を求めた事案。	×
285	東京地裁平成25年11月22日判決	空気清浄機天井落下事件	映画館経営会社が、電気機械器具等製造会社（本件製造会社）開発の空気清浄機（本件機器）の導入にあたり、本件機器が劇場に適合し安全性に問題のないものであることを理由に導入を決めたにもかかわらず、本件機器が原因で映画館の天井が落下するなどの事故が発生したとして、本件製造会社、電気機械器具等販売業者および電気機械器具等保守業者に対し、同社らとの間で締結した本件機器導入に係る各契約の錯誤無効による不当利得の返還を求めるとともに、本件機器導入に際して本件製造会社らが説明義務を果たさず、本件機器に欠陥があったためその導入に係る契約に基づいて支払った対価等相当額の損害が生じたとして、説明義務違反による債務不履行または不法行為、もしくは同欠陥を内容とする瑕疵担保責任等に基づき、損害賠償を求めた事案。	×
286	東京地裁平成25年10月17日判決	高密度焦点式超音波（ハイフ）前立腺治療装置尿道直腸瘻発生事件	クリニックで、医療機器製作販売業者の輸入販売に係る高密度焦点式超音波（ハイフ）前立腺治療装置（本件機器）による前立腺癌とされる腫瘍の凝固壊死治療を受けた患者が、治療中に本件機器に故障が発生し、その後も尿道直腸瘻（本件傷害）が発生し	×

<別表3> 設計上の欠陥

判示構造	判示内容	原告提示の代替設計	被告の主な反論
	る医薬品の有用性の程度と副作用の内容および程度の相関関係で決まる。		副作用（間質性肺炎は従来の抗がん剤等でも発症する一般的な副作用であり、また、危険因子特定のための研究が進んでいる）。
②	一般に駅にみられるものと異なるものではない。点字ブロックは走ることを想定した安全性まで要求されるものとも解し難い。	原告は代替設計を特に主張しないが、裁判所は一般にみられるものと比較。	一般に流通していた通常の品質を備えたもの。
②	本件機器による加湿の程度は、ビル衛生管理法所定の基準および本件経営会社自身が定める室内環境基準とも概ね合致している。	相対湿度40％を超えると加湿を停止する湿度制御センサー。	本件機械の加湿性能については原告に説明しており、それで結露が生じるかどうかは空調の専門家でなくても容易に予見できる。
②	0.5秒でハイフ照射は停止する機能が存在し、それで十分な安全性を有する。	即刻ハイフの照射が停止するような機能。	原告の主張するような機能は存在する。

No.	判決	事件名	提訴(控訴等)の内容	欠陥認定
			たことにつき、本件機器にはモニター監視ができなくなった場合に緊急停止ボタンを押すまでの間ハイフ照射が継続するなどの欠陥があり、それによって本件傷害を負ったとして、製造物責任法3条に基づく損害賠償を求めた事案。	
289	東京地裁平成26年2月19日判決	事業用大型貨物自動車エンジン出火事件	自動車製造業者(本件業者)製造の事業用大型貨物自動車がエンジンから出火して全損した事故につき、同車の被保険者に車両保険契約に基づく保険金等を支払った保険会社が、本件業者に対し、本件事故はエンジン組立工程におけるコンロッドキャップボルトの締め付け不良が原因で、同ボルトの締め付け不良は欠陥であり、また、事故前の警告装置不作動は警告装置の欠陥であるところ、保険代位により、製造物責任法3条、民法709条の損害賠償請求権または不当利得返還請求権を取得したとして、求償を求めた事案。	×
290	東京地裁平成26年3月20日判決	LED組込灯具不具合事件	LED販売会社から購入したLEDを組み込んで灯具を製造等した会社が、本件灯具に不具合が生じたことに関して、LED販売会社およびLED専業会社に対し、製造物責任法3条等に基づき、連帯しての損害賠償を求めた事案。	×

\<別表3＞ 設計上の欠陥

判示構造	判示内容	原告提示の代替設計	被告の主な反論
①	本件車両はエンジンオイルが定期的に交換されておらず、メンテナンス不良からスラッジが発生した。これを前提とした警告装置不作動についての被告推論は、本件警告装置が他社の車両の警告装置と技術的な違いがあるわけではないことを併せ考慮すると合理的であり、したがって、警告装置不作動をもって欠陥があるとはいえない。	なし。	本件警告装置はユーザーがエンジンオイルの定期的な交換を怠った場合のエンジンオイルの劣化によって発生したスラッジを補足できる仕組みにはなっていない。
①（原因不明）	パッド剥がれの原因がエキポシ樹脂によるコーティングによるのか温度上昇下降範囲が広いことに起因するのか明らかではなく機序不明。	なし。	パッド剥がれの原因はエキポシ樹脂によるコーティングではなく温度上昇下降範囲が広いことに起因する。

第5章

指示警告上の欠陥

第5章　指示警告上の欠陥

1　総　論

　指示警告上の欠陥は、製品に残存する被害リスクの防止・回避のために適切な指示および警告が与えられなかった場合の欠陥であり、（製造工程における製品安全に着目する製造上の欠陥と異なり）安全設計段階における製品安全に着目するものであり、そのうち（製品構造に着目する設計上の欠陥と異なり）特に指示警告の存否・十分性に着目するものである。日本の欠陥定義との関係でいえば、指示警告が不存在ないし不十分であるために残存リスクの防止・回避がなし得ず、それゆえに被害結果をもたらすような製品は、当然に「通常有すべき安全性を欠いている」と評価される、という論理構造になる。

　指示警告上の欠陥については、設計上の欠陥と同様、製造上の欠陥における標準逸脱基準のような明確な基準がなく、また、いったん欠陥と判断されればその影響が当該製造ライン全体に及ぶことから、その判断基準が問題となる。これについては基本的に設計上の欠陥と同様に論じられているが、設計上の欠陥における代替設計には物理的限界があるのに対して、指示警告上の欠陥における"あるべきであった指示警告"は容易かつ無限に作出しうるという性格があり、この特殊性に対する配慮が必要となる。

　ところで、指示警告上の欠陥という場合の"指示""警告"は厳密には区別があり、"指示"とは危険を回避・軽減させる方策についての説明であるのに対して"警告"とは単に危険の存在についての説明であると理解されている。また、それらが必要とされる目的についても、危険を軽減させる目的（risk-reduction）と（説明したところで危険は軽減しないのだが）情報を与えたうえで自ら選択させる目的（informed-choice）の二つがあると考えられている。これらは実際には混在して区別困難な場合も多いが、特に明白な危険の取扱いの場面と因果関係の立証場面においてこれらの区別が意味をもつ場合がある。これは第3次リステイトメントに基づく発想であるが、日本でも有用な視点となり得るものであり、詳細は後述する[1]。

なお、章末別表4は指示警告上の欠陥類型が問題となった事案を掲げたものであるが、指示警告の有無・十分性が問題となる場合としては、それのみが独立して問題となる場合のほか、安全設計の一要素として指示警告の有無が問題となる場合もある（第6章参照）。本書では、判示や当事者主張の体裁に基づいていずれの趣旨の主張であるかを判別したうえで、便宜上後者については設計上の欠陥類型として別表4ではなく第4章別表3に掲載している。

2 判断基準

<事例14>

美容業者用に販売されていた痩身用のサウナ器具を自宅購入し、長時間・高頻度で使用していたところ、両下肢に赤い大理石様の模様が現れて消えなくなった。取扱説明書には1回当たりの設定時間が30分であること、設定された時間以上の使用は避けること、連続使用は低温火傷等の原因になりうる旨の記載はあったが、一日の使用限度時間や限度回数についての記載がなかった。

当該サウナ器具について指示警告上の欠陥が認められるか。

（＊参考：赤外線ドーム両下肢網状皮斑事件　別表4－190）

<一般的な検討要素>

① 被害を生じさせた危険についての指示警告が存在せずその要否が問題となる場合
　　——当該危険の存否、誤使用の有無、危険の明白性

1　日本では、指示警告の機能については宣伝機能、製品内容特定機能、使用方法教示機能、危険性告知機能、品質保証機能、製造業者免責機能などがあると考えられているが、これらと欠陥認定基準を関連させた議論は特段発展していない。升田純『詳解　製造物責任法』414～420頁（商事法務研究会、1997）。

② 問題となっている危険についての警告表示が一応存在するがその十分性が問題となる場合
　　——①で問題となる諸要素
　　——読み手の属性、製品の特性、安全性についての宣伝の有無、指示警告の具体性・正確性、指示警告の目的やこれに違反した場合の危険性等への言及、指示警告の表示方法などの諸要素
③ 医薬品の添付文書における副作用の記載内容
　　——最高裁判例基準

＜本件における検討の視点＞

　本件では、高頻度・連続使用の場合の危険性については一応取扱説明書に記載があるので、当該記載の十分性が問題となる。この点、本件製品は美容業者用器具ではあるものの自宅購入可能な製品であるので、専門知識をもたない一般人を基準とした判断になるところ、痩身用のサウナ器具という性格からは過剰使用が想定されがちであるので、一日の使用限度時間や限度回数を明示するとともに、それらに違反した場合の危険性を具体的に記載する必要性が高い。
　したがって、そのような記載のない本件取扱説明書記載は不十分な警告表示であるとして、指示警告上の欠陥が認められる可能性が高い。

＜解説＞

(1) アメリカの議論の発展状況

　第3次リステイトメントでは、指示警告上の欠陥の判断基準は設計上の欠陥の判断基準とパラレルに考えられ、リスク効用基準が採用されたとして説明されている[2]。ただし、重要な相違として、ここでは代替する指示警告案を原告が提示することが必ずしも求められていない。これは、1998年の第3

2　RTT§2(c)

次リステイトメント改訂当時に問題となっていた指示警告事案は、そもそも当該危険についての指示警告が存在しなかったものが多く、そのような状況下で裁判所もあえて原告に対して代替指示警告案の提示までを求めていなかったためである[3]。

また、実際にリスク効用基準を適用する場合にも困難がある。すなわち、設計上の欠陥の場合における代替設計には物理的限界があるのに対して、指示警告上の欠陥においては、問題となった危険に関する説明を付加するだけで"あるべきであった指示警告"は容易に作出することができる。実際には指示警告表示をするスペースは限られていてすべての危険に対して指示警告することは不可能であり、また、指示警告が増えれば増えるほど個々の指示警告が注意深く読まれる可能性は低減していくのだが、これらのデメリットをコストとして金銭的に評価することは難しく、結局、指示警告にはコストがかからないという発想になりがちである。

このような背景事情や指示警告上の欠陥自体の特性を反映して、実際の裁判実務でリスク効用基準が指示警告上の欠陥の判断基準としてどれだけ厳密に適用されているのかは疑問視されており、結局、指示警告の必要性や内容の十分性が争われれば、(陪審に判断させるまでもなく請求棄却という途を辿ることはほとんどなく)事実問題として陪審の評価に委ねられているのが実情である[4]。

(2) 日本の議論の発展状況

日本では、立法当時の議論として、製造物に関する表示・警告の有無・内容が製品安全に影響を与える要素であることは国民生活審議会でも明確に認

---

[3] A. Twerski and J. Henderson, Jr., Fixing Failure to Warn, 90 Ind. L.J. 237, 238-239 (2015).

[4] J. Henderson, Jr, A. Twerski, Doctrinal Collapse in Products Liability: The Empty Shell of Failure to Warn, 65 N.Y.U. Rev. 265(1990)と、それから25年を経て書かれたA. Twerski, J. Henderson, Jr., Fixing Failure to Warn, 90 Ind. L.J. 237(2015)(前掲(注3))の両論文が、ともにこの問題を扱っている。なお、後者の論文では、その一つの解決手段として、代替する合理的な指示警告案の提示を原告に求めるべきと主張している。

識されていたが、製造物責任法 2 条 2 項所定の諸要素としては明示されず、「当該製造物の特性」ないし「その他の当該製造物に係る事情」の一部として読み込まれるという位置づけとなった。これは、「製品の有する危険性が明白である種類の製品、伝統的で長年にわたって製造・利用されている種類の製品等については表示・警告を考慮することなく欠陥を判断することがある」という事情が考慮されたものである。もっとも、「製品の構造が複雑になり、用途が明確でないような現代型の製品については、表示・警告が欠陥の判断にあたって不可欠の考慮事情」とも解されており、結論として、製造物責任法 2 条 2 項所定の諸要素としては明示されなかったものの、その重要性が否定されるものではないと解されている[5]。

指示警告の有無・内容が主な焦点となった事案を大別すると、①被害を生じさせた危険についての指示警告が存在せずその要否が問題となる場合と、②被害を生じさせた危険についての指示警告が一応存在するがその十分性が問題となる場合とでやや問題となる争点が異なる。もっとも、その判断基準については、①②いずれの場合にも指示警告を増やすことについてのコスト意識は乏しく[6]、また、あるべき代替指示警告案が原告から示されることも少ない[7]。したがって、これを消費者期待基準と呼ぶかどうかは別論として、少なくともリスク効用基準が判断基準として採用されているとは理解し難い。その他、③医薬品の添付文書における副作用の記載内容については最高裁判例により基準が明確化されている。

まず、①問題となっている危険についての指示警告がそもそも存在しない事案では、指示警告上の欠陥が認められる場合には、そのような危険が存在するのであれば指示警告すべきであった、という単純な枠組みでの判断とな

---

[5] 升田・前掲（注 1）336〜337 頁。
[6] 皆無ということではなく、たとえば住居洗剤塗装剥離変色事件（別表 4 −253）では、限られたスペースでは警告にも優先順位があることが言及されている。
[7] タイヤチェーン着脱負傷事件（別表 4 −166）、緩降機ロープ切断落下死亡事件（別表 4 −206）では具体的な代替指示警告案が提案されているが、その他については、改定後の指示警告文や他社メーカーの指示警告が比較参照されることがある程度である。

る。他方、指示警告上の欠陥が否定される場合には、「そもそも指示警告が必要であるとする原告主張の前提事実が異なる」、「誤使用に起因する危険であり指示警告の必要がない」、「危険が明白であって指示警告の必要がない」という理由であることが大半である[8]。このように、①の類型においては、肯定例・否定例とも単純な判断過程を辿ることが多い。

次に、②問題となっている危険について一応指示警告が存在するが、その十分性が問題となった事案では、①と同様の単純な判断過程を経る場合もあるが、そのような事案ばかりではなく、当該指示警告規定が読解可能であったかという見地からさまざまな事情が勘案されている。それらの勘案事情を大まかに分類すると以下のとおりである。

○　読み手の属性
　　読み手の読解能力・知識に着目した例[9]
○　製品の特性[10]
　　製品の危険性に鑑みて詳細な指示警告を要求した例[11]、長期間かつ負荷を大きくして使用を継続することが予見しうることに鑑みて相応の指示警告を求めた例[12]

---

[8]　例外的にその他の理由が付された判例としては、デリックワイヤーロープ破断死亡事件(滑車は船の寿命と同じくらいの寿命を想定して作られ、交換することが予定されていないから指示警告不要。別表4－178) など。

[9]　轟音玉爆発手指欠損事件(別表4－102)、焼却炉燃焼爆発工場全焼事件(別表4－124、153)、赤外線ドーム両下肢網状皮斑事件(別表4－190)、こんにゃく入りゼリー1歳児死亡事件(別表4－212、256)、牛肉入りサイコロステーキO157食中毒事件(別表4－257)、貨物自動車高速道路火災事件(別表4－287)、資源ゴミ分別機械上腕部切断事件控訴審(別表3－43、82。ただし、設計上の欠陥の一要素としての指示警告)。

[10]　立法当時の議論において、伝統型の製品(単純な製品、日常的に頻繁に利用される製品、伝統的に利用されてきた製品等)と現代型の製品(製品の外形からその用途・性能・構造が明らかにならない製品)の対比において、前者よりも後者のほうが情報提供の必要性が高いという視点が示されていた。
　　これまでの公刊判例でこのようなカテゴリー分けが明確に示されたことはないが、有用な視点と思われる(升田・前掲(注1) 342～343頁)。

[11]　轟音玉爆発手指欠損事件(別表4－102)。

[12]　赤外線ドーム両下肢網状皮斑事件(別表4－190)。

○ 安全性についての宣伝

　安全性についての宣伝が指示警告の効果を弱める可能性に着目した例[13]

○ 指示警告記載の具体性

　危険に関する記載が一般的な注意事項にすぎないと解した例[14]、危険に関して概括的記載がなされているのみであり、危険発生のメカニズムについての記載もないため製品利用者が個別事案毎に危険性を判断することも困難であると解した例[15]

○ 指示警告の正確性

　製品使用方法について誤解を与える記載と解した例[16]

○ 指示警告の目的・同違反の危険性等への言及

　製品使用方法についての指示はあるがそれに違反した場合の危険性等について言及がない点に着目した例[17]、逆に当該指示にかかる使用方法の目的まで記載される必要はないとした例[18]、誤使用に及ぶ蓋然性が極めて低いことから通常使用方法の表示で十分とした例[19]

○ 指示警告の表示方法

　使用者が取扱説明書を読まない可能性に鑑みて製品本体への指示警告を求めた例[20]、販売形態や文字の大きさに着目した例[21]、限られたスペースでの警告優先順位に着目した例[22]

13　化粧品指示・警告上欠陥事件（別表4－36）、給食食器破片視力低下事件(2)（別表4－57）。
14　給食食器破片視力低下事件(2)（別表4－57）。
15　人工呼吸器換気不全死亡事件(1)（別表4－76）。
16　人工呼吸器換気不全死亡事件(1)（別表4－76）、住居洗剤塗装剥離変色事件（別表4－253）。
17　幼児用自転車バリ裂挫傷事件（別表4－84）。
18　排ガス処理施設内電気集塵機火災発生事件（別表4－162）。
19　緩降機ロープ切断落下死亡事件（別表4－206）。
20　赤外線ドーム両下肢網状皮斑事件（別表4－190）。
21　トンカチ槌破片飛散負傷事件（別表4－204）、牛肉入りサイコロステーキO157食中毒事件（別表4－257）。

また、③医薬品の添付文書における副作用の記載内容については、最高裁判所が「……上記添付文書の記載が適切かどうかは、上記副作用の内容ないし程度(その発現頻度を含む)、当該医療用医薬品の効能又は効果から通常想定される処方者ないし使用者の知識及び能力、当該添付文書における副作用に係る記載の形式ないし体裁等の諸般の事情を総合考慮して、上記予見し得る副作用の危険性が上記処方者等に十分明らかにされているといえるか否かという観点から判断すべき」と判示している[23]。

　日本の製造物責任における指示警告上の欠陥認定の現状はこのようなものであり、原告としては、①問題となっている危険についての指示警告がそもそも存在しない事案では、そのことを指摘するだけで最低限の主張立証となり、②問題となっている危険について一応指示警告が存在するがその十分性が問題となる事案では、個々の事案毎に指示警告の存在にもかかわらず被害結果が発生した要因を指摘することになる。その際合理的な代替指示警告を指摘することは必ずしも要求されておらず、そのような指摘が有利になるかどうかという原告の判断に委ねられる。他方、被告としては、これらに対する単純否認・積極否認が主要な防御方法となる。これに加えて、理論上の防御方法として、①②いずれにおいても指示警告を行う場合のコストを主張することがありうるが、現時点では有効な防御方法として機能していない。また、③医薬品の添付文書における副作用の記載内容については、最高裁判例に従った主張を行うことになる。

　なお、指示警告の十分性に関する議論については、ガイド37（ISO/IEC GUIDE37:2012）にも関連する記載がある。ここでは望ましい文字の大きさ等、比較的具体的な要求事項もあるが、安全に関する情報は指示説明の最初の部分に置かれるべきといった、やや抽象的・規範的要求とも思える内容も多い。それでも、それらの内容が裁判当事者（特に原告）による結果論とし

22　住居洗剤塗装剥離変色事件（別表4－253）。
23　肺がん治療薬死亡事件最高裁判決（東京）（別表4－277）。

ての場当たり的主張ということではなく、製品安全設計の国際常識として当然の発想であるということを示せる点で価値があると思われる。

3　引渡時における危険の予見可能性の要否

<事例15>

　ピアノ防虫防錆剤がピアノ内部で液状化し、当該ピアノや床を汚損した。同防虫防錆剤は、従前の防虫防錆剤のナフタリン臭に対する苦情を解消するために開発された新製品であったが、同製品に配合された蒸散安定補助剤は高温高湿等の一定環境下で液状化する性質を有しており、本件事故もそのような機序で発生した。しかし、このような同蒸散安定補助剤の性質は同防虫防錆剤開発直前の海外研究でようやく知られたものであり、ピアノ防虫防錆剤製造会社もそのような性質を知らなかったため、使用環境について指示警告は付されていなかった。

　　　　　　　（＊参考：ピアノ防虫防錆剤液状化事件を改変　別表4－61）

<一般的な検討要素>

　製品引渡時点における科学技術水準を前提とした当該危険の認識可能性
　　　──国内資料、海外資料の有無

<本件における検討の視点>

　使用環境について説明のない防虫防錆剤について指示警告上の欠陥が認められることは明らかであり、当該防虫防錆剤製造業者が当該危険を知っていたかどうかは関係がない。
　製品引渡時点における科学技術水準を前提としても当該危険が認識できなかった場合には開発危険抗弁により製造業者は免責されうるが、当該危険に

関する海外研究成果があることから、開発危険の抗弁も認められない可能性が高い。

　もっとも、指示警告上の欠陥認定段階において危険の予見可能性を要求する判例もあり、かかる立場に立った場合には指示警告上の欠陥が否定されることもありうる。

＜解説＞

(1) アメリカにおける議論の状況

　第3次リステイトメントでは、設計上の欠陥の場合とパラレルに考えられ、引渡時点における危険に関する知識は当然必要と解されているが[24]、実際問題としてほとんどの危険は予見可能であり、予見可能性が問題となるのは薬、医療用器具、化学物質などの一部の製品に限られる。

　もっとも、これらの製品に関しては（合理的な代替設計を提示することが困難であることから設計上の欠陥はほとんど想定し得ないのに対して）指示警告により危険回避を図ることは可能であるので、指示警告上の欠陥は想定しうる。したがって、予見可能性の要否は指示警告上の欠陥の成否に大きく影響しうることになり、この論点は現実的意味をもつ[25]。

(2) 日本の議論状況

　日本では、立法当時、この論点に関して設計上の欠陥と指示警告上の欠陥とで区別した議論は行われていないことから、設計上の欠陥における議論と同様の論理が適用されるはずである[26]。それによれば、製造物責任法4条1

---

[24] RTT§2 cmt. m.
[25] 少数ながら、事案によっては予見可能性を不要とする州も存在する。Beshada v. Johns-Manville Prod. Corp., 447 A.2d 539 (N.J. 1982), Sternhagen v. Dow Co. 935 P2d 1139 (Mont. 1999).
[26] 一例として、升田・前掲（注1）428頁では、「製品の欠陥は、欠陥の態様、類型を問わず、通常有すべき安全性を欠いていることであり、過失責任とは異なるものであるから、警告上の欠陥であっても、過失責任、あるいは実質的に過失責任と同様な運用をすることは、製造物責任の趣旨を損なうものであり、製造物責任法上予定されていない考え方である」とある。

項の開発危険の抗弁が導入されたことの解釈として、欠陥認定段階では危険に関する予見可能性はあるものという前提で判断を行い、例外的に、入手可能な最高の科学・技術知識の下でも予見可能性がないということを抗弁として被告が立証した場合にのみ欠陥責任が否定されることとなった[27]。したがって危険の予見可能性は欠陥認定の段階では問題とならず、（医薬品や化学薬品など長期間の使用後初めて欠陥が明らかになるような性質の製品に限り）開発危険の抗弁として問題となりうるにとどまるはずである。

しかし、公刊判例をみると、かかる立法当時の理解に忠実な判決も存在する一方で[28]、欠陥認定段階で危険の予見可能性を要求する判例も多々見受けられる。たとえばコンテナ船倉内化学物質発煙事件の東京高裁判例（別表4－338）では、「当該製造物の特性等から他人の財産等を侵害する可能性があり、製造業者がそのような可能性を予見することが可能である場合には、製造物の危険性の内容・程度及び被害発生を防止するための適切な運搬、保管方法等の取扱上の注意事項を適切に表示し、かつ警告することを怠る場合（以下「表示・警告上の欠陥という。」）も含む」として、指示警告上の欠陥の定義自体に危険の予見可能性を内在させている[29]。さらに、肺がん治療薬死亡事件（東京）の最高裁判例（別表4－277）も、「……上記予見し得る副作用の危険性が上記処方者等に十分明らかにされているといえるか否かという観点から判断すべき」として副作用について予見可能性を要求しており、やはり

---

[27] 経済企画庁国民生活局消費者行政第一課編『逐条解説　製造物責任法』109頁（商事法務研究会、1994）、「座談会　製造物責任法（PL法）の検討―立法から施行1年後までを振り返って」における伊藤発言（判例タイムズ907号26頁）。

[28] たとえばピアノ防虫防錆剤液状化事件（別表4－61）では、危険の予見可能性がなかった旨の被告主張を欠陥認定の際に考慮せず、開発危険抗弁として処理している。

[29] 同様に指示警告上の欠陥の定義自体に危険の予見可能性を内在させた例としては焼却炉燃焼爆発工場全焼事件（別表4－124、153）、幼児用自転車バリ裂挫傷事件（別表4－84）があり、ここでは、「ある製造物に設計、製造上の欠陥があるとはいえない場合であっても、製造物の使用方法によっては当該製造物の特性から通常有すべき安全性を欠き、人の生命、身体又は財産を侵害する危険性があり、かつ、製造者がそのような危険性を予見することが可能である場合には、製造者はその危険の内容及び被害発生を防止するための注意事項を指示・警告する義務を負」うと判示されている。

立法時の議論からかい離した判断が示されているように思われる[30・31]。

このうち肺がん治療薬死亡事件（東京）の最高裁判例は医療用医薬品における添付文書の記載について判示したものであり、指示警告上の欠陥一般に関するものではない[32]。また、医療用医薬品以外の場面で、結論として予見可能性がないことを理由に指示警告上の欠陥が否定された判例も特段見当たらない。したがって、予見可能性の要否に関するかかる判例態度が今後の裁判実務に与える影響は必ずしも定かでないが、これは過失責任と異なる欠陥責任の存在意義にかかわる重大問題であり、今後の議論の展開が注目される。

実務的には、指示警告上の欠陥が問題となる事案において予見可能性が審理対象となった場合、原告としては、それが開発危険の抗弁の問題であることを指摘し、被告に主張立証責任があることを明らかにする訴訟対応が必要になると思われる。

4　明白な危険の取扱い

＜事例16＞

　購入した包丁が2本の針金入りテープで台紙に固定されており、この台紙のみを持って（包丁自体は保持せず）包丁を台紙から外そうとした際、包丁の刃で指に怪我をした。同包丁の包装には、台紙の外し方について

30　潮見佳男「製造物責任再考」（NBL1005号1頁）でも同様の指摘がなされている。
31　その他、欠陥認定段階で危険予見可能性を検討しているように思われる判例として、化粧品指示・警告上欠陥事件（別表4－36。危険に対する被告の認識を認定）、給食食器破片視力低下事件(2)（別表4－57。事故の予見可能性がなかったという被告の主張に対して、予見不要ということではなく予見可能性を認定する形で対応）、コレステロール低下剤副作用健康被害事件（別表4－167。当該薬品が流通に置かれた時点ですでに知られていた医薬品の副作用についてのみ指示警告上の欠陥を検討）。
32　なお、同事件において問題となった製造物は世界に先駆けて日本で初めて承認された医薬品であり、また同事件では原被告とも予見可能性を基礎づける事情について主張立証を尽くしているため、開発危険抗弁の問題と把握されたとしても訴訟態様に大きな差異はなかったとも思われる。

特に説明を付したり、その危険を警告したりする注意書きはなされていなかった。

この包装された包丁について、指示警告上の欠陥を認めうるか。

(＊参考：皮引き包装負傷事件を改変　別表4−112)

＜一般的な検討要素＞

被害をもたらした危険の存在が使用者にとって明らかといえるか
危険を避けるための方法が使用者にとって明らかといえるか

＜本件における検討の視点＞

　台紙のみを持って包丁本体を保持しなければ、包丁が不安定となり刃が指にあたる危険性が生じることは明らかである。また、そのような危険を避けるためには包丁本体を持ちつつ針金入りテープを外せばよいことも通常は明らかである。

　したがって、包丁と台紙間に隙間がないために包丁を持つことができず、しかも針金入りテープが特殊な形状で外し方がわからないといった特殊な場合でない限り、この包装された包丁について指示警告上の欠陥は認められない可能性が高い。

＜解説＞

(1) アメリカにおける議論状況

　第3次リステイトメントでは、危険の明白性に関して、設計上の欠陥と指示警告上の欠陥では異なる扱いが予定されている。すなわち、既述のとおり、設計上の欠陥については、リスク効用基準の発想の下では危険の明白性も考慮要素の一つにすぎず、合理的コストで危険を削減できたのであれば設計上の欠陥を認めるべきと考えられている。これに対して指示指示警告上の欠陥については、当該製造物に内在する危険が外見等からすでに明らかな場合、それ以上安全性を高める効果的な指示警告は存在しないし、むしろ明白な危

険に対しても指示警告があると指示警告全体の意味が希薄化してしまうとして、指示警告上の欠陥は成立し得ないと解されている[33]。

もっとも、指示と警告を区別して考えた場合、危険の存在が明らかであることと、どうすればその危険を避け得るかということは別の話であり、危険があることはわかってもそれを避ける方法がわからないため、結局被害が発生してしまうという場合はありうる。かかる場合には、警告上の欠陥は認められないとしても、指示上の欠陥は認められる可能性が存在しうることになる[34]。

(2) 日本における議論状況

日本でも、設計上の欠陥における議論と同様、危険の明白性は、製造物責任法2条2項の「その他の当該製造物に係る事情」に含まれ得るという理解[35]以上の議論は特に存在しない。公刊判例では、危険が明白であることは指示警告上の欠陥を否定する重要な要素として理解されており、これを決定的要素として言明する判例もある。たとえば、皮引き包装負傷事件（別表4-112）では「……自明のことであり、敢えてその警告や注意書きがないからといって、包装の欠陥であるとは評価しえない」と判示され、洗浄剤硫化水素中毒事件（別表4-207）では、「製品の使用者層を前提として、通常の使用者にとって明白な危険性については、その警告等の表示・記載がなくても、上記『欠陥』が存すると認めることはできない」と判示されている[36]。

もっとも、指示と警告の区別についての特段の議論はなく、かかる区別の意義が問われた判例も特段見当たらない。したがって、原告としては主張立

33　RTT§2 cmt. j.
34　Liriano v. Hobart Corp. 170 F.3d 264 (2d Cir. 1999).
　　なお、同判例では、「急坂注意」という警告と「急坂注意―迂回路に廻れ」という指示警告を例にだして、この法理を説明している。
35　経済企画庁・前掲（注27）72頁。
36　その他、危険の明白性が意識された判例としては、食品容器裁断機リフト頭蓋底骨折死亡事件第一審（別表4-27）、貨物自動車高速道路火災事件（別表4-287）などがある。

証に工夫の余地がある一場面と思われる。

なお、明白性という場合、誰にとって明白なのかが重要であるが、これについては先に引用した洗浄剤硫化水素中毒事件（別表4－207）[37]の判旨にもあるとおり、「製品の使用者層」を前提として検討すべきと思われる。

5　規制適合性との関係

＜事例17＞

　加工食品について、食品表示法所定の特定原材料記載等の表示は行っていたが、その弾力性や形状が喉に詰まりやすく、窒息事故を引き起こした。

　当該食品について、指示警告上の欠陥が認められるか。

　　　　（参考：こんにゃく入りゼリー1歳児死亡事件　別表4－212、256）

＜一般的な検討要素＞

　当該規制は強制基準か任意基準か
　規制の趣旨は何か

＜本件における検討の視点＞

　食品表示法所定の特定原材料記載等の表示規制は、本件で問題となる食品の形状・食感とは無関係の規制であるので、同規制に適合していたとしても指示警告上の欠陥は認められうる。

---

[37]　もっとも、同判例では使用者は排水槽内清掃業者であり一般人ではなく、そのことが強調されているが、製品自体が使用者「層」として一般人を除外しているのかどうかは判示上明確でなく、規範あてはめの妥当性は定かでない。

<解説>

　設計上の欠陥における議論と同様であり、強制力を有する行政上の製品安全規制と製造物責任法はその趣旨・目的を異にしていることに鑑み、その適合・不適合は考慮要素の一つにすぎないと解されている。その具体的意味としては、当該安全規制が（各製造物責任事件において問題となる製品安全と同様の）製品安全を目的としている場合でも、それは安全の最低水準を定めたものにすぎないので、製品が当該安全規制に適合していても製造物責任が免責されることにはならず、他方、製品が安全規制に適合していなかった場合には最低限度の水準も満たしていなかったとして欠陥が強く推認されることになる[38]。

　この点が特段の論点として着目されることは稀であるが、たとえば化粧品指示・警告上欠陥事件（別表4-36）や化粧品皮膚障害事件（別表4-342）では（旧）薬事法上の成分表示義務が満たされていることを認定しつつ、別途指示警告上の欠陥の成否が検討されている。

6　誰に指示警告するか——中間者理論

<事例18>

　可燃性化学物質の製造業者が商社に製品を引き渡した際、本来ならば危険品として相応する国連等級および国連番号をMSDS（化学物質の性状及び取扱いに関する情報が記載された安全データシート）に記載すべきであったところ、これを怠った。商社は当該MSDSの記載しか確認しなかったために、当該製品が特別な取扱いを要する可燃性物質であること

---

[38] RTT§4、経済企画庁・前掲（注27）72～73頁、遠藤浩編『別冊法学セミナー　基本法コンメンタール　債権各論II　第4版補訂版』161～162頁〔朝見行弘〕（日本評論社、2005）。

を知らず、同商社が荷送人として同製品の運送を手配するにあたり、運送業者に対して特段の保管上の注意をしなかった。そのため、コンテナ船での運送途上で同化学物質が発熱・発煙して船体が損傷した。なお、同商社は、危険物船舶運送及び貯蔵規則（以下、「危規則」という）・船舶による危険物の運送基準等を定める告示（以下、「危告示」という）により、荷送人として本件各貨物が危規則上の可燃性物質類に該当するか否かを自ら適切に分類、判定、表示すべき義務を負っていた。

この可燃性化学物質に対して指示警告上の欠陥が成立するか。

（＊参考：コンテナ船倉内化学物質発煙事件　別表 4 − 184、338）

＜一般的な検討要素＞

指示警告は誰に対して、誰の理解能力を想定して行うべきか
　――製造業者から指示警告を受ける中間者の有無
　――同中間者の立場・義務
　――同中間者の判断能力

＜本件における検討の視点＞

指示警告上は製品使用者に対してなされるのが原則であるところ、本件では特別な取扱いを要する可燃性物質である旨の指示警告がないから、指示警告上の欠陥が成立しうる。

なお、本件では、製造業者と被害者となった運送業者の間に、危規則・危告知上の分類、判定、表示義務を負う商社が介在しており、同商社が義務を尽くしていれば本件被害は生じなかったのであるから、これを理由に指示警告上の欠陥が否定される可能性もありうる。それでも、少なくとも、製造業者が危険物についてした表示・警告が商社の過失を招く蓋然性が高いものと評価しうる場合には、やはり指示警告上の欠陥が認められうる。

<解説>

(1) アメリカにおける議論状況

　指示警告は製品使用者に対してなされるのが原則であるが、例外も存在し、処方薬および処方箋を要する医療用具がその代表例となる。

　処方薬および処方箋を要する医療用具に関して、第3次リステイトメントでは、専門的知識を有する医師こそが処方薬等のリスクと効用を評価しうる地位にあることから、指示警告は医師に対してなされればよいと解されている（知識ある中間者理論）[39]。すなわち、この場合の指示警告内容は医師が理解できれば足り、患者が理解できる必要はないことになるので、製造業者の責任が問題となる場面は限定的となる。もっとも、このような取扱いに対する例外として、患者に対する直接の指示説明が必要な場面もあり、その具体例としては医師とのコミュニケーションが想定されない予防ワクチン接種、患者自ら選んで服用する避妊薬、あるいは医薬品製造者が消費者に直接広告を行う場合などが考えられている[40]。

　なお、処方薬以外の場面でも、製造業者と最終使用者との間に製造業者から指示警告を受ける中間者が介在する場合に、最終使用者に対して製造業者が直接指示警告をしなかったことが指示警告上の欠陥となるかどうかが問題となりうる。これに関して第3次リステイトメント上では特段の言及がないが、一例として、スキーショップでレンタルされたビンディングとスキーヤー所有のブーツとの相性が悪く、ビンディングが作動せずにスキーヤーが足を怪我した事案において、ユーザーと直接応対してブーツとの相性を調査しうる立場にあるのはスキーショップであるから、ビンディングの製造業者はスキーショップに対して適切な指示警告をしていれば足りるとした判例がある[41]。ここでは、製造業者等が最終使用者に対して指示警告を行う効果的

39　RTT§6(d)(1).
40　RTT§6(d)(2), cmt. e, Ozlem A. Bordes, The Learned Intermediary Doctrine and Direct-to-Consumer Advertising: Should the Pharmaceutical Manufacturer Be Shielded From Liability? 81 U.Det.Mercy L. Rev. 267,270-274 (2004).

な方法がない場合には、同製品流通過程の川下の製品供給者が最終使用者に対して指示警告を行うことを期待してよい（＝製造業者は中間者に対して指示警告を行えば足りる）という法理が示され、また、中間者であるスキーショップが最終使用者に対して説明すべき独立の法的義務を負うべき立場にあることが認定されている[42]。

(2) 日本の議論状況

日本でも処方薬等に関しては、知識ある中間者理論は広く受け入れられている。たとえば肺がん治療薬死亡事件最高裁判決（別表4－277）では「上記添付文書の記載が適切かどうかは、……当該医療用医薬品の効能又は効果から通常想定される処方者ないし使用者の知識及び能力、……等の諸般の事情を総合考慮して、上記予見しうる副作用の危険性が上記処方者等に十分明らかにされているといえるか否かという観点から判断すべき」とされており、指示警告の名宛人が処方者等であり、同人の判断能力を基準として指示警告の十分性を判断すべきことが明示されている[43]。また、医療用器具についても、たとえば骨接合プレート折損事件（別表4－69、113）では、「本件プレートは、骨癒合を促進するために手術によって装着される医療用具であって、医師の高度の専門的知識に基づいて使用されるものであること、一般の薬局では販売されておらず、特定の病院などの専門医療機関に対してのみ販売される製品であることに照らせば、本件プレートを使用処方する医師に対して十分な使用上の注意、警告を与えれば足りる」として、やはり指示警告の名宛人が医師であり、医師の判断能力を基準として指示警告の十分性を判断すべきことが明示されている[44]（他方、このような知識ある中間者理論の例外とし

41　Persons v. Salomon North America, Inc., 217 Cal. App. 3d 168 (Cal. Ct. App. 1990).
42　前掲（注41), 178.
43　その他、肯定例としてコレステロール低下剤副作用健康被害事件（別表4－167）など。
　　なお、肺がん治療薬死亡事件最高裁判決では、指示警告の名宛人が単に医師ではなく「当該医療用医薬品の効能又は効果から通常想定される処方者ないし使用者」となっているが、これは、医薬品によってはそれを取り扱う専門医と取り扱わない一般臨床医の区別がありうるという発想に基づくものと思われる。

て、患者に対する直接の指示説明が必要な場面がありうるかについては、現時点では特段の議論がない)。

その他の中間者介在場面に関しては一般的な議論はないが、参考判例として、コンテナ船倉内化学物質発煙事件の東京高裁判決（別表4-338）[45]では、「危険物を製造業者から購入した買主が、過失により、買主と新たな契約を締結した者に対して危険性の内容・程度及び被害発生を防止するための適切な運搬、保管方法等の取扱上の注意事項を提供する法令上の義務を怠ったために、その買主と新たな契約関係に入った者及び同人を経てその後の流通過程に入った第三者が損害を被った場合であっても、製造業者が危険物についてした表示、警告が買主の過失を招く蓋然性が高いものと評価することができるときには、製造業者の製造した危険物には表示・警告上の欠陥が認められる」との基準が示されている。同判決は責任判断基準A〜Cを定立し、責任判断基準Aにおいて指示警告上の欠陥を定義し、責任判断基準Bにおいて製造業者が直接の買主以外の第三者に対しても製造物責任を負うことを示したうえで、責任判断基準Cとして上記の基準を定立している。同判例構造からは"製造物の取扱上の注意事項等を提供する法的義務を負う中間者"が介在する場合にも指示警告上の欠陥が成立しうるか否かについての原則論は明らかでないが、少なくとも責任判断基準Cを満たさない場合においては指示警告上の欠陥が否定される余地はあるということになる。

また、幼児用自転車バリ裂挫傷事件（別表4-84）では、JISマーク表示自転車の最終組立ておよび点検整備は自転車組立整備士が行うこととされているため、組立マニュアルを自転車組立整備士がどのように理解するかという視点から、同自動車組立整備士を名宛人とした指示警告内容の十分性が検討

---

44 その他、肯定例として人工呼吸器換気不全死亡事件(1)（別表4-76）など。
45 なお、原審（別表4-184）では、中間者である商社が「本件各貨物が危規則上の可燃性物質に該当するか否かを適切に分類、判定すべき義務を負っていた」こと等に着目して、(完全ではないにしても）本件事故を避けるに足るだけの指示警告をしていたと認定されており、かかる法的義務のある中間者の介在により指示警告すべき内容が軽減される効果が導かれていた。

されている。

このように、日本でも、中間者の介在が予定される場合においては、中間者に対する製造業者の指示警告内容、中間者の理解能力が被害者に対する指示警告上の欠陥の成否に影響することがあり、今後議論の進展がありうる一場面となっている。

7　補論：欠陥と因果関係の立証責任

(1)　アメリカの議論状況

　設計上の欠陥と同様、指示警告上の欠陥についても、第3次リステイトメントでは欠陥の主張立証責任は原告側にあることが当然の前提とされている[46]。ただし、設計上の欠陥と異なり、指示警告の要否・内容の十分性については原告側にも主張立証手段が多く存在するため、指示警告上の欠陥認定に関して立証責任の転換が議論されることはない。

　他方、指示警告上の欠陥と被害発生の因果関係に関しては、その立証を厳密に考えた場合には極めて困難な問題が生じることが指摘されている。すなわち、指示警告上の欠陥と被害発生の因果関係が認められるためには、もしも合理的な指示警告が存在すれば、被害者がその指示警告を認識して理解記憶し（=heed）、それに応じて求められた行動をとるであろうこと(=react)が必要である。しかし、これには指示警告の読みやすさや一貫性、長さや位置といった複合的要素に加え、被害者自身の考え方や態度が強く影響するものであるので、客観的な証拠に基づく証明はおよそ不可能に近い。結局、原告からは指示警告があればそれに従って行動した旨を供述する程度の立証しかできず、被告からは原告が以前にも取扱説明書等を読んでいなかった等の間

---

[46]　RTT§2 cmt. i.

接事実を立証することしかできないが、かかる立証はあまりにも判断者の心証に委ねられる余地が大きい[47]。

このような困難に対する実際の裁判の対応をみると、指示警告がある場合にはそれが読まれたであろうことを推定してしまう場合が多い[48]。これは因果関係検討の意味を失わせるものではないか、という点が指摘されているが、いずれにしても指示警告上の欠陥の本来的性質に根差した問題であり、根本的な解決は困難である[49]。

なお、これとは別の視点として、指示警告を要求する目的として、危険を軽減させる目的（risk-reduction）と（説明したところで危険は軽減しないのだが）情報を与えたうえで自ら選択させる目的（informed-choice）の二つがあると考えられているところ、後者の点を強調した場合には、情報が与えられなかったというだけで自己決定権の侵害となるので、より一層因果関係が認められやすくなることが指摘されている。ただ、これでは指示警告上の欠陥が際限なく認められることになりかねないことから、informed-choice 目的での指示警告が必要とされる事案を限定すべきことが提案されている[50]（実態としては、informed-choice 目的の指示警告が必要と判断される事案のほとんどは、化学薬品や医薬品など、受身的に使用・服用するだけであって使用者の側の注意・工夫によりリスク効用が変化する余地が乏しい製品であると考えられている[51]）。

---

47 なお、被告からのかかる人格攻撃的な反論は、かえって陪審員に被告に対する悪印象を与えやすく、訴訟戦略的には好ましくないとの指摘もある。
48 なお、この推定根拠としては、第3次リステイトメントによらず、第2次リステイトメント comment j が利用されることが多い。
49 A. Twerski, Neil B. Cohen, Resolving the Dilemma of Nonjusticiable Causation in Failure-to-warn Litigation, 84 S.Cal. L. Rev. 125 (2010). なお、同論文では、指示警告上の欠陥の重大性と指示警告が被害を防げた蓋然性を併せ検討することにより割合的に責任を認める解決策が提案されている。
50 Robert G. Knaier, An Informed-Choice Duty to Instruct? Liriano, Burke, And The Practical Limits of Subtle Jurisprudence, 88 Cornell L. Rev.814, 851, 854 (2003).
51 RTT§2 rptr's note to cmt. i 4.

(2) 日本の議論状況

　日本でも、指示警告上の欠陥と損害の間の因果関係が争点となった判例はあるが、結論として因果関係を理由に責任を排斥した例は見当たらない。すなわち、合理的な指示警告が存在すれば被害者がその指示警告を認識して理解記憶したかどうかという場面（heed）においては、わずかに赤外線ドーム両下肢網状皮斑事件（別表4－190）において、使用者が痩身サウナ器具を利用するにあたりあえて取扱説明書を読まない可能性が着目されているが、その他、指示警告が読まれない可能性に着目した判例は特段見当たらない[52]。また、指示警告に応じて求められた行動をとるかどうかという場面（react）においても、大多数の判例は言及すらせずにこれを肯定し、あえてこれを検討した判例においてもそのような可能性はあったというだけで因果関係は肯定されている[53]。したがって、heedの場面、reactの場面いずれにおいても、因果関係の肯定方向の認定については擬制に近い強力な推定が働いていると評価しうる[54]。

　また、危険を軽減させる目的（risk-reduction）と（説明したところで危険は軽減しないのだが）情報を与えたうえで自ら選択させる目的（informed-choice）の区別とその効果についても、日本では特段の議論がない。もっとも、上記のとおり因果関係の認定について強力な推定が働いている現状を前提とすれば、これらの区別を論じる実質的な意味はないともいえる。

52　赤外線ドーム両下肢網状皮斑事件（別表4－190）も、因果関係を否定するのではなく、それゆえに取扱説明書以外の形での指示警告が必要であるとして、別形式の指示警告の必要性の議論として取り扱っている。
53　給食器破片視力低下事件(2)（別表4－57）、轟音玉爆発手指欠損事件（別表4－102）、トンカチ槌破片飛散負傷事件（別表4－204）、コンテナ船倉内化学物質発煙事件控訴審判決（別表4－338）。
54　他方、実際に指示警告があった場合でも、その記載内容が常に使用者に読まれ理解されると擬制されるものではなく、公刊判例においても指示警告の十分性が議論の対象となった事案は多数存在する。したがって、この指示警告と被害結果間の因果関係については、製品使用者に有利な方向での片面的な因果関係推定がなされていると評価しうる。

> コラム：専占法理：Preemption

　安全規制適合性と製造物責任の関係については第4章5、本章5で解説したとおりであるが、これとは別の議論として、製品の仕様が連邦政府による立法・規則に従っている限り州法・州判例法がその当否を判断できない場合があるとする理論が存在し、これを専占法理（preemption）という。具体的には、たとえばFDA（Food and Drug Administration, アメリカ食品医薬品局）の承認を受けたバルーン付きカテーテルで受傷事故が起こった場合、その設計や指示警告が州判例法に違反している可能性があったとしても、FDAの承認を受けている以上、州判例法を根拠として製造物責任を追及できないとされた例がある（Riegel v. Medtronic. Inc., 128 S. Ct. 999 (2008))。

　理論的には、専占法理によって製造物責任が否定される場合には、連邦の安全規制に従ったことで欠陥が認められなかったのではなく、そもそも州裁判所に欠陥該当性を判断する権限がないということになる。したがって、安全規制適合性をめぐる本書の理解と専占法理とが矛盾衝突するわけではない。

　この専占が認められる場合には州裁判所で製造物責任を争う余地がほとんどなくなってしまうため、アメリカの製造物責任訴訟に与える影響は極めて大きいが、連邦制を採用するアメリカ独特の議論であるため日本の製造物責任法理との関係性は薄い。もっとも、その根底にはFDAなどの行政当局の専門的判断をどれだけ尊重するかという役割分担の発想もあり、その意味では注目に値する（専占法理をめぐる研究については佐藤智晶『アメリカ製造物責任法』211〜286頁（弘文堂、2011年）が詳しい）。

＜別表4＞　指示警告上の欠陥

表中の「判示構造」の数字（本章2参照）
①：被害を生じさせた危険についての指示警告が存在せずその要否が問題となる場合
②：問題となっている危険についての警告表示が一応存在するがその十分性が問題となる場合
③：医薬品の添付文書における副作用の記載内容

No.	判決	事件名	提訴（控訴等）の内容	欠陥認定
27	浦和地裁熊谷支部平成12年6月29日判決 巻末訴訟一覧No.56（控訴審）、巻末訴訟一覧No.66（上告審）の第一審。	食品容器裁断機リフト頭蓋底骨折死亡事件	プラスチック製食品容器を裁断して自動搬送する油圧裁断機による裁断作業従事中に、女性が食品容器を積み重ね搬送するリフト上のコンベアと天井部分との間に頭部を挟まれ死亡した事故につき、同人の内縁の夫とその子供らが、油圧裁断機製造業者に対しては製造物責任法3条に基づく損害賠償を求め（甲事件）、同女性を雇用していた合成樹脂成型加工販売業者に対しては債務不履行ないし不法行為に基づく損害賠償を求めた（乙事件）事案。	×
36	東京地裁平成12年5月22日判決	化粧品指示・警告上欠陥事件	化粧品製造会社および販売会社が製造、販売している化粧品を購入した女性が、化粧品の使用により、その顔面などに接触性皮膚炎を生じたため、化粧品に指示・警告上の欠陥が存在したなどとして、化粧品製造会社および販売会社に対しては製造物責任法または不法行為に基づき、化粧品販売百貨店に対しては不法行為または債務不履行に基づき、損害賠償を請求した事案。	×
46	東京地裁平成17年2月24日判決	治験薬投与虚血性心不全死亡事件	虚血性心不全で死亡した男性の妻および子供が、治験薬開発製造会社の治験薬には心臓に対する副作用があり、本件男性には心臓等に異常が認められたにもかかわらず、担当医によって本件治験薬を処方されたために本件男性が死亡したとして、担当医に対しては不法行為責任に基づき、本件男性が治療を受けた病院に対しては、担当医の行為についての使用者責任ないし担当医を履行補助者とする債務不履行責任に基づき、治験薬開発製造会社に対しては、治験薬に係る製造物責任ないし不法行為責任に基づ	×

<別表4> 指示警告上の欠陥

＊注記　この表の「No.」は巻末訴訟一覧（資料①）の「No.」に対応するものであり、また、「事件名」「提訴（控訴等）の内容」および「判決」欄の審級関係に関する記載は、平成27年4月15日に消費者庁より公開された製品安全関連の訴訟情報記載を引用している（http://www.caa.go.jp/safety/index19.html）。ただし、「No.133.1」のように小数点以下のNo.が付されているものについては、筆者が付加・作成したものである。

判示構造	判示内容	原告提示の代替指示警告	被告の主な反論
①（明白）	引渡前に何度か同様な機械の試運転を見せていること、本件行為の危険性はある程度機械の作動を見れば比較的明らかであること、本件裁断機の裁断部分は従前販売の機械と同様であることなどに鑑みると、原告要求の安全対策の記載等は不要。	なし。	誤使用。
②	安全性についての宣伝が指示警告の効果を弱める可能性に言及。本件ノンオイル文言や本件敏感肌文言は本件化粧品の安全性を強調するものではあるが、皮膚疾患がある場合についてまで安全であることを表現したものとは解されないし、何らかの皮膚障害を引き起こすなど、肌に合わないこともあり得ることを警告しているのであるから、本件注意文言が指示・警告として不十分であったと認めることはできない。	なし。	外箱と容器に注意文言あり。
①（前提相違）	本件治験薬に心筋梗塞を惹起せしめるような心刺激性を認めることはできず、死亡との間の関連性がない。	なし。	本件治験薬に心刺激性があると認めることはできない。

No.	判決	事件名	提訴（控訴等）の内容	欠陥認定
			き、損害賠償を求めた事案。	
53	徳島地裁平成14年10月29日判決　控訴審にて和解	磁気活水器養殖ヒラメ全滅事件	ヒラメ養殖業者が、磁気活水器製造業者の製造販売する磁気活水器を養殖池の給水管に設置したところ、同池の養殖魚が全滅したことから、本件装置に欠陥があったとして、本件装置の製造販売会社に対して製造物責任ないしは不法行為に基づき損害賠償を求めた事案。	○
57	奈良地裁平成15年10月8日判決	給食食器破片視力低下事件(2)	当時、国立小学校の3年生に在学していた女児が、給食食器片づけの際、落とした硬質ガラス製ボウルの破片を右眼に受けて角膜裂傷、外傷性白内障などを負い、視力が0.1まで低下したため、同食器の製造会社および販売会社に対しては製造物責任に基づき、国に対しては、本件傷害等は小学校または教諭の過失、公の営造物である本件食器の設置または管理の瑕疵によるものであるとして、国家賠償法上の責任に基づき、損害賠償を求めた事案。	○
61	東京地裁平成16年3月23日判決　控訴審にて和解	ピアノ防虫防錆剤液状化事件	ピアノ用防虫防錆剤製造業者から納入を受けた本件錠剤を販売していたピアノ用防虫防錆剤販売業者が、本件錠剤にはピアノ内部で使用中に液状化するという設計上の欠陥および液状化の可能性についての指示・警告上の欠陥があったとして、ピアノ用防虫防錆剤製造業者に対して、製造物責任法に基づき損害賠償を求めるとともに、同欠陥は債務不履行に該当するから、債務不履行に基づき売買契約を解除したとして、原状回復請求として支払済み売買代金等の返還を求めた（本訴）のに対して、ピアノ用防虫防錆剤製造業者が、本件錠剤販売業者に対して、売買契約に基づき本件錠剤の売掛残代金および本件錠剤納入以前から納入していた商品の代金の支払を求めた（反訴）事案。	○
69	神戸地裁	骨接合プレート	医療法人が開設する病院で、骨折した左腕	×

<別表4> 指示警告上の欠陥

判示構造	判示内容	原告提示の代替指示警告	被告の主な反論
①	本件装置は人間の飲料水だけでなく動植物など生体一般の養殖に利用することを目的に製造されたものであるにもかかわらず、海水使用の場合に生体に悪影響を及ぼすおそれがあったのにこれを看過し、その点の注意、警告がまったくなされていない。	なし。	誤使用。
②	安全性について宣伝する場合にはそれと表裏一体をなす危険性等も積極的に情報提供すべき。 取扱説明書には鋭利な破片となって割れる趣旨の記載があるが、ごく一般的な注意事項というべきものであり、陶磁器等と比較した場合の割れにくさが強調して記載していることや、コレールが割れた場合の危険性が他の食器に比して大きいことからすると、その程度の記載では、消費者に対して、コレールが割れた場合の危険性について十分な情報を提供するに足りる程度の記載がなされたとはいえない。	なし。	当時の警告表示の内容は危険を十分に告知。 今回の事故について予見していなかった。
①	効用との関係で除去し得ない危険性が存在する製造物について、その危険性の発現による事故を防止・回避するに適切な情報を与えなかった。	なし。	サンプル10個と製品納入規格書の交付により、原告は成分内容を知り特質を理解した。
②	製造業者が患者に直接交付すべき警告文	なし。	本件プレートを使用

225

第 5 章　指示警告上の欠陥

No.	判決	事件名	提訴（控訴等）の内容	欠陥認定
	平成15年11月27日判決 巻末訴訟一覧 No.113の第一審。	折損事件	上腕骨に上肢用プレートを装着する骨接合手術を受けた男性が、金属疲労により同プレートが折損したため再手術を余儀なくされたとして、同プレートの輸入販売業者（本件輸入販売業者）に対し、製造物責任に基づく損害賠償を求めるとともに（甲事件）、本件医療法人に対し、診療契約の債務不履行に基づく損害賠償を求めた（丙事件）ところ、本件医療法人が、本件男性および本件輸入販売業者に対し、本件プレートの破損につき損害賠償債務の不存在確認を求めた（乙事件）事案。	
76	東京地裁 平成15年3月20日判決 控訴審にて和解	人工呼吸器換気不全死亡事件(1)	公立病院でジャクソンリース回路に気管切開チューブを接続した呼吸回路による用手人工呼吸を行おうとしたところ、回路閉塞により男児が換気不全となり死亡したため、男児の両親が、両器具の欠陥の存在、病院担当者らによる両器具の欠陥不確認の過失を主張して、ジャクソンリース回路製造販売会社およびチューブ輸入販売会社に対しては製造物責任または不法行為責任に基づき、病院設置自治体に対しては不法行為責任または債務不履行責任に基づき、損害賠償を求めた事案。	○
77	東京地裁 平成17年2月3日判決	健康栄養補助食品変質事件	栄養補助食品製造販売会社が、医薬品製造販売会社によって開発、製造された食品用コンドロイチンを原料として健康栄養補助食品を製造、販売したところ、原料の品質に問題があったため、本件栄養補助食品に褐色の変色、臭気等の変質が生じ、また、医薬品製造販売会社が本件訴訟前の交渉過程において当該変質の原因につき真実を隠蔽し誤導により栄養補助食品製造販売会社を翻弄したため、同社は本来不要な原因解明の費用等を要することになったとして、栄養補助食品製造販売会社が医薬品製造販	×

<別表4>　指示警告上の欠陥

判示構造	判示内容	原告提示の代替指示警告	被告の主な反論
	書を作成しなかったからといっても欠陥にあたらない。 パンフレットは医師に過不足なく情報を提供。		処方する医師に対して十分な使用上の注意・警告を与えれば足る。医師に対しては書面で十分に警告している。
②	ジャクソンリース：呼吸補助用具との接続箇所に閉塞が起きる組合せがあることを明示し、その組合せで使用しないよう指示警告が必要であったところ、換気不全が起こりうる組合せにつき概括的記載がなされているのみであるうえ、換気不全のメカニズムについての記載がないため医療従事者が個々の呼吸補助用具ごとに回路閉塞のおそれを判断することも困難であって、注意書記載は不十分。 気管切開チューブ：本件のような回路閉塞の危険があったにもかかわらずその組み合わせをしないよう指示警告をせず、かえって本件ジャクソンリースとの接続も安全であるかのごとき誤解を与える表示をしていた。	なし。	ジャクソンリース：平成9年以降、梱包箱に接続不具合に関する警告の注意書を貼付した。 気管切開チューブ：汎用性が高いが、本件ジャクソンリースのような特殊な形状をした製品との接続は想定されていなかった。 また、開発危険の抗弁。
①（前提相違）	他の食品用コンドロイチンに比べメイラード反応が起きやすいものであったということはない。	なし。	そもそも本件変質がメイラード反応によるものかは確定できず、仮にそうであったとしても、他の食品用コンドロイチンに比べ、同反応が起きやすいものであったということはない。

第5章 指示警告上の欠陥

No.	判決	事件名	提訴（控訴等）の内容	欠陥認定
			売会社に対して製造物責任および不法行為に基づく損害賠償を求めた事案。	
83	鹿児島地裁平成17年10月26日判決　控訴審にて和解	自動車ギア発火炎上事件	高速道路で運転中に所有自動車自体から出火炎上する事故に遭った被害男性が、自動車製造会社に対しては、不適切なタイヤ交換による車両火災発生可能性につき取扱説明書に記載がないなどとして製造物責任（指示・警告上の欠陥）に基づき、自動車販売修理会社に対しては、タイヤ交換の注意義務を怠ったなどとして債務不履行または不法行為に基づき、自動車整備会社に対しては、リアデファレンシャルギアが異常過熱しないよう自動車部品を装着すべき契約上の義務に違反したとして、債務不履行に基づき、損害賠償を求めた事案。	×
84	広島地裁平成16年7月6日判決	幼児用自転車バリ裂挫傷事件	幼児用自転車に乗っていた事故当時5歳の女児が、ペダル軸の根元から飛び出ていた針状の金属片により膝窩部（しっかぶ）裂挫傷の傷害を負い傷跡が残ったため、自転車の製造会社に対し、製造物責任法に基づく損害賠償を求めた事案。	○
102	東京地裁平成16年3月25日判決　巻末訴訟一覧No.119の第一審。	轟音玉爆発手指欠損事件	男性が火薬・花火類製造販売業者の製造した動物駆逐用花火を用いようとしたところ、本件花火が右手内で爆発して右手指の欠損、聴力障害の後遺障害が生じたため、事故の原因は本件花火の欠陥にあるとして、本件花火の製造業者に対して製造物責任法に基づき損害賠償を求めた事案。	○
105	千葉地裁松戸支部平成17年1月31日判決	折りたたみ自転車転倒傷害事件	折りたたみ自転車製造会社製造の折りたたみ自転車に乗車中、前輪がずれハンドルがとられたため転倒し傷害を負った妻とその夫が、本件会社に対し、製造物責任を理由	×

<別表4＞ 指示警告上の欠陥

判示構造	判示内容	原告提示の代替指示警告	被告の主な反論
②	同一パターンのタイヤを装着すべき旨や摩耗差の著しいタイヤを混ぜて使用してはならない旨の記載がなかった点については、そもそもパターン違いが事故原因であること、前輪後輪間に摩耗差があることを認める証拠がない。 不適切なタイヤ交換について車両火災が発生しうる点については取扱説明書に記載があり、通常人がこの注意書を読んだ場合に当該危険は理解可能。	同一パターンのタイヤを装着すべき旨、摩耗差の著しいタイヤを混ぜて使用してはならない旨については後日の取扱説明書に記載あり。	不適切なタイヤ交換のみが事故原因ではないし、不適切なタイヤ交換について取扱説明書で指示警告していた。 また、改造あり。
②	バリの危険は予測可能であり、ペダルをクランクに取り付けるときは組立マニュアルに指示したトルクを遵守すること、このトルクよりも強く締め付けた場合には危険なバリが発生する可能性があること、取付完了後は必ずバリの有無を確認しバリが発生していた場合には取り除くこと等を指示警告すべきであったところ、組立マニュアルには締め付けトルクを35ないし45N/mと指定する記載があったのみであった。	なし。	取扱説明書に記載あり。
②	轟音玉の爆発力は大けがをするほどに大きいから、消費者がこれを持ち続けて負傷することがないよう十分な警告が必要。点火確認後直ちに投げるように注意を促すのみでは足りず、点火しても外観上は火が導火線を伝って燃え進むのを認識できないので、点火の確認ができなくても直ちに投げるように警告すべきであったが、本件では後者の警告が欠けていた（ただし、過失相殺9割）。	後日、追加警告あり。	取扱説明書に説明あり。 その後の取扱説明書改訂は、警告内容の周知徹底のためであり、本件事故当時における警告上の欠陥の存在を示唆するものではない。
①（前提相違）	小径車としての欠点はあるものの、走行安定性に欠けるとかタイヤが横滑りするといった通常有すべき安全性を欠いた構造上の欠陥があるとは認められない。	なし。	乗り慣れない自転車にのる時はよく練習をする等取扱説明書に記載あり。

第5章 指示警告上の欠陥

No.	判決	事件名	提訴（控訴等）の内容	欠陥認定
			にそれぞれ損害賠償を求めた事案。	
112	東京地裁 平成17年8月26日 判決	皮引き（皮むき器）包装負傷事件	主婦が、購入した皮引き製造会社製造の皮引き（皮むき器）の包装に通常有すべき安全性を欠いた欠陥があったため、皮引きを包装の台紙から外そうとした際に皮引きの刃で指に怪我をしたとして、本件会社に対し、製造物責任法に基づく損害賠償を求めた事案。	×
113	大阪高裁 平成16年8月27日 判決 巻末訴訟一覧No.69の控訴審。	骨接合プレート折損事件	上肢用プレートシステムを用いた骨接合手術を受けた男性が、本件プレートが破損したことについて、本件プレートの輸入販売業者に対し、製造物責任法に基づく損害賠償を求めるとともに（一審甲事件）、同手術を施術した医療法人に対し、診療契約上の債務不履行に基づく損害賠償を求め（一審丙事件）、同医療法人が、手術を受けた男性および輸入販売業者との間でそれぞれ損害賠償債務のないことの確認を求めた（一審乙事件）ことにつき、一審甲事件および同丙事件の請求を棄却し、一審乙事件の請求を認めた第一審に対する控訴審の事案。	×
117	岡山地裁 平成17年10月26日 判決	腹部エステ施術色素沈着事件	美容器具製造販売会社製造の美容器具を使用した腹部エステ施術を受けた主婦が、同施術により水ぶくれの状態となり、その後リング状の色素沈着が残ったとして、同社に対し、製造物責任法3条または民法709条に基づく損害賠償を求めた事案。	○
120	京都地裁 平成19年2月13日 判決 控訴審にて和解	介護ベッド胸腹部圧迫死亡事件	ギャッチベッド製造業者の製造したギャッチベッドを使用していた女性が死亡したことについて、本件女性の相続人が、同ベッドに設計上および指示・警告上の欠陥があり、これにより本件女性が呼吸不全に陥り死亡したとして、ギャッチベッド製造業者に対しては製造物責任および不法行為（説明義務違反）、介護保険居宅介護支援業者を吸収合併した居宅サービス事業者に対しては製造物責任および不法行為（安全配慮義務違反・ギャッチベッドの選択義務違反・説明義務違反）、ギャッチベッド貸与業者に対しては債務不履行および不法行為（い	×

<別表4> 指示警告上の欠陥

判示構造	判示内容	原告提示の代替指示警告	被告の主な反論
①（明白）	固定のための針金入りテープを外せば、皮引きが台紙から外れることおよび、その際は皮引き本体を保持しなければ皮引き本体が不安定となることは自明のことであり、あえてその警告や注意書きがないからといって、包装の欠陥であるとは評価し得ない。	なし。	なし。
②	製造業者が患者に直接交付すべき警告文書を作成しなかったからといっても欠陥にあたらない。パンフレットは医師に過不足なく情報を提供。	なし。	本件プレートを使用処方する医師に対して十分な使用上の注意・警告を与えれば足る。医師に対しては書面で十分に警告している。
②	製造業者の証言内容は信用できず、このようなCの証言態度に、被告本人は第一事故前、本件美容機器の使用によって火傷が生じるとは思っていなかったことを総合すると、取扱説明書には十分な記載がなかったと認められる。	なし。	火傷が生じるおそれについて取扱説明書に記載あり。
①（前提相違）	原告主張は、自由に体位を変えられない者はおよそギャッチベッドの利用に適さないとする点で前提を欠く。	なし。	ギャッチベッドが利用者の体に与える影響についてはケース・バイ・ケースで変わるものであり、主治医等が判断すべき事柄であるところ、その旨取扱説明書に記載している。

第5章 指示警告上の欠陥

No.	判決	事件名	提訴（控訴等）の内容	欠陥認定
			ずれも安全配慮義務違反、説明義務違反）に基づいて損害賠償を求めた事案。	
121	大阪地裁 平成23年2月25日判決 巻末訴訟一覧No.262（控訴審）、巻末訴訟一覧No.310（上告審）の第一審。	肺がん治療薬死亡等事件（大阪）	肺がん抗がん剤輸入販売会社が輸入販売した非小細胞肺がん治療薬（抗がん剤）の投与後に副作用である間質性肺炎を発症して死亡した各患者らの遺族および間質性肺炎を発症した患者本人が、本件会社に対しては製造物責任法等に基づく損害賠償を求め、国に対しては適切な規制権限の行使を怠ったとして国賠法1条1項に基づく損害賠償を求めた事案。	○
124	富山地裁 平成17年12月20日判決 巻末訴訟一覧No.153の第一審。	焼却炉燃焼爆発工場全焼事件	焼却作業中に木製サッシ製造販売会社の従業員が焼却炉製造販売業者製造の焼却炉の灰出し口の扉を開いたところ、焼却炉の欠陥によりバックファイヤー（燃焼爆発）が発生し、本件従業員に火傷を負わせ、舞い上がった火の粉によって火災を発生させたとして、木製サッシ製造販売会社およびその従業員が焼却炉製造販売業者に対し、製造物責任法3条に基づく損害賠償を求めた事案。	○
125	名古屋地裁 平成18年2月24日判決	軽乗用車出火焼損事件	自動車製造業者製造の軽乗用車が走行中にエンジンルーム内から出火するという事故を起こして損傷したため、本件車両を所有していた女性が、本件事故はタオル様の異物が車体下部からエンジンルーム内に入り込んだことが原因であるとして、自動車製造業者に対して製造物責任または不法行為責任に基づく損害賠償を求めたところ、本件女性が本訴訟係属中に死亡したため、夫	×

232

<別表４> 指示警告上の欠陥

判示構造	判示内容	原告提示の代替指示警告	被告の主な反論
③	被告会社は、間質性肺炎を重大な副作用欄の最後に記載するのみでは、イレッサとの関連性が否定できない間質性肺炎の発症傾向や予後について、医療現場においてイレッサを使用することが想定される平均的な医師等の間において、危険性の認識の程度に差が生じる可能性があることを認識し得た。そして、承認時までの副作用報告において、イレッサとの関連性が否定できない間質性肺炎を発症し、致死的な転帰をたどる例が報告されていたとの事実および同事実から認識すべき危険性を上記医療現場の医師等に対して正確に伝えるためには、少なくとも第１版添付文書の重大な副作用の最初に、間質性肺炎を記載すべきであった。	改訂後の添付文書。	指示警告は医師等に対してなされれば足り、その妥当性は添付文書の「使用上の注意」の記載の妥当性を中心に判断される。また、その際には当該添付文書作成時点における医学的薬学的知見を前提とすべき。本件では第１版添付文書の記載は適切であり、それ以外の情報提供文書においても適切な情報提供がなされていた。
①	本件焼却炉は改正基準や焼却炉の取扱いに詳しくない一般の人が使用することもあり得、その場合には炉内撹拌のために燃焼中に灰出し口を開ける可能性があった。これに関する注意書きはマニュアルにも記載されていた。したがって、燃焼中は灰出し口の扉を開けないこと、これを開けるとバックファイヤーの危険があることを指示警告すべきであったところ、同マニュアルは交付されず、口頭の指示警告もなく、取扱説明書にも記載がなかった。	交付されなかったマニュアルに記載あり。	改正基準に適合させたことを原告は知っており、当然知っておくべきであった。
①（前提相違）	アンダーカバーなくとも異物は入り込まない。	なし。	アンダーカバーなくとも異物は入り込まない。

第5章 指示警告上の欠陥

No.	判決	事件名	提訴（控訴等）の内容	欠陥認定
			および子供らがこれを承継した事案。	
128	東京地裁 平成23年3月23日判決 巻末訴訟一覧No.264（控訴審）、巻末訴訟一覧No.275（上告審）および巻末訴訟一覧No.276（上告審）および巻末訴訟一覧No.277（上告審）の第一審。	肺がん治療薬死亡事件（東京）	肺がん抗がん剤輸入販売会社（本件会社）が輸入販売した肺がん治療薬（抗がん剤）の投与後に死亡した各患者の遺族らが、同社に対しては製造物責任法等に基づく損害賠償を、国に対しては適切な規制権限の行使を怠ったとして国賠法に基づく損害賠償を求めた事案。	○
133.1	東京地裁 平成18年4月28日判決	パイプ連結ジョイント漏水事件	被告が製造したジョイントを使用して消火設備用連結送水管等の配管工事をしたところ、二度にわたり漏水事故が発生した。	×
140	東京地裁 平成19年2月5日判決	工作機械出火焼損事件	工作機械製造販売会社の製造した工作機械を使用していた金型製造販売会社が、同機械の欠陥により同機械から出火して火災が発生し工場内備品機械等を焼損するなどの損害を受けたとして、工作機械製造販売会社に対して製造物責任法3条に基づき損害賠償を求めた事案。	×
141	大阪高裁 平成18年2月16日判決 巻末訴訟一覧No.90（第一審）、巻末訴訟一覧No.156（上告審）の控訴審。	収納箱児童窒息死事件	児童が自宅の居間に置かれていた収納箱に入って遊んでいるうちに、蓋が閉まった際に留め金がかかり、その中で窒息死したのは、本件箱に製造物責任法の構造上の欠陥および表示上の欠陥があったためであるとして、死亡した児童の両親が収納箱輸入業者および同社から営業および商号の譲渡を受けた会社に対して、商法26条1項により、	×

<別表4> 指示警告上の欠陥

判示構造	判示内容	原告提示の代替指示警告	被告の主な反論
③	イレッサの承認前の国内臨床試験の結果等から、イレッサによる間質性肺炎の副作用は致死的なものとなる可能性のあるものであると判断され、被告会社においても、少なくとも、被告国から間質性肺炎を重大な副作用欄に記載するように指導を受けた後は、そのような認識をもっていたものと認められる。 本件添付文書第1版の記載では、イレッサを使用する医師等に対する間質性肺炎の副作用に係る安全性確保のための情報提供として不十分なものであった。	改訂後の添付文書。	省略。
①	作業員がボルトをボルトホールに適切に挿入すべきことは当然であって、そのような記載がなくても施行要領書に欠陥はない。 ボルトの締付けトルクに関する記載もないが、作業員は感覚的に締め付けトルクの違いを認識しうるし、ボルトがボルトホールに適切に挿入されたかどうかは目視確認できるから、同記載がなくても欠陥はない。	なし。	通常使用していれば危険はない。
②	取扱説明書および安全銘板の記載等により、本件機械を夜間無人運転する際には、火災防止のため不燃性の切削油を使用すべき旨の警告がなされており、火災防止のための警告としての機能を十分果たし得るものであった。 取扱説明書および安全銘板の記載方法や後者の取付方法についても特段の欠陥はない。	なし。	夜間運転時には切削油は不燃性のものを使用することが取扱説明書に記載され、これは平易な日本語の読解にすぎない。
①(誤使用)	かくれんぼ遊びのために本件箱の中に自ら入ったことは、通常予見される範囲を超える（原審資料ないため詳細不明）。	なしと思われる（原審資料ないため詳細不明）。	原審資料ないため詳細不明。

第5章 指示警告上の欠陥

No.	判決	事件名	提訴（控訴等）の内容	欠陥認定
			製造物責任法3条に基づく損害賠償を求めたことにつき、本件箱に製造物責任法にいう欠陥があったとはいえないとして請求を棄却した第一審に対する控訴審の事案。	
142	仙台地裁 平成19年7月10日判決 巻末訴訟一覧No.179（控訴審）、巻末訴訟一覧No.240（上告審）の第一審。	携帯電話低温やけど事件	携帯電話製造会社製造の携帯電話をズボン前面ポケット内に入れて使用していた男性が、同携帯電話または電話のリチウムイオン電池の発熱により大腿部にやけどを負ったとして、同社に対し、製造物責任法または不法行為に基づく損害賠償を求めた事案。	×
146	大阪地裁 平成20年6月25日判決	旋回ベアリング取付ボルト折損クレーン旋回台落下事件	孫請会社が、下請会社から発注された基礎工事にクレーン製造業者製造のクレーンを使用していたところ、同クレーンの旋回台と台車を結合している旋回ベアリング取付ボルトが全て折損し、旋回台が台車から落下する事故が生じたため、クレーン製造業者に対し、製造物責任に基づく損害賠償を求める（A事件）とともに、下請会社に対し、請負代金の支払および本件事故による孫請会社の債務不存在確認を求め（B事件）、本件事故による損害を賠償した元請会社に求償金を支払った下請会社が、孫請会社に対し、求償金の支払を求めた（C事件）事案。	×
153	名古屋高裁 金沢支部 平成19年7月18日判決 巻末訴訟一覧No.124の控訴審。	焼却炉燃焼爆発工場全焼事件	焼却作業中に焼却炉製造販売業者製造の焼却炉の灰出し口の扉を開いた際、同焼却炉の設計上の欠陥または指示・警告上の欠陥による燃焼爆発（バックファイヤー）により火の粉が飛散し、木製サッシ製造販売会社所有工場を全焼させ、同社作業員に火傷を負わせたとして、同社および同作業員が、本件業者に対し、製造物責任法に基づく損害賠償を求めたことにつき、請求を全部認容した第一審に対する控訴審の事案。	○
162	東京地裁 平成21年3月30日判決	排ガス処理施設内電気集塵機火災発生事件	排ガス処理施設内の電気集塵機において火災が発生し、同施設使用者に生じた損害について火災保険契約に基づく保険金を支払った保険会社が、本件火災は製造物であ	×

<別表4> 指示警告上の欠陥

判示構造	判示内容	原告提示の代替指示警告	被告の主な反論
①（前提相違）	本件電話および本件リチウムイオン電池が本件熱傷の原因であるとは認められない以上、本件携帯電話に本件熱傷事故を生じさせる設計上、製造上または警告表示上の欠陥があったとは認められない。	なし。	本件熱傷は、本件携帯電話または本件リチウムイオン電池の発熱を原因として生じたものではない。
②（誤使用）	ボルトの破損は、定格総重量を超えたクレーン使用を間断なく連続したことによるものと認められ、これは通常予見される使用形態ではない。	なし。	通常予見される使用形態ではない。
①	（指示警告の必要性の根拠事実として原審判示に付加）原告従業員に特別な知識はなく、従前使用していた焼却炉は、燃焼中に灰出し口を開いて炉内を撹拌することが予定され、そのように使用されていた。加えて、控訴人も取扱いに特別な資格の要らない焼却炉として紹介、説明していた（ただし、過失相殺15％）。	交付されなかったマニュアルに記載あり。基準改正後の他社の取扱説明書や本件火災後の控訴人の取扱説明書。	原告は事業者であり灰出し口を開けてはいけないことは当然知っていたはず。
②	取扱説明書上の記載が集塵電極盤を濡らすことを要求する機能を果たしており、そこに集塵電極板を濡らす目的（火災防止）が記載されていなくても十分。	なし。	取扱説明書に注意書きとしていかなる場合でも必ず濡らしてから荷電してくださ

237

第5章　指示警告上の欠陥

No.	判決	事件名	提訴（控訴等）の内容	欠陥認定
			る電気集塵機およびその制御盤の欠陥によるものであり、製造物責任法3条に基づく損害賠償請求権を保険代位により取得したとして、電気集塵機および制御盤等から構成される電気集塵設備の製造会社（本件会社）および電気集塵機の製造業者（本件業者）に対し、損害賠償を求めた事案。	
166	東京地裁 平成19年11月13日 判決	タイヤチェーン着脱負傷事件	タイヤチェーンを購入した者が、自動車運転の際に本件チェーンの着脱作業に困難を生じ、裂傷等を負ったため、本件チェーンには設計上および指示・警告上の欠陥があるとして、本件チェーンの製造業者および販売業者に対し、損害賠償を求めた事案。	×
167	東京地裁 平成22年5月26日 判決	コレステロール低下剤副作用健康被害事件	製薬会社2社製造のコレステロール低下剤を服用したところ、全身の筋萎縮、排尿障害および嚥下障害の健康被害が生じ、会社を退職せざるを得なくなったとする男性が、製薬会社2社に対し、製造物責任法3条、6条、民法719条に基づく損害賠償を求めた事案。	×
178	東京地裁 平成22年2月10日 判決	デリック（貨物積卸用装置）ワイヤーロープ破断死亡事件	造船会社の建造船を購入した所有会社および同社から同船の管理を受託した管理法人が、同船上に艤装されたデリック（貨物積卸用装置）製造業者製造の本件デリックのワイヤーロープ破断による死傷事故は、同デリックの欠陥によるものであるとして、造船会社およびデリック製造業者に対し、製造物責任法3条に基づく損害賠償を求めた事案。	×
184	東京地裁 平成25年5月27日 判決 巻末訴訟一覧No.338の第一審。	コンテナ船倉内化学物質発煙事件	航行中のパナマ共和国船籍のコンテナ船の船倉内で、化学物質製造業者製造の化学物質が高熱を発し発煙する事故が発生し、これに対処するため海水の注入および貯留等の措置が採られたことにつき、当該事故または海水注入措置等により船体および積荷	×

<別表4> 指示警告上の欠陥

判示構造	判示内容	原告提示の代替指示警告	被告の主な反論
			いと明記している。
②（前提相違）	金属アームがとがっているとの事実、本件タイヤチェーンが急激にはね戻る危険を有するとの点について、これらを認めうる証拠がない。	「少し押す」に代えて「押し付ける」。	誤使用。
②（前提相違）	（補論として）当該医薬品が流通に置かれた時点ですでに知られていた医薬品の副作用については、医師等に対する指示警告が適切になされていなければ指示警告上の欠陥が認められるところ、原告がメバロチンを服用していた当時、原告に生じたとされる症状が一般的にすでに知られていたとは認められないから指示警告上の欠陥なし。	なし。	添付文書には、報告されている副作用が記載されており、処方する医師に対し、十分な情報提供がなされている。
①	滑車は、適切にグリースを供給する限り、船の寿命と同じくらいの寿命を想定して作られ、交換することが想定されていない。そうすると、取扱説明および保守点検要領所定の適切に給油・点検をしていることを前提に、さらにどのような状態となった場合に交換の必要があるか、どのような現象が発生したときに損壊の危険性があり、場合によっては直ちに使用を中止すべきかについて、常に取扱説明および保守・点検要領に指示警告すべきとはいえない。	なし。	滑車の点検が必要なこと、グリースの注入方法などは船員であれば誰でも知っている常識的な内容。また、重量物を吊り下げるデリックの滑車が回転しない状態が危険であることは通常人であれば誰でもわかる。
②	被告が荷送人に与えた情報やMSDS記載の解釈、荷送人自らが危規則上の可燃性物質に該当するか否かを適切に分類、判定すべき義務を負っていたことに鑑みて、本件コンテナを本件のような場所には積み付けないことを表示・警告してい	MSDSの正しい記載を要求。	被告が製品を引き渡した荷送人は化学品等を取り扱う専門商社。 危規則・危表示の危険性告知義務の名宛

No.	判決	事件名	提訴（控訴等）の内容	欠陥認定
			が損傷したとして、本船の裸傭船会社、損傷した積荷の保険金を支払った保険会社ら、損傷した貨物の荷受人である金属製機械メーカーまたは損傷貨物の損害賠償請求権の譲受人である電送機器メーカーが、本件事故原因は、本件業者が本件化学物質につき適切な表示・警告をせず、危険性の内容・程度および取扱上の注意事項等を周知徹底しなかったことにあるなどとして、本件業者に対し、製造物責任法3条または民法709条、715条1項による損害賠償を求めた事案。	
187	東京地裁 平成20年11月25日 判決	自動車エンジン急停止腰椎捻挫事件	自動車輸入業者の輸入する自動車のエンジンが走行中に停止し（エンジンストール）、ブレーキが踏まれて本件自動車が急停車して、本件自動車の後部座席に乗車していた者（本件被害者）が腰椎捻挫の傷害を負う事故が発生したところ、本件被害者が、本件事故は自動車の欠陥に起因するとして、自動車輸入業者に対し、製造物責任法3条に基づき損害賠償を求めた事案。	×
190	大阪地裁 平成22年11月17日 判決	赤外線ドーム両下肢網状皮斑事件	エステティックサロン経営会社（本件経営会社）との間で、同社が経営するフィットネスサロンの会員契約を締結して、同店に設置された赤外線サウナドーム（本件ドーム）を使用し、また、健康美容機器販売会社（本件販売会社）から本件ドームを購入した女性が、本件ドームの使用により両下肢に網状皮斑が生じたのは、本件販売会社および健康美容機器製造会社（本件製造会社）が製造した本件ドームの設計上および指示・警告上の欠陥、本件経営会社の本件ドームに係る説明義務および安全配慮義務違反に起因するとして、本件販売会社に対しては、製造物責任法3条、不法行為および本件ドームの売買契約の債務不履行に基づき、本件製造会社に対しては、製造物責任法3条および不法行為に基づき、本件経営会社に対しては、本件女性との会員契約の債務不履行および不法行為に基づき、損	○

<別表4> 指示警告上の欠陥

判示構造	判示内容	原告提示の代替指示警告	被告の主な反論
	たと認定。		人は荷送人であり被告ではない。（誤記載等はあっても）保管に関する必要情報は知らせていた。
②	セーフティブックに警告がある。	なし。	セーフティブックに警告がある。
②	長時間かつ負荷を大きくして使用を継続することが予見できるから、発生が想定される危険を具体的に摘示したうえで、一日の使用限度時間や回数、連続使用の禁止および異常が生じた場合の対処方法等の警告を使用者が明確に理解できる形で表示する義務があるところ、本件取扱説明書にはそのような警告がない。また、フィットネスサロン等では常に会員自らが取扱説明書を読んで利用するとは限らないから、取扱説明書だけでなく、本体やコントローラーなどにも指示警告が必要なところ、これもない（ただし、過失相殺4割）。	なし。	購入者は美容業者であり、美容業者であれば取扱説明書をみれば使用限度時間が20分であることは理解しうる。

241

No.	判決	事件名	提訴（控訴等）の内容	欠陥認定
			害賠償を求めた事案。	
204	東京地裁平成23年1月31日判決	トンカチ槌破片飛散負傷事件	工事現場でトンカチ槌を用いて作業をしていた被害者が、トンカチ槌の打撃面の角が欠けた際、欠けた鉄片が左眼に入って負傷したため、同工具を販売した販売会社および同工具の製造業者に対し、製造物責任法3条に基づく損害賠償を求めた事案。	○
206	東京地裁平成22年3月15日判決	緩降機ロープ切断落下死亡事件	避難器具である緩降機の検査中、落下事故で死亡した被害者の妻子および両親らが、被害者の勤務先会社に対しては不法行為または債務不履行（安全配慮義務違反）に、市に対しては国賠法1条1項に、緩降機のロープ製造業者、緩降機製造会社および緩降機設計業者に対しては製造物責任法3条に基づき、損害賠償を求めた事案。	×
207	東京地裁平成23年1月17日判決	洗浄剤硫化水素中毒事件	ビル排水槽の清掃のため洗浄剤製造販売業者製造の洗浄剤を使用したビル清掃業者の代表取締役および従業員が、本件洗浄剤に含まれる塩化水素と排水槽内の硫化物との反応により硫化水素が発生し、硫化水素中毒になったと主張したうえ、本件洗浄剤には硫化水素発生の危険性および対処法についての指示、警告がない表示上の欠陥があるとして、本件製造業者に対し、製造物責	×

<別表4> 指示警告上の欠陥

判示構造	判示内容	原告提示の代替指示警告	被告の主な反論
②	左官職人の特定用途用ではあるがホームセンターでも販売され、原告が行った用途専用のトンカチは製造されていないこと、文字が小さく読みにくいことから、別用途への利用可能性を誤解するおそれは皆無とはいえない。その他、同種事故事案、本件事故後の被告の表示・設計の変更を勘案すると、本件警告はその内容および形状において適切なものではなかった。 安全メガネをかけなかったのも通常予見される範囲内と認めることができ、過失相殺で斟酌すれば足りる(過失相殺6割)。	事故後改訂の警告表示あり。	「硬く焼き入れされたものを叩いてはいけません。本品は『ブロック』の加工を目的に製造されております」とのラベルあり。
②	取扱説明書等にはリールを外に落とすことやリールを落としてから着用具1を装着すること、誤って着用具2を装着して墜落する危険が明記されている。 そして、リールを落下させれば着用具2を装着することは不可能であり、また、リールを落下させなかったとしても本件誤使用に及ぶ蓋然性は極めて低いことを併せ考慮すると、上記通常使用方法の表示で必要十分。	「リール側の着用具を装着して降下すると急速に衝撃が加わることでロープが切断することがあります。その結果重大な死傷事故を生じる危険性があります。このような事故を防止するためにも、必ずリールを下に落として下さい」との指示警告文を例示。	本件誤使用による危険は明らか。
①(誤使用&明白)	通常予見することができる範囲の誤使用や合理的に予見することができる範囲の誤使用によって生じる危険についてはこれを考慮することが必要であるものの、その程度の表示・記載がなされれば足りるし、製品の使用者層を前提として、通常の使用者にとって明白な危険性については、警告表示不要。 本件は通常の使用方法からはかけ離れた	なし。	誤使用。

No.	判決	事件名	提訴（控訴等）の内容	欠陥認定
			任法3条に基づく損害賠償を求めた事案。	
212	神戸地裁姫路支部平成22年11月17日判決　　　巻末訴訟一覧No.256の第一審。	こんにゃく入りゼリー1歳児死亡事件	当時1歳9カ月の幼児がこんにゃく製品製造販売会社の製造・販売するこんにゃく入りゼリーを食べた際にこれを喉につまらせ窒息し、その後に死亡したのは、同社らがこんにゃく入りゼリーの設計上の致命的な欠陥を放置してこれを漫然と製造・販売したことによるものであるなどとして、幼児の両親が、本件製造販売会社に対しては製造物責任および不法行為責任に基づき、同社の役員2名に対しては取締役の第三者に対する責任に基づき、損害賠償を求めた事案。	×
215	高松地裁平成22年8月18日判決	高松自動車事故負傷事件	運転者が、自動車製造業者製造のRV車を運転中に単独横転事故を起こしたことに関し、同車の取扱書に運転操作時の注意点につき記載がないという指示・警告上の欠陥、必要な装備がないという設計上の欠陥により本件事故が発生したとして、本件業者に対し、製造物責任法3条に基づく損害賠償を求めた事案。	×
216	岐阜地裁平成22年9月14日判決　　　巻末訴訟一覧No.246（控訴審）、巻末訴訟一覧No.273（上告審）の第一審。	犬用引き紐欠陥犬傷害事件	犬用引き紐輸入販売会社が輸入販売するフレキシリードを使用して飼い犬を散歩させていた際、飼い犬が傷害を負ったため、本件リードには欠陥があるとして、本件リードを使用した飼い主が犬用引き紐輸入販売会社に対して、製造物責任法3条に基づき損害賠償を求めた事案。	×
252	東京地裁	外壁用洗浄剤ガ	塗装工事業者が、建物の外壁洗浄工事に工	○

<別表4＞　指示警告上の欠陥

判示構造	判示内容	原告提示の代替指示警告	被告の主な反論
	誤使用であり、また、排水槽内で作業をする者にとって危険は明らか。		
②	警告表示内容は十分。幼児を基準に警告表示の欠陥の有無を論じることは適切でない。視力や注意力が著しく減退している高齢者は自ら買い物・摂取をすることは考えられないから、自活能力のある高齢者が気づき得るかどうかが問題。	なし。	警告マークおよび文字で子どもおよび高齢者に不向きである旨の警告表示が記載されており、召し上がり方の注意書きもある。幼児は自ら買いにいかない。
②	①エンジンブレーキをかけた際のスリップの危険性、②エンジンブレーキではABSが作動しないことについては直接の記載なくとも自明、その他記載からも読み取れる。③RV車がバランスを崩しやすい危険については、耐転覆性能が重心の高さのみによって決まるものではなく、また、その他影響を与える要素についても注意喚起されていた。④強いタックイン特性を示すこと、⑤アクティブTRCやVSCが装備されていないことについては、これらが関係するような危険な操作をしないよう注意喚起がなされていた。	他車種の取扱説明書記載例。	原告主張の危険は直接の記載がなくとも自明、その他記載からも読み取れる、など。
②	ブレーキを掛けることなくフレキシリードを利用している場合の危険性については取扱説明書から理解可能。リードが伸びきった場合の衝撃により犬が怪我を負う可能性については、その立証が不十分であることや、その他原因（側溝の存在および犬の飛び越える習慣）もあること、ブレーキ機能の欠陥ではないこと等の事情に鑑みて、取扱説明書に記載なくとも欠陥なし。	なし。	説明書を読めば理解可能。
②	説明書記載の誤解しやすさ、口頭での不	なし。	説明書記載の用法違

第5章　指示警告上の欠陥

No.	判決	事件名	提訴（控訴等）の内容	欠陥認定
	平成24年4月16日判決	ラス腐食事件	業薬品開発製造販売会社の製造販売する外壁用洗浄剤を使用したところ、建物のガラスやサッシが腐食する等の事故が発生したため、その原因は本件製品の欠陥および本件製造販売会社がその安全性を偽ったことにあるとして、本件製造販売会社に対して、製造物責任または不法行為（詐欺）に基づき損害賠償を求めた事案。	
253	東京地裁平成24年1月17日判決	住居洗剤塗装剥離変色事件	洗剤購入者が、本件洗剤を自宅の浴室の床の一部に使用したところ、使用部分すべての塗装がはげて白っぽく変色したから、本件洗剤には製造上または指示、警告上の瑕疵があるとして、同洗剤を製造した住居洗剤製造販売会社に対し、製造物責任に基づく損害賠償を求めた事案。	×
255	東京地裁平成24年11月29日判決	立体駐車場駐車自動車地震発生損傷事件	不動産賃貸業者（本件業者）との間で駐車場利用契約を締結し、機械式駐車設備製造販売会社（本件会社）製造の立体駐車場を利用していた自動車所有者が、地震の際、同駐車場に駐車していた所有自動車が車止めから外れ、柱等に接触して損傷したことにつき、本件会社に対しては同社製造の立体駐車場に設計上の欠陥または指示・警告上の欠陥が存在したとして製造物責任法または民法709条に基づき、本件業者に対しては、本件業者は同駐車場の占有者であり、本件駐車場利用契約締結時等における説明義務違反または安全配慮義務違反があるとして、民法717条1項、709条または利用契約上の債務不履行に基づき、損害賠償を求めた事案。	×
256	大阪高裁平成24年5月25日判決	こんにゃく入りゼリー1歳児死亡事件	当時1歳9カ月の幼児がこんにゃく製品製造販売会社製造のこんにゃくゼリーを食べて喉に詰まらせ窒息し、その後に死亡したのは、同社らがこんにゃくゼリーの設計上	×

<別表4> 指示警告上の欠陥

判示構造	判示内容	原告提示の代替指示警告	被告の主な反論
	適切な説明、MSDSを交付せずその成分も明らかにしなかった。 説明書には「必ず養生」との記載があるが、その前には「一応」という文言が付されていてその趣旨は明確でなく、むしろ、同説明書を読んだ者がインパクトを受けるのは、「ガラスに付着しても腐食しない」「ヘラで削ぎ取り可能」との説明書きが加えられた、乾燥して白化した薬剤がガラスに付着している様子を撮影した写真とその薬剤をヘラで削ぎ落す様子を撮影した写真であって、危険性を誤解する可能性は高い。		反。
②	直接的な記載はないが、他指示警告記載から、6時間放置すると変色可能性があることは予見可能。 限られたスペースでの警告優先順位としては、何よりも使用者等の生命、身体の安全を守るための指示警告を優先すべき。	なし。	原告用法での変色可能性は指示警告記載から理解可能。
①（前提相違）	フロントオーバーハングの寸法が入庫可能車種一覧表に記載された推定値を超えていた点が事故原因ではなく、原告の要求する指示警告と本件事故の間に相当因果関係がない。	なし。	施設管理者には説明書を交付済み等。
②	子どもや高齢者がこれを食するとのどに詰まらせる危険があることが、外袋表面のピクトグラフ等の記載や外袋裏側の警告文に明確に表示されており、しかも、	事故後の改良警告表示。	警告マークおよび注意書き。 幼児はそもそも自分で購入しない。

247

No.	判決	事件名	提訴(控訴等)の内容	欠陥認定
	巻末訴訟一覧No. 212の控訴審。		および警告表示上の致命的な欠陥を放置して漫然と製造・販売したことによるなどとして、幼児の両親が、本件会社に対しては製造物責任および不法行為責任に基づき、同社の役員2名に対しては取締役の第三者に対する責任に基づき、損害賠償を求めたことにつき、請求を棄却した第一審に対する控訴審の事案	
257	東京地裁 平成24年11月30日 判決	牛肉入りサイコロステーキO157食中毒事件	肉牛の共同処理等を行う協同組合(本件組合)と食肉販売業者(本件業者)が共同して製造した牛肉入りサイコロステーキにつき、本件業者はこれに腸管出血性大腸菌O157が混入していない旨の保証をしたにもかかわらず、これを購入して顧客に提供したところ顧客がO157による食中毒になったなどとして、ステーキ店のフランチャイザーが、本件組合および本件業者には製造物責任法3条に基づく損害賠償責任が成立し、また、本件業者に不法行為および保証責任に基づく損害賠償責任が成立するとして、本件組合および本件業者に対し、損害賠償金の支払を求めた事案	×
258	東京地裁 平成24年3月28日 判決	立体駐車場駐車自動車壁面衝突事件	自動車を立体駐車場に駐車した自動車がパレットの移動に伴って車止めを乗り越え、前方の壁面等に衝突するという事故が発生したため、本件自動車の所有者が、立体駐車設備製造販売会社および駐車場管理会社に対し、本件事故の原因は本件立体駐車場の設計上の欠陥ないし瑕疵、指示・警告上の欠陥ないし瑕疵または立体駐車設備製造販売会社らの過失にあるとして、製造物責任法3条、民法717条1項(土地工作物責任)、不法行為に基づき損害賠償を求めた事案。	×
260	東京地裁 平成25年4月19日	エスカレーターからの転落事件	商業施設2階の下りエスカレーターの乗り口付近で、エスカレーターの移動手すりに	×

<別表4＞　指示警告上の欠陥

判示構造	判示内容	原告提示の代替指示警告	被告の主な反論
	通常のゼリー菓子ではなくこんにゃく入りであることも、外袋の表にも裏にも記載され、特に、子どもや高齢者は食べないでくださいと明確に表示されていたもので、警告文として特に不十分な点はない。 事故後の改良後の警告表示まで徹底するのが望ましいとはいえても、本件事故当時のミニカップ容器の大きさや形状、一般消費者のこんにゃくゼリーについての認知度に照らすと、本件警告表示で不十分であったとまではいえない。		
②	食品衛生法適合性を欠くことはなく、原告の要求する中心部まで十分に加熱すべき旨の表示についても、商品規格保証書に判読可能な文字の大きさで存在した。	なし。	食品衛生法所定の記載内容は各包装にはなくともそれを配送する段ボール箱に記載されていた。 「中心まで十分加熱して下さい」との指示警告もあった。
②	サイドブレーキを引くことを求める指示警告があった。なお、サイドブレーキはそもそも自動車を制動するために引くものであるから、通常は具体的にどの程度引くかの指示・警告までは必要ない。	なし。	サイドブレーキを引いていれば本件事故は起こらなかった。
②（誤使用）	本件のような態様で移動手すりの折り返し部分に寄りかかるということは、エレ	警告内容の指摘のみ。	通常予見しうる使用形態ではなかった。

No.	判決	事件名	提訴（控訴等）の内容	欠陥認定
	判決 巻末訴訟一覧No.337（控訴審）、巻末訴訟一覧No.343（上告審）の第一審。		接触して乗り上げ、エスカレーター外側の吹き抜けから1階の床に転落して死亡した男性の両親が、本件ビルの管理運営会社および本件ビルの管理運営委託会社に対しては民法717条1項に基づき、本件エスカレーター製造会社に対しては製造物責任法3条の製造物責任に基づき、損害賠償を求めた事案。	
262	大阪高裁 平成24年5月25日 判決 巻末訴訟一覧No.121（第一審）、巻末訴訟一覧No.310（上告審）の控訴審。	肺がん治療薬死亡等事件（大阪）	肺がん抗がん剤輸入販売会社が輸入販売した非小細胞肺がん治療薬（抗がん剤）の投与後に副作用である間質性肺炎を発症して死亡した各患者らの遺族らおよび間質性肺炎等を発症した患者本人が、本件会社に対しては製造物責任法等に基づき、国に対しては適切な規制権限行使を怠ったとして国賠法1条1項に基づき、損害賠償を求めたことにつき、第1版添付文書とともに流通に置かれた本件抗がん剤の指示・警告上の欠陥を認める一方、国の責任を認めなかった第一審に対する控訴審の事案。	×
264	東京高裁 平成23年11月15日 判決 巻末訴訟一覧No.128（第一審）、巻末訴訟一覧No.275（上告審）および巻末訴訟一覧No.276（上告審）および巻末訴訟一覧No.277（上告審）の控訴審。	肺がん治療薬死亡事件（東京）	肺がん抗がん剤輸入販売会社（本件会社）が輸入販売した肺がん治療薬（抗がん剤）の投与後に死亡した各患者の遺族らが、同社に対しては製造物責任法等に基づく損害賠償を求め、国に対しては適切な規制権限の行使を怠ったとして国賠法に基づく損害賠償を求めたことにつき、本件抗がん剤の指示・警告上の欠陥を認めるとともに国の違法性を認めて一部遺族らの請求を一部認容するなどした第一審に対する控訴審の事案。	×
277	最高裁第三小法廷 平成25年4月12日 判決 巻末訴訟一覧No.128（第一審）、巻末訴訟一覧No.264	肺がん治療薬死亡事件（東京）	肺がん抗がん剤輸入販売会社（本件会社）が輸入販売した肺がん治療薬（抗がん剤）の投与後に死亡した各患者の遺族らが、同社に対しては製造物責任法等に基づく損害賠償を求め、国に対しては適切な規制権限の行使を怠ったとして国賠法に基づく損害賠償を求めたことにつき、本件抗がん剤の	×

<別表4> 指示警告上の欠陥

判示構造	判示内容	原告提示の代替指示警告	被告の主な反論
	ベーターの本来の用法からかけ離れたものであることはもちろん、エスカレーターを設置または保存する者の通常予測し得ないものというべき。		
③	（一審に付加）イレッサについては、その適応を「手術不能または再発非小細胞肺癌」とするものであるから、少なくとも肺がん治療または肺がん化学療法を手がける医師が理解できる程度と解するのが相当。	改訂後の添付文書。	承認時点において、薬剤性間質性肺炎の一般的副作用以上の危険性は認められない。 間質性肺炎が致死的であることについての注意喚起は十分であった。
③	①イレッサは要指示薬であり、手術不能または再発非小細胞肺癌を対象疾患とするものであって、本件添付文書の説明の対象者も癌専門医または肺癌に係る抗癌剤治療医であると認められること、など9点の諸事実に照らせば、致死的事態が生じ得る旨を記載しなかった本件添付文書第1版について、それが合理性を欠くものと認めることはできない。	改訂後の添付文書。	省略。
③	添付文書の適切性に関し、「副作用の内容ないし程度（その発言頻度を含む）、当該医療用医薬品の効能または効果から通常想定される処方者ないし使用者の知識および能力、当該添付文書における副作用に係る記載の形式ないし体裁等の諸般の事情を総合考慮して、上記予見し得る	改訂後の添付文書。	

251

第5章　指示警告上の欠陥

No.	判決	事件名	提訴（控訴等）の内容	欠陥認定
	（控訴審）の上告審。なお、却下決定となった上告審（巻末訴訟一覧No.275)、上告不受理決定となった上告審（巻末訴訟一覧No.276）あり。		指示・警告上の欠陥を認めるとともに国の違法性を認めて一部遺族らの請求を一部認容するなどした第一審、本件会社および国の責任を否定して各請求を棄却した控訴審に対する上告審の事案。	
285	東京地裁平成25年11月22日判決	空気清浄機天井落下事件	映画館経営会社が、電気機械器具等製造会社（本件製造会社）開発の空気清浄機（本件機器）の導入にあたり、本件機器が劇場に適合し安全性に問題のないものであることを理由に導入を決めたにもかかわらず、本件機器が原因で映画館の天井が落下するなどの事故が発生したとして、本件製造会社、電気機械器具等販売業者および電気機械器具等保守業者に対し、同社らとの間で締結した本件機器導入に係る各契約の錯誤無効による不当利得の返還を求めるとともに、本件機器導入に際して本件製造会社らが説明義務を果たさず、本件機器に欠陥があったためその導入に係る契約に基づいて支払った対価等相当額の損害が生じたとして、説明義務違反による債務不履行または不法行為、もしくは同欠陥を内容とする瑕疵担保責任等に基づき、損害賠償を求めた事案。	×
287	東京地裁平成26年3月27日判決	貨物自動車高速道路火災事件	貨物自動車購入の約1カ月後に高速道路上で火災が生じ、同車および別に購入した荷台が焼損したことに関して、自動車運送事業者が、本件貨物自動車の製造会社に対しては製造物責任法3条に基づき、同販売会社に対しては売買契約上の保証条項に基づき、損害賠償を求めた事案。	×
337	東京高裁平成26年1月29日判決 巻末訴訟一覧No.	エスカレーターからの転落事件	エスカレーターから転落して死亡した男性の両親が、ビル管理運営会社およびビル管理運営委託会社に対しては土地工作物責任に基づき、本件エスカレーターの製造会社に対しては製造物責任に基づき、損害賠償	×

<別表4> 指示警告上の欠陥

判示構造	判示内容	原告提示の代替指示警告	被告の主な反論
	副作用の危険性が上記処方者等に十分明らかにされているといえるか否か」。		
①（前提相違）	本件機器による加湿の程度は、ビル衛生管理法所定の基準および本件経営会社自身が定める室内環境基準とも概ね合致している。	なし。	本件機械の加湿性能については原告に説明しており、それで結露が生じるかどうかは空調の専門家でなくても容易に予見できる。
②（明白）	取扱説明書記載や、自動車運転免許取得者であれば高速道路上で空気圧が低下したタイヤで走ることの危険性は容易に認識可能であることを考えると、適切な警告あり。	なし。	取扱説明書において十分な指示・警告を行っている。
②(誤使用)	本来の用法に従った利用をする限りは、その利用に伴って一時的に移動手すりに寄りかかったり、よろけて体重を預けるということがあっても、移動手すりとの摩擦によって利用者の身体が移動手すり	なし。	本来の用法に従った利用をする限りは、危険性ない。

No.	判決	事件名	提訴（控訴等）の内容	欠陥認定
	260（第一審）、巻末訴訟一覧No.343（上告審）の控訴審。		を求めたことにつき、請求を棄却した第一審に対する控訴審の事案。	
338	東京高裁平成26年10月29日判決 巻末訴訟一覧No.184の控訴審。	コンテナ船倉内化学物質発煙事件	公海航行中のパナマ船籍コンテナ船の船倉内において、積荷の一部である化学物質が高熱を発し発煙する事故が発生し、海水の注入等によって船体および積荷が損傷したため、本船の裸傭船会社、積荷の保険金を支払った保険会社ら18社、損傷貨物の荷受人である金属製機械メーカーまたは損傷貨物の損害賠償請求権の譲受人である電送機器メーカーが、本件化学物質を製造した化学物質製造業者（本件製造業者）に対し、本件事故原因は、本件製造業者が本件化学物質につき適切な表示・警告をせず、危険性の内容・程度および取扱上の注意事項等を周知徹底しなかったことにあるなどとして、製造物責任法3条または民法709条、715条1項による損害賠償を求めたことにつき、各請求を棄却した第一審に対する控訴審の事案。	○
342	東京地裁平成26年3月20日判決	化粧品皮膚障害事件	化粧品使用者が、本件各化粧品を使用して顔に皮膚障害が生じたとして、化粧品販売会社に対しては債務不履行に基づき、化粧品発売元会社および化粧品製造販売元会社に対しては製造物責任法3条に基づき、それぞれ損害賠償を求めた事案。	×

<別表4＞　指示警告上の欠陥

判示構造	判示内容	原告提示の代替指示警告	被告の主な反論
	に乗り上げるというような事態が生じるとは認めがたく、危険性ない。		
②	欠陥定義（基準A）、直接契約外の第三者に対しても同義務を負うこと（規準B）を確認後、「危険物を製造業者から購入した買主が、過失により、買主と新たな契約を締結した者に対して危険性の内容・程度および被害発生を防止するための適切な運搬、保管方法等の取扱上の注意事項を提供する法令上の義務を怠ったために、第三者が損害を被った場合であっても、製造業者が危険物についてした表示・警告が買主の過失を招く蓋然性が高いものと評価することができるときには、表示・警告上の欠陥が認められる」（基準C）としつつ、国連分類・国連番号の誤記・空欄は誤解を招く危険性が高いとした。	正しいMSDS記載。	被告が製品を引き渡した荷送人は化学品等を取り扱う専門商社。 危規則・危表示の危険性告知義務の名宛人は荷送人であり被告ではない。 （誤記載等はあっても）保管に関する必要情報は知らせていた。
②	薬事法等適合性を欠くことはない。 美白文言の表示があるが、これについては具体的で明確な効能が記載されているとも言い難い。	なし。	薬事法等適合性を欠くことはない。

第6章

設計上の欠陥と指示警告上の欠陥の境界線上の事案

1　総　論

(1)　製品安全設計における安全対策の優先順位

　製品安全設計においてはスリーステップ・メソッドと呼ばれる発想がある。これは、リスク低減のための方策を、①本質安全設計、②保護装置、③消費者に対する情報による安全確保に大別したうえで、①→③の順番で安全対策を講じるべきというものである[1]。本章との関係でのポイントは、③消費者に対する情報による安全確保は、①本質安全設計、②保護装置では対応しきれないリスクについて採用しうるものであり、①本質安全設計、②保護装置を改善する代わりに、③消費者に対する情報による安全確保に頼るような安全対策を採用してはならないという点になる。

　以下、独立行政法人製品評価技術基盤機構作成の『消費生活用製品の誤使用事故防止ハンドブック　第 3 版』41～42頁（2007）を一部引用する形で、概略を説明する。なお、ここにいうハザードとは、ガイド51により「危害の潜在的な源」として定義されている。

---

　①　本質安全設計
　　最初に試みるべき安全対策は、「本質安全設計」と呼ばれる手段である。これは、そもそも設計の段階で、ハザードを完全に除去、又は、ハザードを許容可能なリスクの範囲内に収めるよう設計することである。
　　例えば、

1　ISO/IEC Guide 51: 2014, Safety aspects-Guidelines for their inclusion in standards（安全側面—規格への導入指針）。
　なお、巻末資料③に挙げた機械の包括的な安全基準に関する指針でも、「本質的安全設計方策」「安全防護」「使用上の情報」という用語を用いてガイド51とほぼ同内容のスリーステップメソッドが規定されており、同指針の別図においてフローチャートが示されている。

・人が手を切る可能性がある鋭利な部分を安全に加工する
　　……（その他例示について引用省略）……
等、ハザードそのものを無くす設計を意味する。
② 保護装置による安全確保
　本質安全設計によるハザードそのものの除去や低減が困難な場合には、次の手段として「保護装置による安全確保」を検討することとなる。
　この、「保護装置による安全確保」とは、例えば、
　　・高温による火傷の可能性がある部位をユーザーが直接触れないようカバーする。
　　……（その他例示について引用省略）……
等、ハザードとユーザーを隔離するための安全装置の採用等を意味する。
③ 消費者に対する情報による安全確保
　①及び②の手段を講じることが困難な場合、又は、講じてもリスクが残る場合に対しては、本体表示、取扱説明書等により、製品のリスクに関する警告や注意の内容及びリスクの回避策を消費者に伝達することとなる。
　ただし、この情報による安全確保は、あくまでも、本質安全設計や保護装置の採用の手段が講じられない又は足りない場合のみ採用し得るものであることを忘れてはならない。

(2) 欠陥認定における設計上の欠陥と指示警告上の欠陥の優先順位

　欠陥認定における設計上の欠陥と指示警告上の欠陥の関係についても上述のスリーステップ・メソッドの発想が反映され、製品構造上の設計を工夫すれば除去しうる危険を除去しなかったのが設計上の欠陥、そのような設計を工夫しても除去し得ない危険について対応を怠ったのが指示警告上の欠陥として両者が区別されることが多い[2]。

判例においてもかかる理解が前提とされることが多く、たとえば化粧品指示・警告上欠陥事件（別表4－36）では次のとおり言明されている。

「ところで、製造物によっては、医薬品のように、製造業者等がこれを設計・製造するに当たり、その安全性につき、いかに配慮しても、当該製造物に本質的に期待される有用性ないし効用との関係で、完全には危険性を除去して当該製造物を製造することが不可能又は著しく困難なものが存在する。そのような製造物については、設計ないし製造物における観点からみると、製造物自体において通常有すべき安全性を欠いているとはただちにはいえないものの、そのまま販売して消費者の使用に供するのはふさわしくなく、製造業者等としては、消費者が右製造物を使用する際にその危険性が現実化するのを防止するために必要と考えられる適正な使用方法等に関して、適切な指示ないし警告をする義務を負っているものと解され、右のような指示ないし警告が全く行われていないか、行われていても不適切である場合は、設計上又は製造上欠陥があるとはいえなくても、当該製造物は通常有すべき安全性を欠いているものと評価するのが相当であり、……」。

しかし、最終的に危険を除去・減少できたかという結果の側面からみると、指示警告にも（危険をすべて解消しうるわけではないにしても）危険を減少させる効果はあるため、その意味では本質安全設計・保護装置と優劣のない安全設計の一要素として把握することも一応可能ではある[3]。さらには、そのような指示警告を伴う製品の安全性を事後的に評価する際には、指示警告によりある程度危険が減少した状態における製品構造上の設計の十分性という視点から考えることも不可能ではない[4]。このことは、(是非は別論として) 常に

---

2 経済企画庁国民生活局消費者行政第一課編『逐条解説 製造物責任法』65頁（商事法務研究会、1994）。
3 RTT§2 cmt. f, 鎌田薫＝山口斉昭「製造上の欠陥、設計上の欠陥、警告上の欠陥」升田純編『現代裁判法体系8 製造物責任』136頁（新日本法規、1998）。
4 たとえば立体駐車場駐車自動車壁面衝突事件（別表4－258）では、「立体駐車場を製造する者としては、少なくとも、利用者に一定の指示、警告をしたうえで、利用者において、……（筆者注：成年男子が一人で手で押しても動かない程度の）制動装置をとる

「指示警告上の欠陥」より先に「設計上の欠陥」認定が優先されるわけではないことを意味しており、事後的な裁判規範としては、スリーステップ・メソッドの発想とは異なる順序での欠陥評価も許容されている実態がある[5]。

したがって、このような指示警告を伴う設計の安全性が問題となる場合、(指示警告によりある程度危険性が低減していることを前提とした) 製品構造上の設計の問題として設計上の欠陥とも評価しうるし、(そのような設計によっても除去し得なかった危険に対する) 指示警告の存否・内容に着目して指示警告上の欠陥とも評価しうる可能性があるということになり、どのように構成すべきかは原告の訴訟戦略に委ねられることになる。

2　設計上の欠陥と指示警告上の欠陥の選択基準

＜事例19＞

自分で自動車のタイヤを交換しようと思い、16.5インチの自動車タイヤ用のリムに16インチのタイヤをセットしたところ、タイヤが爆発して怪我をした。タイヤには16.5インチのタイヤ用のリムにセットしてはいけないという警告表示があったが文字が小さくて見えにくく、また、そもそもタイヤを16.5インチのリムにセットできないようにする代替設計も実現可能であり、そのような設計を採用しているタイヤメーカーも

ことを前提として設計をしていれば、十分な『通常有すべき安全性を有する』といえる」と判示している。これは、指示警告によりある程度危険が減少した状態における設計の十分性を検討するという発想に立っているように思われる。

[5]　赤外線ドーム両下肢網状皮斑事件（別表4-190）では、「使用者の過剰使用を防止する方法としては、原告主張の方法（＝設計変更）によるほか、取扱説明書等に過剰使用を禁止する旨の警告を表示することなどの方法が考えられるから、サンテドームが、原告の主張のような設計になっていないことをもって……設計上の欠陥があるとは認められない」として、指示警告による安全対応が考えられることを理由に設計上の欠陥が認められないと判示されている。

あった。なお、交換前にも原告は16インチのタイヤを使用していたことがあり、車整備の際にサイズ違いであることの注意を受けたこともあったが、他のサイズがなかったためそのまま使用していた。

　タイヤについて製造物責任を問えないか考える場合、原告としては、そもそも16.5インチタイヤ用のリムにセットできないような構造のタイヤであるべきであったとして設計上の欠陥を主張すべきか、それとも、16.5インチタイヤ用のリムにセットしてはいけないことについての指示警告が不十分であったとして指示警告上の欠陥を主張すべきか。

　　　（参考：Uniroyal Goodrich Tire Co. v. Martinez (Tex. 1998) を改変）

＜一般的な検討要素＞

　合理的な代替設計を提示可能か
　問題となっている危険が明白なものか
　指示警告上の欠陥と損害間の因果関係に問題はないか

＜本件における検討の視点＞

　どちらの類型として検討することも可能であり、両者を合わせて一つの欠陥として主張することも可能であるが、区別して考えた場合には、一般的には指示警告上の欠陥の方が原告の立証負担は軽い。しかし、本件では警告表示が十分認識可能な大きな文字で書かれていたとしても、やはり16インチのタイヤをそのまま使用していたのではないかという疑念があり、文字が小さかった点が指示警告上の欠陥になりうるとしても、損害発生との因果関係が否定される可能性がある。

　そのリスクを避けるために、あえて設計自体の問題と考えて設計上の欠陥として検討する選択肢も考えられる。その際、通常使用類型での欠陥主張を試みる場合には予見可能な誤使用と評価しうるかどうかが問題となり、指示警告の存在はここで考慮されうることになる。また、他社が代替設計を実用化していることに鑑みて、合理的代替設計を採用しなかったことを問題とす

るリスク効用基準的発想での欠陥主張も検討しうるが、この場合には指示警告の存在によりある程度危険が低減していることを前提としたリスクと効用の比較となる。

＜解説＞

(1) アメリカにおける議論状況

　設計上の欠陥と指示警告上の欠陥のどちらを主張するかは原告の選択に委ねられ、両者を並列的に主張することも可能と解されている。とはいえ、訴訟戦略としていずれの類型を重視すべきかは重要な問題であり、その際の判断要素としては、明白な危険をめぐる取扱い、欠陥と被害発生の因果関係立証、欠陥立証、といった各場面における両者の相違が着目点となる。

　すなわち、一般論として、危険が明白である場合には（リスク効用基準の下で合理的代替基準を提示することで）設計上の欠陥は主張できても指示警告上の欠陥は主張し得ない（第4章4、第5章4）。また、仮に欠陥と被害発生の因果関係を厳密に解する場合、設計上の欠陥においては（欠陥の存在が立証しうるのであれば、因果関係についても）主張立証に困難はないのが通常だが、指示警告上の欠陥において厳密にこれを主張立証することは不可能に近い（第5章7）。これらの点のみに着目すれば、設計上の欠陥のほうが欠陥を主張しうる場合は多いようにも思えるが、他方で、設計上の欠陥自体の立証に要する資料収集の困難さは指示警告上の欠陥を立証する場合の比ではない。原告としては、これらの有利不利を検討のうえ、主張構成を検討することになる。

(2) 日本の議論状況

　日本ではそもそも欠陥定義が3類型論を採用していないことから、この点に関する特段の議論はなく、両者を合わせて一つの欠陥として主張することも可能である[6]。したがって、これらを区別して主張するかどうかを含めて

---

[6] たとえば資源ゴミ分別機械上腕部切断事件（別表3-43、82）では、原告自らも「設計上及び指示上の欠陥が存在し、両者が一体となって製造物責任法3条の欠陥を構成している」と主張趣旨を明言している。

原告の訴訟戦術に委ねられることになるが、その際には上記アメリカの議論は参考になる。

　その場合、現時点の公刊判例状況を前提とする限り、日本では欠陥判断基準について消費者期待基準的発想が強いことの影響として、明白な危険の取扱いについて設計上の欠陥と指示警告上の欠陥の間でさほど取扱いに違いがない。また、欠陥と損害間の因果関係についても、いずれの類型でも重大論点となることは多くない。したがって、現時点では最も影響が強いのは欠陥立証の負担の側面であるから、一般論としては指示警告上の欠陥として事案を把握したほうが便宜である場合が多いと思われる。

　他方で、代替設計のような強力な立証資料が入手可能である場合には、説得力の観点から設計上の欠陥の問題として構成することも当然考えられる。その際、「指示警告によりある程度危険性が低減していること」を前提とした安全性の検討となるはずではあるが、製造業者の側からこの危険性低減の程度を客観的な資料で示すことは困難であることが多い。そのためか、往々にしてこの点は無視されがちな印象であり、この点も原告が設計上の欠陥の問題として構成する場合の着目点の一つとなると思われる。

コラム：自動車事故・労災事故と製造物責任

　正確な統計はないが、アメリカでは自動車に関する製造物責任と産業機械に関する製造物責任紛争が多いといわれている。特に前者については自動車の製造物責任しか扱わないという弁護士もいるほどであり、専門化も進んでいる。

　自動車については、自動車保険によるカバー額が低いために、被害者が加害者の自動車保険から被害額全額の填補を受けることができず、そのために資力のある製造業者に製造物責任を追及するしかないという構造がある。この点、日本では（もちろん無保険車も存在するものの）一般的には自動車保険がそれなりに普及・発達しているために、多くの消費者が請求相手として想定するのは自動車保険会社であり、あえて自動車メーカーに対して製造物責任を追及しようという発想にはなりにくいと思われる。

　産業機械については、労災事故の早期解決のため、低額の補償金が迅速に支払われる代わりにそれ以上の金額を従業員が雇用者に対して請求することはできない法制度が一般的であり、そのためにやはり資力のある製造業者に製造物責任を追及するしかないという構造がある（日本では労災事故として把握されることが多いアスベスト訴訟がアメリカでは製造物責任訴訟として理解されているのもそのためである。第1章コラム参照）。この点、日本ではそのような制限がないために、多くの従業員が請求相手として想定するのは雇用主であり、やはり、あえて産業機械の製造業者に対して製造物責任を追及しようという発想にはなりにくいと思われる。

　社会状況・法制度が日米の消費者の発想の違いに影響を与えている場面と思われ、興味深い。

第7章

補論：過失責任との関係における製造物責任の意義

1　総　論

　製造物責任法理が明確に形づくられた1960年代には、過失を要件とする過失責任と、これを要件としない製造物責任の区別は明白であった。しかし、その後の法理論の発展の中で、過失と欠陥の判断基準は実質的に同じなのではないかということが指摘されるようになり、あらためて製造物責任と過失責任の違いが論じられるに至っている。もちろん、物の性状に着目する製造物責任と人の行為に着目する過失責任が形式的に異なることは当然だが、これらは事象の表裏にすぎず、人の不注意な行為ゆえに欠陥が生じたとも、あるいは危険な製品を生み出すような行為は過失だとも表現しうる場合がほとんどであって、実質的な相違は別の見地から検討される必要がある。

　この点、欠陥を3類型論で分類した場合、製造上の欠陥については、問題となる製品が本来の設計・仕様どおりであるかどうかのみを検討する判断枠組みが過失の判断枠組みと異なることは明白であり、製造物責任と過失責任の区別に困難はない。焦点となるのは、設計上の欠陥・指示警告上の欠陥と過失責任の実質的相違の有無である。

(1)　アメリカにおける議論状況

　この点、第3次リステイトメントでは、判断基準の相違という視点から両者の違いが議論され、結論として両者はほとんど等しいものと理解されている。すなわち、第1章2(2)で触れたとおり、アメリカでは過失責任はリスク効用基準で過失の有無が判断されると解されている[1]。これに対して、もしも設計上の欠陥・指示警告上の欠陥が消費者期待基準を採用するか、あるいは引渡時の危険予見可能性を要求しないといった判断基準を採用していれば過失責任との違いが生じたはずであったが、第3次リステイトメントはかか

---

[1] Restatement 3d of Torts: Liability for Physical and Emotional Harm, §3.

る立場をとらず、リスク効用基準を採用するとともに引渡時の予見可能性を要求した。また、もしも欠陥の立証責任が転換されていれば過失責任と異なる独自性が生じたはずであったが、第3次リステイトメントはかかる立場をとらなかった。それゆえに、過失責任と設計上の欠陥における製造物責任には実質的差異がないと理解され、第3次リステイトメント自体も、所定要件を満たしてさえいれば過失責任・製造物責任あるいは保証責任（契約責任）のいずれでも適用されうるものとして作成されている[2]。

もっとも、第3次リステイトメントは製造業者のみならず製品流通過程にかかわるすべての販売者に対して責任を認めるので[3]、同販売者にとっては全くの無過失責任であるということになる。また、既述のとおり、製造上の欠陥においては過失責任と異なる判断基準が採用されているので、製造物責任法理全体としてみた場合には過失責任との違いが全く失われているわけではない[4]。

(2) 日本における議論状況

日本では、過失責任は予見可能な結果に対する回避義務違反として理解されるところ、特に開発危険抗弁導入との関係で、予見可能性の要否が過失責任との区別のメルクマールとして議論となった。これについては既述のとおり、少なくとも立法当時の議論としては、欠陥認定において予見可能性は不要となり、過失責任との相違は理論上存在しうることになった。

とはいえ、製造物責任法2条2項所定の考慮要素は過失認定における考慮要素と違いがないことが指摘されることが多く[5,6]、立法関係者の認識とし

---

[2] RTT§2 cmt. n.
[3] RTT§1.
[4] 本書の趣旨とは外れるが、その他、被害が当該製造物自体にとどまり、原告・第三者の身体被害、あるいは当該製造物以外の原告財産への侵害がない場合には製造物責任は追及できず（RTT§21(c)）、この点でも両者に違いはある。
[5] 内田貴『民法Ⅱ　第3版』523～524頁（東京大学出版会、2011年）
[6] たとえば、収納箱児童窒息死事件（別表3－141、別表4－141）では、誤使用を理由

ても、製造物責任法により製造業者が責任を負う場面が大きく変わるものではないという理解が一般的であったようである[7]。そして、現実の裁判においては、立法当時の議論をも超えて、特に指示警告上の欠陥において予見可能性が要求される例が増えている（第5章3）。このように、現時点では、製造物責任と過失責任の実際の相違は極めてあいまいである。

もっとも、日本でも製品流通過程にかかわる者のうち輸入者については製造物責任を負うところ（法2条3項1号）、この輸入者にとっては（製造に関与していないという意味で）全くの無過失責任であるということになる[8]。製造物責任法立法後の国内外の産業構造の変化により製品輸入の割合が増加傾向にあるであろうことを考えるとこの点は看過し得ず、立法時点とは別の意味で製造物責任が独自の存在意義を有するに至る可能性があるように思われる。また、既述のとおり、日本でも製造上の欠陥類型においては過失責任と異なる判断基準が採用されていると理解しうるので、製造物責任法理全体として

に欠陥を否定した原審に対して、控訴理由中で「通常予見される使用形態」という考慮事情だけを強調して「実質的に不法行為における予見可能性＝注意義務違反という『過失』の認定をしているのに等しい」との批判がなされたが、控訴審では「一般の不法行為における過失責任とは異なり、通常人における合理的な予見可能性の有無を判断の前提としたものであるから、この点に関する控訴人の批判は当たらない」と判示された。

　この点、過失で検討されるのは当該危険についての予見可能性であるのに対して、欠陥認定の際に検討されるのは使用態様についての予見可能性であり、両者は一応別物であるから、その意味で控訴理由の批判は当たらないと思われる。しかし、両者の実質的相違がどれほどあるのかは疑問であり、過失と欠陥の近接を示す一場面ではある。

[7] 一例として、金融・商事判例960号のはしがき（松本恒雄）は次のようなものである。「製造物責任法の成立によって、製品の欠陥による被害者の救済についての原則が、過失責任主義から無過失責任主義へと大きく変化することになったが、これで被害者救済が一気に進み、製造業者は大量の消費者クレームや多額の賠償負担にあえぐことになるわけではない。……実際の対応としては、製品に欠陥があり、かつそれが事故の原因であることを認めておきながら、なお過失の有無を争うということは、スモン訴訟などの一部の薬害の事案を除いてほとんどないであろう。むしろ、被害者救済にとっての真の難点は、欠陥の有無や欠陥と被害との因果関係の証明にある。この点で、製造物責任法は、被害者の負担を軽減する規定をいっさい置かず、すべて裁判官の判断に任せている。その意味では、状況はさほど変わっていないと言える」。

[8] その他、表示製造業者（法2条3項2号）も、製品安全設計への関与という視点からは無過失責任に近い立場に置かれることになる。

みた場合には過失責任との違いが全く失われているわけではない[9]。

2　製造物責任と過失責任の選択基準

＜事例20＞

　エステティックサロンが自ら製造した美容器具を用いた一連の顔面エステ施術を受け続けた女性が、重度のアトピー性皮膚炎に罹患した。同エステティックサロンの従業員は医学的根拠のない説明を繰り返し、同女性にエステ施術を受けさせ続けた。この顔面エステ施術は、「還元水」と称する水を含ませたコットンで顔全体を拭いた後、顔全体にジェルを塗り、その後超音波を発するという同美容器具を作動させた状態で顔の各部に当てるというものであった。

　エステティックサロンの責任を追及する際に、製造物責任構成と不法行為責任構成のいずれを選択すべきか。

　（参考：赤外線ドーム両下肢網状皮斑事件　別表3－190、別表4－190）

＜一般的な検討要素＞

　当該製造物自体の性状と損害の間の因果関係が明確か
　責任原因として製品の性状と相手方の行為態様のいずれがより重要か
　合理的代替設計を採用すべきであったのに怠ったというリスク効用基準的発想を強調すべき理由があるか

＜本件における検討上の視点＞

　本件では、一連の顔面エステ施術により重度のアトピー性皮膚炎に罹患し

---

[9]　本書の趣旨とは外れるが、その他、被害が当該製造物自体にとどまった場合には不法行為責任は追及できても製造物責任は追及できず（法3条ただし書）、この点でも両者に違いはある。

たことは立証できると思われるものの、本件美容器具のみに問題があったのか、その他の還元水、コットン、ジェルにも問題があったのかは必ずしも明らかでない。また、事案の実体把握として、同エステティックサロンの従業員が医学的根拠のない説明を繰り返していたという行為態様も無視し得ない。したがって、本件では不法行為構成を選択したほうがよい可能性が高い。

＜解説＞

(1) アメリカの議論状況

上記のとおり、第3次リステイトメントでは、設計上の欠陥・指示警告上の欠陥類型も過失責任と同様のリスク効用基準を採用しており、過失責任との実質的相違はないと考えられているので、理論上はどちらを選択するかを議論する意味はない。

ただし、このような理論面とは別の視点として、陪審員に対する実際の説得力の観点から過失責任的な言葉使いによる責任追及と厳格責任（＝製造物責任）的な言葉使いによる責任追及のどちらが効果的かという現実的な議論がある。これに関しては、学説上は、①過失責任的な言葉使いのほうが有利、②厳格責任的な言葉使いのほうが有利、③強い証拠関係の下では過失責任的な言葉使いのほうが有利、弱い証拠関係の下では厳格責任的な言葉使いの方が有利、という三つの考え方があるところ、とある実証実験において、過失責任的な"hot"な言葉遣いのほうが、厳格責任的な"cold"な言葉遣いよりも原告有利になる傾向があるという結果が示されたことがある[10]。

この実証事件は、1997年、カリフォルニア州における陪審員候補者306人を対象として仮想事例[11]を用いて行われ、A＝厳格責任的言葉使いで弁論および説示を聞くグループ（58名）、B＝過失責任的言葉使いで弁論および説示を

10　Richard L. Cupp Jr. and Danielle Polage, The Rhetoric of Strict Products Liability versus Negligence: An Empirical Analysis, 77 N.Y.U.L. Rev. 874 (2002).
11　被告製造の芝刈り機にデッドマンクラッチと呼ばれる安全装置がなかったために、原告が滑って転んだ際に指が切断されたという仮想事例。

聞くグループ (47名)、C＝弁論および説示を聞かないグループ (39名)、D＝厳格責任的言葉使いによる説示は聞くが弁論は聞かないグループ (75名)、E＝過失責任的言葉使いによる説示は聞くが弁論は聞かないグループ (87名) に分けて判断結果の差異を観察したものである。実際のトライアルの流れに近いAグループとBグループの結果を比較すると、原告請求を認容すべきと考えた者の割合はA：B＝26％：38％、その者が考える認容額の平均はA：B＝＄27,571：＄49,750であった[12]。

これはあくまで一つの実証実験の結果にすぎず、これが決定的な結論だとは考えられていない。しかし、少なくとも現在のアメリカでは製造物責任としての責任追及のほうが常に過失責任としての責任追及よりも原告にとって有利だという発想はない。

(2) 日本における議論状況

日本では、設計上の欠陥・指示警告上の欠陥類型においても、理論上は予見可能性の取扱い[13]の点で製造物責任と過失責任には差異があるので、原告としては製造物責任を選択したほうが有利になるはずである。実際にも、製造物責任と一般不法行為責任がともに主張された場合には、前者が後者の特別法であるという理解も手伝って、ほとんどの場合、製造物責任法が優先適

---

12 なお、厳格責任的言葉使いによる原告側弁論の内容は、「原告の受傷は不合理な製品設計の結果であり、安全な合理的代替設計を容易・安価で採用することは可能であったから、被告は損害賠償責任を負う。被告に過失があるか、非難されるべきかという事情は本件では必要ない」というものであり、過失責任的言葉使いによる原告側弁論の内容は、「被告は製品設計の採用に際して不合理な判断をしたものであり、原告の受傷はその過失の結果である。被告は安全な設計を容易・安価で採用しうることを知っていたのに敢えてそうしなかったのであるから、被告は損害賠償責任を負う」というものであった。

13 なお、過失と比較した欠陥の判断要素として、予見可能性のみならず結果回避可能性も不要とする見解もあるようである（升田純『詳解　製造物責任法』395～396頁（商事法務研究会、1997）。しかし、立法当時の国民生活審議会等の議論を経て技術的可能性が考慮要素に含まれるのは争いがないところ（第1章4(4)）、技術的可能性は検討しつつ結果回避可能性は考慮しないという場面が実際にありうるのか極めて疑問である。本書は、予見可能性の要否が過失責任と欠陥責任の理論上のメルクマールであり、欠陥認定過程では問題となる危険についての予見可能性があるとみなしたうえで、当該危険を避けうる技術的可能性（代替設計の有無）は欠陥判断要素になるものとして理解している。

用されている。しかし、わずかながら、そのような場合に製造物責任ではなく一般不法行為責任が優先適用される例も存在する[14]。

① エステ施術重度アトピー罹患事件（巻末訴訟一覧No.49）は被告会社製造の美容器具を使った顔面エステ施術を受け続けた女性が、重度のアトピー性皮膚炎に罹患したとして、不法行為、債務不履行または製造物責任に基づく損害賠償を求めた事案である。同事案では、被告従業員らに対して「エステ施術に際し、原告が皮膚障害を発症、悪化させることのないように配慮すべき注意義務に違反」したとして、製造物責任ではなく過失による不法行為責任が認定され、被告会社にも使用者責任が認定された。同事案では、エステ施術後の炎症が「ソニック（筆者注：美容器具）の使用、塗布したジェルのどちらが一時接触性皮膚炎の原因であるかは断定できず、両者が複合して発生原因となった可能性もある」と認定されており、それゆえ、美容器具自体の欠陥の有無に着目する必要のない理論構成を採用したものと思われる[15]。また、従業員の一連の指導もやや悪質な印象であり、その過失を強調することが原告請求を認容すべき価値判断に資すると思われる事案でもあった。

② 防音ブースシックハウス症候群罹患事件（巻末訴訟一覧No.278）は、被告会社が製造・設置した防音ブースの使用者が、同ブースの建材から放散した揮発性有機化合物（VOC）の影響でシックハウス症候群に罹患して

---

14 本章のテーマとの関係で重要なのは、本文で言及する①エステ施術重度アトピー罹患事件（巻末訴訟一覧No.49）、②防音ブースシックハウス症候群罹患事件（巻末訴訟一覧No.278）である。

　その他、本章のテーマからは外れるが、原審で製造業者性が否定されたために不法行為法が優先適用された例として電気ストーブ化学物質過敏症事件（巻末訴訟一覧No.145）、法3条ただし書との関係で不法行為法が優先適用された例として軽貨物車燃料ホースクラック出火事件（巻末訴訟一覧No.152）、被告が保守管理義務違反を認めたために不法行為法が優先適用された例として給湯熱交換器一酸化炭素中毒事件（巻末訴訟一覧No.200）がある。また、製造物責任は否定されたが不法行為が認定された例として輸入漢方薬腎不全事件(1)（巻末訴訟一覧No.37）、岩盤浴設備高湿度卒倒事件（巻末訴訟一覧No.183）がある。

15 「一連の顔面エステ施術」はサービスであり、製造物責任法の対象とはならない。

損害を被ったなどとして、被告会社に対し、瑕疵担保責任、不法行為または製造物責任に基づく損害賠償を求めた事案である。同事案では、「本件防音ブース内のVOCが……厚生労働省指針値や換気基準を著しく超える可能性があり、……シックハウス症候群に罹患するという結果の発生について具体的に予見可能であった」としてあえて予見可能性を認定し、同予見可能性から結果回避義務も導いて過失責任を認定している。同事案では、問題となったシックハウス症候群は病気の実体も発症機序も明確ではなく「建物建築において施主がシックハウス症候群に罹患することがないことや、建物内の空気中のホルムアルデヒド濃度が厚生労働省指針値を超えないようにすることは、……常時、実現可能な事柄であると断定することはできない」との事実認定がなされており、(単に本件使用者がシックハウス症候群に罹患したという事実のみで)当該防音ブースの性状自体が通常有すべき安全性を欠くものと認定するのに躊躇がある事案であったように思われる。もっとも、これは予見し得ない副作用等を完全には除去しえない医薬品・化学物質等の製品群に通有する性質であり、もともと通常使用中の受傷という消費者期待基準的発想に基づく欠陥主張では対応しにくい製品特性である。したがって、同判例は、かかる欠陥認定の限界を被告の認識態様・行為態様に着目する不法行為構成で克服した一例と評価しうる[16]。

以上の①②の判例態度に鑑みると、①製品単体としての欠陥の有無は必ずしも明らかでないが、当該製品使用を含めた一連の被告の行為により被害が

---

[16] なお、かかる製品群では合理的代替設計の提示も困難なことが多く、それゆえに指示警告上の欠陥として争われることが多いが、同事案では原告側から同欠陥類型の主張はなされなかったようである。仮に指示警告上の欠陥が主張された場合を想定すると、予見可能性は不要とする立法当時の議論に従えば本判示よりも原告に有利な判断基準となる。また、予見可能性が必要とする現在の判例傾向に従ったとしても、本判決のように厚生労働省指針値等を「著しく」超えることについての予見可能性まで要求する理由はなく、やはり本件より原告に有利な判断基準が適用された可能性があったようにも思われる。

生じたことは明らかである場合、あるいは、②通常使用中の受傷という消費者期待基準的発想に基づく欠陥主張が認められにくい場合には、予見可能性の立証負担を負ってでも、製造物責任構成ではなく不法行為構成を採用したほうが原告にとって有利となる可能性がありうる。

また、これらと関連して、アメリカの実証実験結果より想起される可能性として、過失責任的な言葉使いは（相手方の意思・態度等から導かれ得る）相手方の非難可能性を示唆するものであり、原告請求を認容すべき価値判断を示しやすい。したがって、そのような非難に値する事実関係が存在する事案では、原告の訴訟戦術として、製造物責任よりも不法行為責任を重点的に主張するという価値判断もありうるように思われる[17]。

最後に、以上とは別の理論上の視点として、現時点で日本の製造物責任は消費者期待基準的発想で運用されることが多いが、論点ないし証拠関係によっては、リスク効用基準的発想に従い合理的代替設計を主張するほうが原告にとって有利となる可能性もある（第1章5、第4章2、4、第6章2参照）。しかし、このような合理的代替設計を採用しなかったことをもって製造物責任法上の欠陥とする発想が裁判所に受け入れられるかどうかは必ずしも明らかではない[18]。他方で、合理的代替設計を採用すべきであったのに採用しなかったというリスク効用基準的発想からの立論は、過失責任構成でも主張可

---

[17] もともと日本の製造物責任法は、人の行為ではなく製品の性状に着目することで争点の拡散を防ぐことが機能として期待されていた。したがって、このような訴訟戦術は立法趣旨との関係では疑問があるものの、実務上は無視し得ない。

[18] こんにゃく入りゼリー1歳児死亡事件控訴審（別表3－256）では、原告が代替設計を提示して欠陥主張を試みたが、判示ではそのような主張枠組み自体が排斥されている。
　立法当時の議論においても欠陥判断基準としてリスク効用基準を採用すべきという立場が有力であったわけではない。もっとも、たとえば通商産業省産業政策局消費経済課編『製造物責任法の解説』第Ⅲ部別添資料94〜95頁（通商産業調査会、1994）では、リスク効用基準の問題点として「有用性が危険性を上回る場合には危険が許容されるという印象を与えるおそれがある」が、「製造物責任は、効用の方が危険より大きい場合における問題である」との理解が示されている。かかる理解に従うならば、効用がリスクを上回る場合に欠陥が否定されるべきかどうかは検討を要するとしても、効用がリスクを下回る場合に欠陥を肯定することに問題はないはずである。

能である。したがって、原告の訴訟戦略として、合理的代替設計が存在するのにこれを採用しなかったというリスク効用基準的発想での責任追及を行いたい場合には、一つの試みとして、あえて不法行為責任として訴訟提起するという選択肢もありうるように思われる。

コラム：誰が製造物責任を請求できるか

　日本では製造物責任を追及できる主体について制限がなく、法人でも国でも製造物責任を追及することができ、むしろ、製品事故が起こった場合に最終製品の製造業者から部品製造業者に対して製造物責任を追及するのが同法の典型的な活用場面の一つとなっている。

　世界各国の製造物責任法制を概観すると、製造物責任を追及できる主体については、日本のように請求主体に制限がない国、消費者のみを請求主体とする国、その中間として何らか請求主体に制限をかける国に大別される。

　日本が影響を受けたヨーロッパでは、消費者が請求主体であることを条文として明示はしないが、回復可能な損害について、物損については個人的消費に供される類の製品についての損害に限定することで、事実上請求主体を消費者に制限している（EC Directive article 9(b)）。

　第3次リステイトメントでは、日本と同様に請求主体に制限はなく、法人も請求主体となりうる。しかし、回復可能な損害に関して、物損については、その欠陥製品自身以外に損害がない場合には、たとえそれにより製品を用いた生産活動ができないなどの営業損害が生じたとしても製造物責任は問い得ないと解されており（pure economic loss, RTT§21 cmt. d）、法人が製造物責任を活用できる場面は限定される（日本ではかかる場合にも請求が認められた例があるが（食肉自動解凍装置バリ付着事件（別表3－110）等）、その当否については議論があり、これに関連する研究として、神田桂「事業者間における製造物責任訴訟」松本恒雄先生還暦記念『民事法の現代的課題』（商事法務、2012年）がある）。

終章

日本における3類型論の活用可能性

本書冒頭でも触れたとおり、日本の製造物責任法における欠陥定義は「通常有すべき安全性を欠くこと」である。この欠陥定義は事故発生原因そのものよりも製品の性状に着目するものであり、そのような欠陥の主張立証が求められていたはずであった。しかし、製造物責任法立法後の裁判の展開のなかで、かかる欠陥定義の本来の意図は忘れられがちであり、むしろ事故発生原因が主要な争点となっている事案のほうが圧倒的に多い。

　かかる混乱の一因は、3類型論の概念を表面的に導入し、裁判実務において活用していたことにあるように思われる。元来3類型論は、原告が自ら原因解明しうることを大前提とするものであり、事故発生原因そのものよりも製品の性状に着目する日本の欠陥定義とは視点が異なる。それにもかかわらず、「製造上の欠陥」「設計上の欠陥」「指示警告上の欠陥」という用語が安易に裁判実務で用いられることで、裁判の焦点が事故原因究明に偏在することになってしまった。また、3類型論においても原因特定が不要な不具合類型（malfunction）が存在するにもかかわらず、類型としてその点が注目されることはなく、単に例外的な欠陥推定の問題としてのみ法曹関係者の記憶にとどまることとなった。このような二重の誤解が重なって、「通常使用中の被害発生」という日本の欠陥定義が予定する本来的主張が、これまでの実務においては欠陥推定理論に頼った例外的な主張方法として曲解されているように思われる。

　「通常使用中の被害発生」という主張は、原告にも証拠が入手可能な「通常使用」の有無を焦点とするものであり、ディスカバリー制度のない日本にあっても原告が製造物責任を追及しうる道を残すものである。その意味で、かかる主張を本来予定する日本の欠陥定義は、日本の実情に即した優れた立法であったと思われる。しかし、他方で、そのような日本の欠陥定義はその漠然性ゆえに裁判当事者の主観に頼った適用となりがちであり、そのため裁判結果が著しく予見困難なものとなっている。製造物責任法2条2項において考慮事情が列挙されてはいるが、「その他の当該製造物に係る事情」まで列挙するのはすべての事情を考慮すると宣言しているに等しく、日本の欠陥定

義の漠然性を補うものとはなっていない。この点において、裁判規範としての日本の欠陥定義の有用性は、欠陥を類型化して論点を深化させている3類型論には到底及ばない。

　現在我々に求められているのは、日本の欠陥定義の意味を再確認するとともに、欠陥認定に関する論点を整理して裁判の振れ幅を少なくすることであり、その際、3類型論をあらためて振り返ることは極めて有意義であると思われる。

　日本の欠陥定義と3類型論は視点を異にするとはいえ、不具合類型を接点として重なり合っており、理論上相容れないものではない。不具合類型がアメリカの3類型論では例外的位置づけであるのに対して日本では本来的類型となっている点には留意すべきであるが、それを踏まえて考えれば、アメリカの3類型論の議論を日本の欠陥認定に応用することは可能であり、日本において3類型論の視点は欠陥主張に説得力をもたせる主張立証手段の一つとなりうる。

　以上のとおり、通常使用類型についてその原則的位置づけと有用性・限界を再確認しつつ、事故原因が判明しうる場合には必要に応じて3類型論の議論を参照しながら論点整理することが、今後の実務において有用な視点になると思われる。本書がその一助となれば幸いである。

資料

資料

1 PL法関連訴訟一覧

＊注記　この表の「No.」「事件名」および「備考」欄の審級関係に関する記載は、平成27年4月15日に消費者庁より公開された製品安全関連の訴訟情報記載を引用している。また、「判決結果」「出典」欄は同訴訟情報記載の抜粋等である（http://www.caa.go.jp/safety/index19.html）。ただし、「No.50.1」のように、小数点以下の「No.」が付されているものについては、筆者が付加・作成したものである。

No.	判決	事件名	判決結果
1	静岡地裁平成8年3月29日判決	潜水艇支援調査船沈没事件	請求棄却
2	大津地裁平成8年2月9日判決	大津自動車事故負傷事件	請求棄却
3	大阪地裁平成9年9月18日判決	テレビ出火炎上事件（大阪市）	一部認容
4	名古屋地裁平成11年9月10日判決	歩行型耕耘機胸部圧迫死亡事件	請求棄却
5	東京地裁平成10年5月27日判決	薬害事件（L-トリプトファン事件）	請求棄却
6	東京地裁平成11年3月29日判決	ワープロ出火事件	請求棄却
7	福島地裁郡山支部平成7年7月25日判決	机の横転による死亡事件	請求棄却
8	東京高裁平成8年2月29日判決	自動車事故負傷事件	控訴棄却
9	大阪地裁平成15年3月13日判決	混合ワクチン（MMR）予防接種禍事件	一部認容
10	名古屋地裁平成11年3月15日判決	たばこ喫煙害毒事件(1)	請求棄却
11	東京地裁平成11年8月31日判決	冷凍庫発火事件	一部認容
12	札幌地裁平成10年7月28日判決	湯沸器不完全燃焼一酸化炭素中毒死事件	一部認容
13	東京地裁平成07年7月24日判決	菓子袋の角による目の負傷事件	請求棄却
14	東京地裁平成14年1月16日判決	パチンコ店火災事件	請求棄却
15	新潟地裁長岡支部平成11年9月8日判決	紙パック容器負傷事件	請求棄却
16	山口地裁下関支部平成13年4月23日判決	漁船ソイルタンク中毒死亡事件	一部認容
17	横浜地裁平成12年11月17日判決	血液製剤移植片対宿主病罹患死亡事件	一部認容
18	名古屋地裁平成10年11月13日判決	たばこ喫煙害毒事件(2)	請求棄却
19	さいたま地裁平成13年9月28日判決	集塵機出火炎上事件	請求棄却
20	名古屋地裁平成15年12月26日判決	航空機墜落事故死傷事件	一部認容
21	名古屋地裁平成16年5月27日判決	航空機墜落死亡事件	一部認容
22	東京地裁平成10年3月23日判決	テレビ出火炎上事件（足立区）	請求棄却
23	津地裁四日市支部平成10年9月29日判決	自動車エンジン発火炎上事件	請求棄却
24	大阪地裁堺支部平成11年9月10日判決	学校給食O157食中毒死亡事件	一部認容

1　PL法関連訴訟一覧

〔凡例〕　判時＝判例時報、判タ＝判例タイムズ、裁判所＝裁判所ウェブサイト、金判＝金融・商事判例、WLJP＝Westlaw Japan、交民集＝交通事故民事裁判例集、自保＝自動車保険ジャーナル、消費者＝消費者法ニュース、訟月＝訟務月報

出典	判示類型・結果				備考
	通常使用	製造	設計	表示	
判時1595号110頁					製造物責任法施行前。
判時1590号127頁					製造物責任法施行前。
判タ992号166頁					製造物責任法施行前。
判時1718号108頁					製造物責任法施行前。
判時1668号89頁					製造物責任法施行前。
判時1677号82頁					製造物責任法施行前。No.42の第一審。
判時1552号103頁					製造物責任法施行前。
判タ924号228頁					製造物責任法施行前。
判時1834号62頁					製造物責任法施行前。No.109の第一審。
判時1674号98頁					欠陥は争点外。
判時1687号39頁					製造物責任法施行前。
判タ1040号247頁					製造物責任法施行前。No.30の第一審。
判タ903号168頁					製造物責任法施行前。
WLJP					製造物責任法施行前。
WLJP				×	No.45の第一審。
判時1767号125頁					製造物責任法施行前。
判時1749号70頁					製造物責任法施行前。
判タ1025号247頁					欠陥は争点外。
判タ1088号230頁		×	×		債務不存在確認請求（反訴）の中での欠陥主張。
判時1854号63頁					製造物責任法施行前。No.115の第一審。
裁判所					製造物責任法施行前。
判時1651号92頁					製造物責任法施行前。
金判1057号46頁					原告請求原因が不法行為構成。
判タ1025号85頁					国賠法で一部認容、製造物責任は判断なし。

285

資　料

No.	判決	事件名	判決結果
25	和歌山地裁平成12年10月17日判決	プロパンガス漏れ火災事件	一部認容
26	仙台地裁平成11年2月25日判決	生ウニ食中毒事件	請求棄却
27	浦和地裁熊谷支部平成12年6月29日判決	食品容器裁断機リフト頭蓋底骨折死亡事件	請求棄却
28	千葉地裁平成13年3月30日判決	人工心肺装置ポンプチューブ亀裂事件	一部認容
29	大阪地裁平成15年3月31日判決	自動車エアバック非作動事件	請求棄却
30	札幌高裁平成14年2月7日判決	湯沸器不完全燃焼一酸化炭素中毒死事件	原判決一部変更
31	名古屋地裁平成14年1月31日判決	たばこ喫煙害毒事件(3)	請求棄却
32	東京地裁平成14年4月24日判決	コンクリートポンプ車ブーム折損負傷事件	認容
33	京都地裁平成12年3月27日判決	水上ジェットスキー暴走衝突事件	請求棄却
34	名古屋地裁平成11年6月30日判決	異物混入ジュース喉頭部負傷事件	一部認容
35	青森地裁平成13年2月13日判決	コンピュータープログラムミス税金過払事件	請求棄却
36	東京地裁平成12年5月22日判決	化粧品指示・警告上欠陥事件	請求棄却
37	名古屋地裁平成14年4月22日判決	輸入漢方薬腎不全事件(1)	一部認容
38	大阪地裁平成13年4月25日判決	ガスファンヒーター出火事件	請求棄却
39	東京地裁平成13年2月28日判決	輸入瓶詰オリーブ食中毒事件	一部認容
40	長崎地裁平成14年5月29日判決	土壁内竹組害虫発生事件	認容
41	金沢地裁平成13年7月17日判決	子ども靴前歯折損事件	請求棄却
42	東京高裁平成15年1月30日判決	ワープロ出火事件	控訴棄却
43	東京地裁平成14年2月26日判決	資源ゴミ分別機械上腕部切断事件	請求棄却
44	大阪地裁平成13年4月17日判決	米国製キャンピングカー雨漏り事件	却下
45	東京高裁平成12年2月29日判決	紙パック容器負傷事件	控訴棄却
46	東京地裁平成17年2月24日判決	治験薬投与虚血性心不全死亡事件	請求棄却
47	神戸地裁豊岡支部平成15年7月15日判決	車両火災一酸化炭素中毒死事件	請求棄却
48	仙台地裁平成13年4月26日判決	フロントガラスカバー金属フック左眼突刺重傷事件	一部認容
49	東京地裁平成13年5月22日判決	エステ施術重度アトピー罹患事件	一部認容
50	広島地裁平成14年5月29日判決	自販機出火展示物焼失事件	請求棄却

① PL法関連訴訟一覧

出典	判示類型・結果				備考
	通常使用	製造	設計	表示	
WLJP	×				No.60（控訴審）、No.78（上告審）の第一審。債務不履行構成で一部認容。
WLJP		×			
WLJP			×	×	No.56（控訴審）、No.66（上告審）の第一審。
判時1755号108頁					No.67の第一審。原告請求原因が不法行為構成。
交民集36巻2号481頁			×		
裁判所					製造物責任法施行前。No.12の控訴審。
裁判所					No.79（控訴審）、No.89（上告審）の第一審。欠陥は争点外。
WLJP					製造物責任法施行前。
判タ1107号252頁					No.59の第一審。原告請求原因が不法行為構成。
判時1682号106頁		○			控訴審にて和解。
WLJP	×				No.63の第一審。
判時1718号3頁				×	
判時1866号108頁			×		製造物責任は否定、不法行為構成で一部認容。
WLJP					No.64の第一審。原告請求原因が不法行為責任等。
判タ1068号181頁		○			
判時1934号55頁			○		No.87の第一審。
WLJP			×		
判時1824号31頁					製造物責任法施行前。No.6の控訴審。
WLJP			×	×	No.82の第一審。
WLJP					別訴において、原告が信販会社に自動車購入代金の一部を支払い、所有権を得ることで和解成立。
WLJP			×		No.15の控訴審。
WLJP			×	×	
WLJP					原告請求原因が不法行為構成。
判時1754号138頁			○		控訴審にて和解。
判時1765号67頁					不法行為責任等で一部認容、製造物責任は判断なし。
裁判所	(○)				No.85の第一審。瑕疵は認められるが平成7年1月

287

資料

No.	判決	事件名	判決結果
50.1	東京地裁平成18年3月7日判決	自動車点火プラグ発火事件	棄却
51	東京地裁平成15年9月19日判決	カテーテル破裂脳梗塞障害事件	一部認容
52	広島地裁平成13年12月19日判決	車両制御不能崖下転落事件	請求棄却
53	徳島地裁平成14年10月29日判決	磁気活水器養殖ヒラメ全滅事件	一部認容
54	神戸地裁明石支部平成15年3月26日判決	プール消毒液皮膚炎事件	一部認容
55	福岡地裁小倉支部平成14年10月29日判決	カラオケ店立体駐車場脳挫傷死亡事件	一部認容
56	東京高裁平成13年4月12日判決	食品容器裁断機リフト頭蓋底骨折死亡事件	原判決変更
57	奈良地裁平成15年10月8日判決	給食食器破片視力低下事件(2)	一部認容
58	大阪地裁平成14年9月24日判決	中古車出火焼損事件	請求棄却
59	大阪高裁平成12年11月21日判決	水上ジェットスキー暴走衝突事件	控訴棄却
60	大阪高裁平成13年12月20日判決	プロパンガス漏れ火災事件	原判決取消、附帯控訴棄却
61	東京地裁平成16年3月23日判決	ピアノ防虫防錆剤液状化事件	一部認容
62	神戸地裁平成14年11月20日判決	缶入り野菜ジュース下痢症状事件	請求棄却
63	仙台高裁平成14年3月8日判決	コンピュータープログラムミス税金過払事件	控訴棄却
64	大阪高裁平成13年11月30日判決	ガスファンヒーター出火事件	控訴棄却
65	さいたま地裁平成15年10月31日判決	食肉自動解凍装置バリ付着事件	請求棄却
66	最高裁第二小法廷平成14年6月28日不受理決定	食品容器裁断機リフト頭蓋底骨折死亡事件	不受理決定
67	東京高裁平成14年2月7日判決	人工心肺装置ポンプチューブ亀裂事件	原判決一部変更、一部控訴棄却
68	東京地裁平成15年9月4日判決	ガラスコーティング剤白濁事件	請求棄却
69	神戸地裁平成15年11月27日判決	骨接合プレート折損事件	請求棄却
70	東京地裁平成17年2月8日判決	パチスロ機電源火災事件	請求棄却
71	甲府地裁平成14年9月17日判決	自動車用燃料添加剤エンジン不調事件	一部認容
72	東京地裁平成14年12月13日判決	イシガキダイ料理食中毒事件	一部認容
73	東京地裁平成15年7月31日判決	カーオーディオスイッチ設計欠陥事件	一部認容

① PL法関連訴訟一覧

出典	判示類型・結果				備考
	通常使用	製造	設計	表示	
					1日以後の製造加工がないため製造物責任否定。
判例秘書	×				
判時1843号118頁		○			No.104の第一審。
裁判所	×				
裁判所	○			○	控訴審にて和解。
判タ1212号265頁					原告請求原因が不法行為構成等。
判時1808号90頁					債務不履行構成で一部認容、製造物責任は判断なし。
判時1773号45頁			○		No.27（第一審）、No.66（上告審）の控訴審。
判時1840号49頁		×	×	○	
判タ1129号174頁	×				
判タ1107号249頁					No.33の控訴審。原告請求原因が不法行為構成。
裁判所	×				No.25（第一審）、No.78（上告審）の控訴審。債務不履行構成も認めず。
判時1908号143頁			○	○	控訴審にて和解。
WLJP		×			No.92の第一審。
WLJP	×				No.35の控訴審。
判タ1087号209頁					No.38の控訴審。原告請求原因が不法行為責任等。
WLJP			×		No.110（控訴審）、No.137（上告審）、No.138（上告審）の第一審。
WLJP					No.27（第一審）、No.56（控訴審）の上告審。
判時1789号78頁					No.28の控訴審。原告請求原因が不法行為構成。
WLJP					No.103の第一審。欠陥は争点外。
裁判所		×		×	No.113の第一審。
WLJP			×		No.139の第一審。
WLJP	○				控訴審にて和解。
判時1805号14頁		○			No.94の第一審。
判時1842号84頁			○		控訴審にて和解。

289

No.	判決	事件名	判決結果
74	札幌地裁平成14年11月22日判決	車両噴射ポンプ欠陥衝突事件	一部認容
75	東京地裁平成15年5月28日判決	外国製高級車発火炎上事件	一部認容
76	東京地裁平成15年3月20日判決	人工呼吸器換気不全死亡事件(1)	一部認容
76.1	東京地裁平成16年1月16日判決	大型石油温風暖房機発火事件	請求棄却
76.2	東京地裁平成14年10月29日判決	自動車エアバッグ・タイヤ接触事件	請求棄却
77	東京地裁平成17年2月3日判決	健康栄養補助食品変質事件	請求棄却
78	最高裁第二小法廷平成15年10月10日不受理決定	プロパンガス漏れ火災事件	不受理決定
79	名古屋高裁平成14年9月26日判決	たばこ喫煙害毒事件(3)	控訴棄却
80	静岡地裁沼津支部平成18年12月20日判決	トラック火災積荷焼失事件	請求棄却
81	大阪地裁平成15年4月16日判決	レンジつまみ過熱事件	一部認容
82	東京高裁平成14年10月31日判決	資源ゴミ分別機械上腕部切断事件	原判決一部変更
83	鹿児島地裁平成17年10月26日判決	自動車ギア発火炎上事件	一部認容
84	広島地裁平成16年7月6日判決	幼児用自転車バリ裂挫傷事件	一部認容
85	広島高裁平成15年3月20日判決	自販機出火展示物焼失事件	一部控訴却下、一部控訴棄却
86	名古屋地裁平成16年4月9日判決	輸入漢方薬腎不全事件(2)	一部認容
87	福岡高裁平成17年1月14日判決	土壁内竹組害虫発生事件	控訴棄却
88	東京地裁平成17年3月24日判決	電気ストーブ化学物質過敏症事件	請求棄却
89	最高裁平成15年2月27日判決	たばこ喫煙害毒事件(3)	上告棄却
90	和歌山地裁平成17年3月2日判決	収納箱児童窒息死事件	請求棄却
91	大阪地裁平成16年6月14日判決	パワーリフトプラットホーム傾斜負傷事件	一部認容
92	大阪高裁平成15年5月16日判決	缶入り野菜ジュース下痢症状事件	控訴棄却
93	東京地裁平成18年1月25日判決	穴掘建柱車オーガスクリュー脱落挫傷事件	請求棄却
94	東京高裁平成17年1月26日判決	イシガキダイ料理食中毒事件	一部控訴棄却、原判決一部変更
94.1	東京地裁平成17年10月7日判決	油圧ショベル故障事件	請求棄却
94.2	東京地裁平成16年8月26日判決	水槽用クーラー出火事件	請求棄却
94.3	東京地裁平成15年1月31日判決	シミュレーションゲームシステム不具合事件	請求棄却

① PL法関連訴訟一覧

出典	判示類型・結果				備考
	通常使用	製造	設計	表示	
判時1824号90頁					控訴審にて和解。欠陥は争点外。
判時1835号94頁					No.99の第一審。欠陥は争点外。
判時1846号62頁			×	○	控訴審にて和解。
判例秘書	×				
判例秘書	(○)				欠陥は認められるが営業損害がない。
WLJP			×	×	
WLJP					No.25（第一審）、No.60（控訴審）の上告審。
					No.31（第一審）、No.89（上告審）の控訴審。
WLJP			○		
WLJP			○		No.43の控訴審。
自保1775号20頁				×	控訴審にて和解。
判時1868号101頁			×	○	
WLJP		(○)			No.50の控訴審。瑕疵は認められるがH7.1.1後の製造加工がないため製造物責任否定。
判時1869号61頁			○		控訴審にて和解。
判時1934号45頁			○		No.40の控訴審。
判時1921号96頁				×	No.145（控訴審）、No.159（上告審）の第一審。なお、製造業者性も否定。
					No.31（第一審）、No.79（控訴審）の上告審。
					No.141（控訴審）、No.156（上告審）の第一審。
交民集37巻3号718頁					原告請求原因が不法行為構成等。
WLJP		×			No.62の控訴審。
WLJP			×		
消費者64号198頁		○			No.72の控訴審。
判例秘書					欠陥は争点外。
判例秘書	×				
判例秘書					欠陥は争点外。

291

資 料

No.	判決	事件名	判決結果
95	横浜地裁平成18年4月18日判決	トレーラータイヤ直撃死亡事件	一部認容
96	大阪地裁平成17年1月12日判決	無許可添加物混入健康食品慰謝料請求事件	一部認容
97	東京地裁平成16年8月31日判決	輸入馬肉O157事件	請求棄却
98	東京地裁平成17年7月19日判決	接着剤化学物質回収事件	請求棄却
99	東京高裁平成15年10月30日判決	外国製高級車発火炎上事件	控訴棄却
100	東京地裁平成19年5月21日判決	泡立器金属棒失明事件	一部認容
101	前橋地裁平成16年5月14日判決	踏切電車衝突死亡事件	一部認容
102	東京地裁平成16年3月25日判決	轟音玉爆発手指欠損事件	一部認容
103	東京高裁平成16年1月21日判決	ガラスコーティング剤白濁事件	控訴棄却
104	東京高裁平成15年10月14日	カテーテル破裂脳梗塞障害事件	取下げ
105	千葉地裁松戸支部平成17年1月31日判決	折りたたみ自転車転倒傷害事件	請求棄却
106	東京地裁平成19年5月17日判決	IHクッキングヒーター内インバータユニット通信エラー発生事件	一部認容
107	東京地裁平成17年9月30日判決	ハンドルテカン品質不良事件	請求棄却
108	東京地裁平成19年7月9日判決	オゾン発生歯科機械腐食劣化事件	請求棄却
109	大阪高裁平成18年4月20日判決	混合ワクチン(MMR)予防接種禍事件	一部控訴棄却、原判決一部取消
110	東京高裁平成16年10月12日判決	食肉自動解凍装置バリ付着事件	原判決変更
111	広島地裁三次支部平成19年2月19日判決	チャイルドシート着用乳児死亡事件	一部認容
112	東京地裁平成17年8月26日判決	皮引き(皮むき器)包装負傷事件	請求棄却
112.1	東京地裁平成18年7月10日判決	無煙ロースター眼痛事件	請求棄却
112.2	東京地裁平成17年9月28日判決	化粧品細菌等混入事件	請求棄却
112.3	東京地裁平成17年7月12日判決	自動車フットブレーキ不具合事件	一部認容
113	大阪高裁平成16年8月27日判決	骨接合プレート折損事件	控訴棄却
114	東京地裁平成18年7月19日判決	送風機損壊事件	請求棄却
115	名古屋高裁平成20年2月28日判決	航空機墜落事故死傷事件	控訴棄却、追加請求一部認容、原判決一部取消
116	東京地裁平成17年8月26日判決	ポンプ欠陥係留船沈没事件	一部認容

① PL法関連訴訟一覧

出典	判示類型・結果				備考
	通常使用	製造	設計	表示	
判時1937号123頁					No.158（控訴審）、No.172（上告審）の第一審。欠陥は争点外。
判時1913号97頁					No.134の第一審。欠陥は争点外。
判時1891号96頁		×			
判時1976号76頁					No.148の第一審。欠陥は争点外。
消費者59号125頁					No.75の控訴審。欠陥は争点外。
WLJP					欠陥は争点外。
判時1860号108頁					原告請求原因が不法行為構成。
WLJP		×	×	○	No.119の第一審。
					No.68の控訴審。
					No.51の控訴審。判決欄日付は取下日。
WLJP			×	×	
WLJP			○		
WLJP					原告請求原因が債務不履行構成。
WLJP					欠陥は争点外。
判時1834号62頁					製造物責任法施行前。No.9の控訴審。
判時1912号20頁			○		No.65（第一審）、No.137（上告審）、No.138（上告審）の控訴審。
WLJP	×				製造業者に対する請求は棄却。
WLJP			×	×	
判例秘書			×		
判例秘書					欠陥は争点外。
判例秘書					欠陥は争点外。
WLJP		×		×	No.69の控訴審。
WLJP	×				反訴での欠陥主張。
判時2009号96頁					製造物責任法施行前。No.20の控訴審。
WLJP		○	×		

293

資　料

No.	判決	事件名	判決結果
117	岡山地裁平成17年10月26日判決	腹部エステ施術色素沈着事件	一部認容
118	東京地裁平成19年4月11日判決	メッキ装置内ヒーター爆発事件	一部認容
119	東京高裁平成17年1月13日判決	轟音玉爆発手指欠損事件	原判決変更
120	京都地裁平成19年2月13日判決	介護ベッド胸腹部圧迫死亡事件	請求棄却
121	大阪地裁平成23年2月25日判決	肺がん治療薬死亡等事件（大阪）	一部認容
122	名古屋地裁平成19年11月30日判決	健康食品呼吸器機能障害愛知事件	一部認容
123	東京地裁平成18年10月27日判決	自動車制御不能衝突事件	請求棄却
124	富山地裁平成17年12月20日判決	焼却炉燃焼爆発工場全焼事件	認容
125	名古屋地裁平成18年2月24日判決	軽乗用車出火焼損事件	請求棄却
126	東京地裁平成23年3月29日判決	自動車シートベルトエアバック欠陥事件	一部認容
127	長野地裁松本支部平成19年3月28日判決	システムバス発火建物焼損事件	請求棄却
128	東京地裁平成23年3月23日判決	肺がん治療薬死亡事件（東京）	一部認容、一部事件につき請求棄却
129	奈良地裁平成21年5月26日判決	卓球台転倒受傷事件(1)	一部認容
130	大阪地裁平成18年10月20日判決	焼肉店ダクト低温発火事件	請求棄却
131	奈良地裁平成21年5月26日判決	卓球台転倒受傷事件(2)	一部認容
132	東京地裁平成18年4月4日判決	光モジュール出力劣化事件	認容（中間判決）
133	東京地裁平成22年3月23日判決	光モジュール出力劣化事件	請求棄却
133.1	東京地裁平成18年4月28日判決	パイプ連結ジョイント漏水事件	請求棄却
134	大阪高裁平成17年10月14日判決	無許可添加物混入健康食品慰謝料請求事件	控訴棄却
135	東京地裁平成20年12月24日判決	死亡事故後リコール判明事件	請求棄却
136	京都地裁平成18年11月30日判決	折りたたみ足場台脚部座屈傷害事件	一部認容
137	最高裁第一小法廷平成17年5月16日判決・不受理決定	食肉自動解凍装置バリ付着事件	上告棄却、不受理決定
138	最高裁第一小法廷平成17年5月16日不受理決定	食肉自動解凍装置バリ付着事件	不受理決定
139	東京高裁平成18年1月18日判決	パチスロ機電源火災事件	控訴棄却
140	東京地裁平成19年2月5日判決	工作機械出火焼損事件	請求棄却

① PL法関連訴訟一覧

出典	判示類型・結果				備考
	通常使用	製造	設計	表示	
WLJP				○	
WLJP			○		No.176（控訴審）、No.237（上告審）の第一審。
					No.102の控訴審。
裁判所			×	×	控訴審にて和解。
裁判所			×	○	No.262（控訴審）、No.310（上告審）の第一審。
判時2001号69頁			○		No.189（控訴審）、No.213（上告審）の第一審。
消費者70号211頁	×				No.168の第一審。
裁判所			×	○	No.153の第一審。
裁判所			×	×	
判タ1375号164頁			×		
					No.175の第一審。
判時2124号202頁			×	○	No.264（控訴審）、No.275（上告審）およびNo.276（上告審）およびNo.277（上告審）の第一審。
			○		
判時1982号125頁			×		
			○		
判時1940号130頁					No.133（第一審終局判決）、No.236（控訴審）の第一審中間判決。欠陥は争点外。
WLJP		×			No.132（第一審中間判決）、No.236（控訴審）の第一審終局判決。
判例秘書			×	×	
WLJP					No.96の控訴審。
WLJP	×				No.210（控訴審）、No.244（上告審）の第一審。
判時1971号146頁	○				No.169（控訴審）、No.180（上告審）の第一審。
WLJP					No.65（第一審）、No.110（控訴審）の上告審。平17(オ)179号・平17(受)204号・平17(受)699号
WLJP					No.65（第一審）、No.110（控訴審）の上告審。平17(受)205号・平17(受)206号
WLJP			×		No.70の控訴審。
判時1970号60頁	×			×	

295

資　料

No.	判決	事件名	判決結果
141	大阪高裁平成18年2月16日判決	収納箱児童窒息死事件	控訴棄却
142	仙台地裁平成19年7月10日判決	携帯電話低温やけど事件	請求棄却
143	神戸地裁平成21年1月27日判決	トラック欠陥放置事件	一部認容
144	名古屋簡裁平成17年11月29日判決	ロースカツ食中毒事件	請求棄却
145	東京高裁平成18年8月31日判決	電気ストーブ化学物質過敏症事件	原判決一部変更、一部控訴棄却
146	大阪地裁平成20年6月25日判決	旋回ベアリング取付ボルト折損クレーン旋回台落下事件	請求棄却
147	東京地裁平成20年4月24日判決	廃食用油軽油代替燃料精製装置残留メタノール事件	請求棄却
148	東京高裁平成18年1月19日判決	接着剤化学物質回収事件	控訴棄却
149	東京地裁平成20年8月29日判決	電気ストーブ化学物質過敏症別訴事件	一部認容
150	東京地裁平成19年11月27日判決	外装用ガラス破損脱落落下事件	請求棄却
151	東京地裁平成20年6月30日判決	焼肉店無煙ロースターダクト発火事件	請求棄却
152	東京地裁平成19年4月24日判決	軽貨物車燃料ホースクラック出火事件	一部認容
153	名古屋高裁金沢支部平成19年7月18日判決	焼却炉燃焼爆発工場全焼事件	控訴棄却
154	鹿児島地裁平成20年5月20日判決	カプセル玩具誤飲高度後遺障害事件	一部認容
155	東京地裁平成19年4月17日判決	ノートパソコンディスプレーゆがみ事件	控訴棄却
156	最高裁平成18年7月21日判決・不受理決定	収納箱児童窒息死事件	上告棄却、不受理決定
157	奈良地裁平成20年2月14日判決	ヘアマニキュア脱毛事件	請求棄却
158	東京高裁平成19年2月27日判決	トレーラータイヤ直撃死亡事件	控訴棄却
159	最高裁平成19年3月1日不受理決定	電気ストーブ化学物質過敏症事件	不受理決定
160	東京地裁平成20年9月17日判決	自動車部品組立てミス自損事故発生事件	請求棄却
161	東京地裁平成24年1月30日判決	ヘリコプターエンジン出力停止墜落事件	一部認容
162	東京地裁平成21年3月30日判決	排ガス処理施設内電気集塵機火災発生事件	請求棄却
163	東京地裁平成21年8月7日判決	トランス用乾燥装置発火事件	一部認容
164	東京地裁平成19年10月19日判決	排気筒取付金具バリ切創事件	請求棄却
165	東京地裁平成21年10月21日判決	外国製高級車自動変速機構等誤作動死亡事件	請求棄却

1 PL法関連訴訟一覧

出典	判示類型・結果				備考
	通常使用	製造	設計	表示	
WLJP			×	×	No.90（第一審）、No.156（上告審）の控訴審。
判時1981号66頁	×			×	No.179（控訴審）、No.240（上告審）の第一審。
判タ1302号180頁					原告請求原因が不法行為構成。
裁判所		×			
判時1959号3頁					No.88（第一審）、No.159（上告審）の控訴審。製造業者該当性否定、不法行為で一部認容。
自保1827号160頁	×			×	
判時2023号77頁			×		No.194の第一審。
					No.98の控訴審。
判時2031号71頁			○		
WLJP			×		
WLJP		×			反訴での欠陥主張。
判時1994号65頁					不法行為構成で一部認容、製造物責任は判断なし（法3条ただし書の影響か）。
判タ1251号333頁				○	No.124の控訴審。
判時2015号116頁			○		控訴審にて和解。
WLJP			×		
					No.90（第一審）、No.141（控訴審）の上告審。
					No.95（第一審）、No.172（上告審）の控訴審。
消費者71号237頁					No.88（第一審）、No.145（控訴審）の上告審。
WLJP		×			
訟月58巻7号2585頁	○				No.284（控訴審）、No.336（上告審）の第一審。
WLJP			×	×	
判タ1346号225頁	○				
WLJP		×			
判時2069号67頁			×		No.226の第一審。

資　料

No.	判決	事件名	判決結果
166	東京地裁平成19年11月13日判決	タイヤチェーン着脱負傷事件	請求棄却
167	東京地裁平成22年5月26日判決	コレステロール低下剤副作用健康被害事件	請求棄却
168	東京高裁平成19年7月18日判決	自動車制御不能衝突事件	控訴棄却
169	大阪高裁平成19年8月30日判決	折りたたみ足場台脚部座屈傷害事件	原判決変更
170	東京地裁平成25年9月26日判決	灯油配管フレキシブルメタルホース破損漏出事件	認容
171	大阪地裁平成21年9月4日判決	業務用電気冷凍庫火災建物焼失事件	請求棄却
172	最高裁平成19年9月20日不受理決定	トレーラータイヤ直撃死亡事件	不受理決定
173	東京地裁平成23年5月12日判決	海藻メカブ加工品金属片混入事件	一部認容
174	大阪地裁平成22年9月9日判決	不正改造ガス湯沸器不完全燃焼一酸化炭素中毒死傷事件	一部認容
175	東京高裁平成19年9月26日判決	システムバス発火建物焼損事件	控訴棄却
176	東京高裁平成22年1月13日判決	メッキ装置内ヒーター爆発事件	原判決取消
177	東京地裁平成20年8月29日判決	自転車フレーム破断転倒傷害事件	一部認容
178	東京地裁平成22年2月10日判決	デリック（貨物積卸用装置）ワイヤーロープ破断死亡事件	一部認容
179	仙台高裁平成22年4月22日判決	携帯電話低温やけど事件	原判決変更
180	最高裁平成20年1月31日不受理決定	折りたたみ足場台脚部座屈傷害事件	不受理決定
181	神戸地裁姫路支部平成20年10月2日判決	携帯電話カッターナイフ折れ刃付着受傷事件	請求棄却
182	東京地裁平成21年7月28日判決	下地材ボード欠陥外壁面ひび割れ事件	請求棄却
183	東京地裁平成20年10月16日判決	岩盤浴設備高湿度卒倒事件	一部認容
184	東京地裁平成25年5月27日判決	コンテナ船倉内化学物質発煙事件	請求棄却
185	東京地裁平成21年11月12日判決	プルーンペースト含有クッキー金属片混入事件	請求棄却
186	東京地裁平成20年12月26日判決	塗料リフティング発生事件	請求棄却
187	東京地裁平成20年11月25日判決	自動車エンジン急停止腰椎捻挫事件	請求棄却
188	東京地裁平成21年9月30日判決	エアバッグ暴発手指等負傷事件	一部認容
189	名古屋高裁平成21年2月26日判決	健康食品呼吸器機能障害愛知事件	原判決一部変更、一部取消、一部控訴棄却
190	大阪地裁平成22年11月17日判決	赤外線ドーム両下肢網状皮斑事件	一部認容
191	仙台地裁平成22年9月14日判決	スキービンディングの非開放による受傷事件	請求棄却

出典	判示類型・結果				備考
	通常使用	製造	設計	表示	
WLJP			×	×	
判時2098号69頁			×	×	
					No.123の控訴審。
					No.136（第一審）、No.180（上告審）の控訴審。
判時2210号67頁		○			
					No.220（控訴審）、No.245（上告審）の第一審。
					No.95（第一審）、No.158（控訴審）の上告審。
WLJP					欠陥は争点外。製造物責任は否定されたが債務不履行責任は肯定。
判時2103号74頁					製造物責任法施行前。
					No.127の控訴審。
					No.118（第一審）、No.237（上告審）の控訴審。
WLJP		○			
WLJP		○		×	
判時2086号42頁	○				No.142（第一審）、No.240（上告審）の控訴審。
					No.136（第一審）、No.169（控訴審）の上告審。
					No.203の第一審。
WLJP					欠陥は争点外（品質の問題）。
WLJP		×			製造物責任否定、不法行為構成で一部認容。
判時2211号58頁				×	No.338の第一審。
WLJP		×			
WLJP			×		
WLJP			×	×	
判タ1338号126頁	○				
裁判所			○		No.122（第一審）、No.213（上告審）の控訴審。一部被告とは控訴審にて和解。
判時2146号80頁			×	○	
					No.247の第一審。

資料

No.	判決	事件名	判決結果
192	東京地裁平成25年12月17日判決	たばこ喫煙害毒事件(4)	請求棄却
193	東京地裁平成21年 4月13日判決	ビデオカメラハードディスクドライブ故障事件	請求棄却
194	東京高裁平成21年 2月12日判決	廃食用油軽油代替燃料精製装置残留メタノール事件	控訴棄却
195	横浜地裁平成24年 5月25日判決	石綿（アスベスト）粉じん暴露石綿関連疾患罹患事件	請求棄却
196	大津地裁平成22年 2月23日判決	二重サッシ脱落受傷事件	請求棄却
197	京都地裁	電気温水器からのニッケル漏出による湿疹事件	取下げ
198	鹿児島地裁平成23年 9月22日判決	水中打上花火爆発事件	請求棄却
199	東京地裁平成22年10月20日判決	輸入自動車欠陥事件	請求棄却
200	札幌地裁平成25年 3月27日判決	給湯熱交換器一酸化炭素中毒事件	一部認容
201	東京地裁平成24年12月 5日判決	アスベスト粉じん曝露石綿関連疾患罹患事件	一部認容
202	東京地裁平成25年10月 9日判決	安定器出火炎上事件	一部認容
203	大阪高裁平成21年 2月20日判決	携帯電話カッターナイフ折れ刃付着受傷事件	控訴棄却
204	東京地裁平成23年 1月31日判決	トンカチ槌破片飛散負傷事件	一部認容
205	東京地裁平成22年 4月21日判決	灯油用ポリエチレン缶キャップ不具合事件	一部認容
206	東京地裁平成22年 3月15日判決	緩降機ロープ切断落下死亡事件	請求棄却
207	東京地裁平成23年 1月17日判決	洗浄剤硫化水素中毒事件	請求棄却
208	東京地裁	公営住宅エレベーター戸開走行による死亡事件(1)	
209	東京地裁平成22年 4月27日判決	掘削機故障事件	請求棄却
209.1	岡山地裁平成23年 1月27日判決	携帯電話異臭発煙事件	一部認容
210	東京高裁平成22年 7月 1日判決	死亡事故後リコール判明事件	控訴棄却
211	東京地裁平成22年12月22日判決	調理食品回収費用請求事件(2)	一部認容
212	神戸地裁姫路支部平成22年11月17日判決	こんにゃく入りゼリー1歳児死亡事件	請求棄却
213	最高裁第二小法廷平成21年11月13日不受理決定	健康食品呼吸器機能障害愛知事件	不受理決定
214	東京地裁平成23年 2月 9日判決	トイレブース開き戸型ドア親指切断事件	請求棄却
215	高松地裁平成22年 8月18日判決	高松自動車事故負傷事件	請求棄却

① PL法関連訴訟一覧

出典	判示類型・結果				備考
	通常使用	製造	設計	表示	
WLJP					欠陥は争点外。
WLJP		×			
					No.147の控訴審。
裁判所					共同不法行為要件を満たさないとして棄却。
					No.234の第一審。
判例秘書		×			
WLJP	×				
WLJP					不法行為構成で一部認容、製造物責任は判断なし（被告が注意義務違反を自認）。
判時2183号194頁					共同不法行為要件を満たさないとして製造物責任は認めず、国賠責任のみ一部認容。
WLJP			○		
					No.181の控訴審。
WLJP		×	×	○	
WLJP					欠陥は争点外。
WLJP				×	
WLJP				×	
WLJP					欠陥は争点外（品質の問題）。
判例秘書					欠陥は争点外。
					No.135（第一審）、No.244（上告審）の控訴審。
判時2118号50頁					欠陥は争点外。
判時2146号80頁			×	×	No.256の第一審。
					No.122（第一審）、No.189（控訴審）の上告審。
判時2113号110頁			×		
判タ1363号197頁			×	×	

No.	判決	事件名	判決結果
216	岐阜地裁平成22年9月14日判決	犬用引き紐欠陥犬傷害事件	請求棄却
217	大阪地裁平成22年7月7日判決	調理食品回収費用請求事件	一部認容
218	東京地裁平成22年12月6日判決	培養土過塩素酸カリウム混入事件(1)	一部認容
219	東京地裁平成24年3月30日判決	マイクロリレー内臓自動ドアコントローラ不具合事件	請求棄却
220	大阪高裁平成22年7月29日判決	業務用電気冷凍庫火災建物焼失事件	控訴棄却
221	東京地裁平成24年1月12日判決	パレット製造設備金型ホルダークラック発生事件	請求棄却
222	東京地裁平成22年4月9日判決	石材用接着剤染み出しタイル剥落事件	請求認容
223	甲府地裁平成24年5月22日判決	石油ストーブ火災事件	請求棄却
224	東京地裁平成23年10月27日判決	フォークリフト装着充電器コネクタ出火損害賠償代位行使事件	請求棄却
225	東京地裁平成22年8月31日判決	自動車リアガラス変形事件	一部却下、一部棄却
226	東京高裁平成22年6月16日判決	外国製高級車自動変速機構等誤作動死亡事件	控訴棄却
227	名古屋地裁	介護ベッド胸背部圧迫死亡事件	
228	東京地裁平成23年6月24日判決	フォークリフト装着充電器コネクタ出火事件	請求棄却
229	東京地裁平成22年12月28日判決	自動二輪車シフトペダル脱落部接触中指切断事件	請求棄却
230	東京地裁平成26年7月15日判決	肥料生育障害事件	一部認容
231	神戸地裁尼崎支部平成24年5月10日判決	排ガス廃液処理装置沈降槽断裂事件	請求棄却
232	福岡地裁小倉支部平成23年2月24日判決	椅子脚部破損腰部骨折精神疾患事件	一部認容
232.1	大阪地裁平成25年3月14日判決	移動式電源装置不具合事件	一部認容
233	東京地裁平成23年5月25日判決	空気清浄機発火事件	一部認容
234	大阪高裁平成22年11月26日判決	二重サッシ脱落受傷事件	控訴棄却
235	東京地裁平成24年8月31日判決	電気カーペット火災死亡事件	請求棄却
236	東京高裁平成23年6月22日判決	光モジュール出力劣化事件	控訴棄却
237	最高裁平成22年9月9日判決・不受理決定	メッキ装置内ヒーター爆発事件	上告棄却、不受理決定

① PL法関連訴訟一覧

出典	判示類型・結果				備考
	通常使用	製造	設計	表示	
判時2138号61頁			×	×	No.246（控訴審）、No.273（上告審）の第一審。
判時2100号97頁					契約責任で一部認容、製造物責任は判断せず。
WLJP					欠陥は争点外。
WLJP					欠陥は争点外。
					No.171（第一審）、No.245（上告審）の控訴審。
WLJP					原告請求原因が不法行為構成等。
WLJP					債務不履行構成による相殺抗弁として主張。
裁判所			×		
判タ1379号237頁			×		
WLJP					欠陥は争点外。
					No.165の控訴審。
WLJP				×	
WLJP		×	×		
判時2238号58頁					
判時2165号123頁			×	×	
判時2164号64頁					No.261の第一審。欠陥は争点外。
判例秘書					債務不履行構成で一部認容、製造物責任は判断せず。
WLJP					欠陥は争点外。
					No.196の控訴審。
WLJP	×				
					No.132（第一審中間判決）、No.133（第一審終局判決）の控訴審。
					No.118（第一審）、No.176（控訴審）の上告審。

303

資料

No.	判決	事件名	判決結果
238	東京地裁平成25年3月25日判決	輸入スポーツ自転車部品脱落頚部受傷事件	一部認容
239	大阪地裁	IH調理器具高周波電流健康被害事件	
240	最高裁第一小法廷平成23年10月27日判決・不受理決定	携帯電話低温やけど事件	上告棄却、不受理決定
241	大阪地裁平成25年3月21日判決	ふとん乾燥機出火死亡事件	一部認容
242	横浜地裁川崎支部	ディーゼル車排気ガス微粒子除去装置事件	
243	東京地裁	公営住宅エレベーター戸開走行による死亡事件(2)	
244	最高裁	死亡事故後リコール判明事件	
245	最高裁平成23年2月3日判決・不受理決定	業務用電気冷凍庫火災建物焼失事件	上告棄却、不受理決定
246	名古屋高裁平成23年10月13日判決	犬用引き紐欠陥犬傷害事件	原判決変更
247	仙台高裁平成23年4月27日判決	スキービンディングの非開放による受傷事件	控訴棄却
248	東京地裁平成23年9月28日判決	鯖定食針状異物混入事件	請求棄却
249	東京地裁平成26年2月26日判決	国立大学法人研究棟ガラス落下事件	請求棄却
250	東京地裁平成23年4月19日判決	芝刈機指負傷事件	請求棄却
251	東京地裁平成26年2月28日判決	耐熱性硬質ポリ塩化ビニル管(HTVP管)クラック(亀裂)漏水事故発生事件	請求棄却
252	東京地裁平成24年4月16日判決	外壁用洗浄剤ガラス腐食事件	一部認容
253	東京地裁平成24年1月17日判決	住居洗剤塗装剥離変色事件	請求棄却
254	東京地裁平成24年11月26日判決	シュレッダー破裂難聴など負傷事件	一部認容
255	東京地裁平成24年11月29日判決	立体駐車場駐車自動車地震発生損傷事件	請求棄却
256	大阪高裁平成24年5月25日判決	こんにゃく入りゼリー1歳児死亡事件	控訴棄却
257	東京地裁平成24年11月30日判決	牛肉入りサイコロステーキO157食中毒事件	請求棄却
258	東京地裁平成24年3月28日判決	立体駐車場駐車自動車壁面衝突事件	請求棄却
259	東京地裁平成25年6月6日判決	培養土過塩素酸カリウム混入事件(2)	一部認容
260	東京地裁平成25年4月19日判決	エスカレーターからの転落事件	請求棄却
261	福岡高裁平成23年12月15日判決	椅子脚部破損腰部骨折精神疾患事件	原判決一部変更、一部控訴棄却
262	大阪高裁平成24年5月25日判決	肺がん治療薬死亡等事件（大阪）	一部控訴棄却、原判決一部取消

出典	通常使用	製造	設計	表示	備考
判時2197号56頁	○				控訴審にて和解。
WLJP					No.142（第一審）、No.179（控訴審）の上告審。
WLJP	○				
					No.135（第一審）、No.210（控訴審）の上告審。
					No.171（第一審）、No.220（控訴審）の上告審。
判時2138号57頁			○		No.216（第一審）、No.273（上告審）の控訴審。
					No.191の控訴審。
自保1864号183頁	×				
WLJP			×		
WLJP			×		
WLJP		×			
WLJP				○	
WLJP	×			×	
WLJP	○				No.334の第一審。
WLJP			×	×	
WLJP			×	×	No.212の控訴審。
判タ1393号335頁		×		×	
WLJP			×	×	
WLJP					欠陥は争点外。
判時2190号44頁			×	×	No.337（控訴審）、No.343（上告審）の第一審。
判時2164号61頁					No.232の控訴審。欠陥は争点外。
訟月59巻3号740頁			×	×	No.121（第一審）、No.310（上告審）の控訴審。

資料

No.	判決	事件名	判決結果
263	那覇地裁	浮標(ブイ)爆発頸髄損傷等後遺傷害事件(1)	
264	東京高裁平成23年11月15日判決	肺がん治療薬死亡事件（東京）	原判決一部取消、一部控訴棄却
265	東京地裁平成23年4月11日判決	携帯用音楽プレイヤー発火やけど事件	請求認容
266	東京地裁平成24年12月13日判決	培養土過塩素酸カリウム混入事件(3)	一部認容
267	東京地裁平成25年6月3日判決	転倒受傷部位自動ドア追加傷害事件	請求棄却
268	大阪地裁	エアコン火災建物焼失事件	
269	前橋地裁高崎支部	家庭用ヒートポンプ給湯機健康被害群馬事件	
270	福岡地裁平成25年7月5日判決	手すり破損事件	一部認容
271	福岡地裁平成26年11月7日判決	アスベスト粉じん曝露石綿関連疾患罹患九州事件	一部認容
272	盛岡地裁	業務用ヒートポンプ給湯機健康被害岩手事件	
273	最高裁平成24年7月30日不受理決定（平成23年10月22日：上告取下）	犬用引き紐欠陥犬傷害事件	不受理決定
274	横浜地裁	家庭用ヒートポンプ給湯機健康被害神奈川事件	
275	最高裁第三小法廷平成23年12月8日判決	肺がん治療薬死亡事件（東京）	却下
276	最高裁第三小法廷平成25年4月2日不受理決定	肺がん治療薬死亡事件（東京）	不受理決定
277	最高裁第三小法廷平成25年4月12日判決	肺がん治療薬死亡事件（東京）	上告棄却
278	東京地裁平成26年6月13日判決	防音ブースシックハウス症候群罹患事件	一部認容
279	東京地裁平成24年4月11日判決	携帯音楽プレーヤー発火事件	請求認容
280	東京地裁平成25年4月25日判決	消化具破裂事件	原判決変更
281	東京地裁平成24年8月21日判決	小型折りたたみ自転車前輪フレーム破断転倒事件	一部認容
282	東京地裁平成24年9月26日判決	駅構内点字ブロック転倒骨折事件	請求棄却
283	東京地裁平成26年6月13日判決	電気毛布焼損事件	請求棄却
284	東京高裁平成25年2月13日判決	ヘリコプターエンジン出力停止墜落事件	控訴棄却
285	東京地裁平成25年11月22日判決	空気清浄機天井落下事件	請求棄却
286	東京地裁平成25年10月17日判決	高密度焦点式超音波（ハイフ）前立腺治療装置尿道直腸瘻発生事件	請求棄却
287	東京地裁平成26年3月27日判決	貨物自動車高速道路火災事件	請求棄却

① PL法関連訴訟一覧

出典	判示類型・結果				備　考
	通常使用	製造	設計	表示	
判時2131号35頁			×	×	No.128(第一審)、No.275(上告審)、No.276(上告審)、No.277(上告審)の控訴審。
WLJP		○			欠陥は事実上争点外。
WLJP	×				
裁判所		○			No.339の第一審。
WLJP					共同不法行為の要件をみたさず棄却、国賠責任のみ一部認容。
					No.216（第一審）、No.246（控訴審）の上告審。
					No.128(第一審)、No.264(控訴審)の上告審。
					No.128（第一審）、No.264（控訴審）の上告審。
判時2189号53頁				×	No.128（第一審）、No.264（控訴審）の上告審。
WLJP					不法行為構成で請求一部認容、製造物責任は判断せず。
消費者95号381頁					欠陥は事実上争点外。
WLJP					欠陥は争点外。
WLJP		○			
WLJP			×		
WLJP		×			
判時2208号46頁		○			No.161（第一審）、No.336（上告審）の控訴審。
WLJP			×	×	
判時2214号65頁			×		
判時2228号43頁	×			×	

307

資　料

No.	判決	事件名	判決結果
288	東京地裁平成26年11月27日判決	化粧水カビ等繁殖事件	一部認容
289	東京地裁平成26年2月19日判決	事業用大型貨物自動車エンジン出火事件	請求棄却
290	東京地裁平成26年3月20日判決	LED組込灯具不具合事件	請求棄却
291	大分地裁平成26年3月24日判決	美容マスク顔面皮膚障害事件	請求棄却
292〜305・307・308・311〜333		小麦由来成分含有石鹸（せっけん）アレルギー事件（埼玉1・2、栃木1・2、神奈川、宮崎、京都、広島1・2、北海道1・2、鹿児島1・2、新潟1・2、姫路1・2、仙台1・2、大阪1・2、東京1・2、福岡1・2、長野1・2、岡山1・2、熊本1・2、千葉1・2、静岡1・2、秋田、茨城、沖縄、群馬）	
306	名古屋地裁	介護ベッド頸部（けいぶ）圧迫死亡事件	
309	那覇地裁	浮標（ブイ）爆発頸（けい）髄損傷等後遺障害事件(2)	
310	最高裁	肺がん治療薬死亡等事件（大阪）	
334	東京高裁	シュレッダー破裂難聴など負傷事件	
335	東京地裁平成24年12月26日判決	自転車舟線（サドルレール）破断事件	請求棄却
336	最高裁第二小法廷平成26年10月29日判決・不受理決定	ヘリコプターエンジン出力停止墜落事件	上告棄却、不受理決定
337	東京高裁平成26年1月29日判決	エスカレーターからの転落事件	控訴棄却
338	東京高裁平成26年10月29日判決	コンテナ船倉内化学物質発煙事件	原判決変更
339	福岡高裁平成26年1月21日判決	手すり破損事件	
340	東京地裁平成25年12月5日判決	塩蔵マッシュルーム異臭発生事件	一部認容
341	東京地裁	化粧品白斑被害事件（東京）	
342・344〜347		化粧品白斑被害事件（東京、静岡、広島、仙台、京都）	請求棄却
343	最高裁	エスカレーターからの転落事件	

1 PL法関連訴訟一覧

出典	判示類型・結果				備考
	通常使用	製造	設計	表示	
WLJP		○			
WLJP		×	×		
WLJP			×		
WLJP	×				
				×	No.121（第一審）、No.262（控訴審）の上告審。
					No.254の控訴審。
WLJP	×				
					No.161（第一審）、No.284（控訴審）の上告審。
判時2230号30頁				×	No.260（第一審）、No.343（上告審）の控訴審。
判時2239号23頁				○	No.184の控訴審。
					No.270の控訴審。
判時2215号103頁		○			
判時2230号52頁	×			×	
					No.260（第一審）、No.337（控訴審）の上告審。

2 条文関係
製造物責任法2条2項
　この法律において「欠陥」とは、当該製造物の特性、その通常予見される使用形態、その製造業者等が当該製造物を引き渡した時期その他の当該製造物に係る事情を考慮して、当該製造物が通常有すべき安全性を欠いていることをいう。

Restatement 2nd of Torts §402A (1965)
※訳文引用：樋口範雄『アメリカ不法行為法　第2版』289頁（弘文堂、2014年）
§402A　使用者または消費者に有形の損害を与える製品について、売主が負う特別の責任
(1) 製品を販売する者は、その製品が、使用者もしくは消費者、またはその財産に不合理なほど危険な(unreasonably dangerous)欠陥を伴う状態にあった時には、それによって最終的使用者、消費者、またはその財産に生じた有形の損害について、以下の場合、責任を負わねばならない。
　a　当該売主がこのような製品を販売することを業とし、かつ
　b　販売時の状態から実質的な変更なしに、製品が使用者または消費者に到達することが予測され、かつ実際に到達した場合
(2) 前項の規定は、以下の場合にも適用される。
　a　当該売主が製品を準備し販売するにあたってあらゆる可能な注意を払った場合
　b　使用者または消費者が売主から製品を購入したわけではなく、また両者の間にその他いっさいの契約関係がない場合

Restatement 3rd of Torts §2 (1998)
※訳文引用：アメリカ法律協会編（森島昭夫監訳・山口正久訳）『米国第3次不法行為法リステイトメント　製造物責任法』44～45頁（木鐸社、2001年）
§2　製品の欠陥の類型
　販売もしくは配給の時点において、製品が製造上の欠陥を含むか、設計に欠陥が存するか、または指示もしくは警告が不適切なために欠陥となる場合には、その製品は欠陥製品である。すなわち、
　(a) たとえ製品の準備、販売に際し、あらゆる可能な注意が尽くされていたとしても、製品がその意図された設計から逸脱している場合には、その製品は製造上の欠陥を含む。

(b) 販売者その他の配給者、もしくは配給の商業的な連鎖における前位者（a predecessor in the commercial chain of distribution）が、もし合理的な代替設計を採用しておれば、その製品がもたらす被害の予見可能なリスクを減少または回避することができた場合で、かつその代替設計を採用しなかったことがその製品を合理的に安全なものにしなかった場合には、その製品には設計上の欠陥がある。

(c) 販売者その他の配給者、もしくは配給の商業的な連鎖における前位者が、もし合理的な指示もしくは警告を施していれば、その製品がもたらす被害の予見可能なリスクを減少または回避することができた場合で、かつその指示もしくは警告を施さなかったことが製品を合理的に安全なものにしなかった場合には、その製品には指示もしくは警告上の欠陥がある。

Restatement 3rd of Torts §3 (1998)
※訳文引用：森島監訳・前掲78頁
§3 製品の欠陥の推定を支持する状況証拠
　原告に被害を与えた出来事が、以下のような場合には、特定の欠陥を証明せずとも原告が受けた被害は、その製品の販売もしくは配給の時点に存した欠陥によって惹起されたものと推定することができる。

(a) 通常は、製品の欠陥の結果として生ずる種類のものであって、かつ

(b) 当該事件において、もっぱら販売もしくは配給時点に存した製品の欠陥以外の原因の結果ではなかった場合。

3 機械の包括的な安全基準に関する指針（厚生労働省　平成19年7月31日基発第0731001号）

第1　趣旨等
1　趣旨
　機械による労働災害の一層の防止を図るには、機械を労働者に使用させる事業者において、その使用させる機械に関して、労働安全衛生法（昭和47年法律第57号。以下「法」という。）第28条の2第1項の規定に基づく危険性又は有害性等の調査及びその結果に基づく労働者の危険又は健康障害を防止するため必要な措置が適切かつ有効に実施されるようにする必要がある。
　また、法第3条第2項において、機械その他の設備を設計し、製造し、若しくは輸入する者は、機械が使用されることによる労働災害の発生の防止に資するよう努めなければならないとされているところであり、機械の設計・製造段階においても危険性又は有害性等の調査及びその結果に基づく措置（以下「調査等」という。）が実施されること並びに機械を使用する段階において調査等を適切に実施するため必要な情報が適切に提供されることが重要である。
　このため、機械の設計・製造段階及び使用段階において、機械の安全化を図るため、すべての機械に適用できる包括的な安全確保の方策に関する基準として本指針を定め、機械の製造等を行う者が実施に努めるべき事項を第2に、機械を労働者に使用させる事業者において法第28条の2の調査等が適切かつ有効に実施されるよう、「危険性又は有害性等の調査等に関する指針」（平成18年危険性又は有害性等の調査等に関する指針公示第1号。以下「調査等指針」という。）の1の「機械安全に関して厚生労働省労働基準局長の定める」詳細な指針を第3に示すものである。

2　適用
　本指針は、機械による危険性又は有害性（機械の危険源をいい、以下単に「危険性又は有害性」という。）を対象とし、機械の設計、製造、改造等又は輸入（以下「製造等」という。）を行う者及び機械を労働者に使用させる事業者の実施事項を示す。

3　用語の定義
　本指針において、次の各号に掲げる用語の意義は、それぞれ当該各号に定めるところによる。
　(1) 機械　連結された構成品又は部品の組合せで、そのうちの少なくとも一つは機械的な作動機構、制御部及び動力部を備えて動くものであって、特に材料の加工、処理、移動、梱包等の特定の用途に合うように統合されたものをいう。

(2) 保護方策　機械のリスク（危険性又は有害性によって生ずるおそれのある負傷又は疾病の重篤度及び発生する可能性の度合をいう。以下同じ。）の低減（危険性又は有害性の除去を含む。以下同じ。）のための措置をいう。これには、本質的安全設計方策、安全防護、付加保護方策、使用上の情報の提供及び作業の実施体制の整備、作業手順の整備、労働者に対する教育訓練の実施等及び保護具の使用を含む。
(3) 本質的安全設計方策　ガード又は保護装置（機械に取り付けることにより、単独で、又はガードと組み合わせて使用する光線式安全装置、両手操作制御装置等のリスクの低減のための装置をいう。）を使用しないで、機械の設計又は運転特性を変更することによる保護方策をいう。
(4) 安全防護　ガード又は保護装置の使用による保護方策をいう。
(5) 付加保護方策　労働災害に至る緊急事態からの回避等のために行う保護方策（本質的安全設計方策、安全防護及び使用上の情報以外のものに限る。）をいう。
(6) 使用上の情報　安全で、かつ正しい機械の使用を確実にするために、製造等を行う者が、標識、警告表示の貼付、信号装置又は警報装置の設置、取扱説明書等の交付等により提供する指示事項等の情報をいう。
(7) 残留リスク　保護方策を講じた後に残るリスクをいう。
(8) 機械の意図する使用　使用上の情報により示される、製造等を行う者が予定している機械の使用をいい、設定、教示、工程の切替え、運転、そうじ、保守点検等を含むものであること。
(9) 合理的に予見可能な誤使用　製造等を行う者が意図していない機械の使用であって、容易に予見できる人間の挙動から行われるものをいう。

第2　機械の製造等を行う者の実施事項
1　製造等を行う機械の調査等の実施
　機械の製造等を行う者は、製造等を行う機械に係る危険性又は有害性等の調査（以下単に「調査」という。）及びその結果に基づく措置として、次に掲げる事項を実施するものとする。
　(1) 機械の制限（使用上、空間上及び時間上の限度・範囲をいう。）に関する仕様の指定
　(2) 機械に労働者が関わる作業等における危険性又は有害性の同定（機械による危険性又は有害性として例示されている事項の中から同じものを見い出して

定めることをいう。)
- (3) (2)により同定された危険性又は有害性ごとのリスクの見積り及び適切なリスクの低減が達成されているかどうかの検討
- (4) 保護方策の検討及び実施によるリスクの低減

(1)から(4)までの実施に当たっては、同定されたすべての危険性又は有害性に対して、別図に示すように反復的に実施するものとする。

2　実施時期

機械の製造等を行う者は、次の時期に調査等を行うものとする。
- ア　機械の設計、製造、改造等を行うとき
- イ　機械を輸入し譲渡又は貸与を行うとき
- ウ　製造等を行った機械による労働災害が発生したとき
- エ　新たな安全衛生に係る知見の集積等があったとき

3　機械の制限に関する仕様の指定

機械の製造等を行う者は、次に掲げる機械の制限に関する仕様の指定を行うものとする。
- ア　機械の意図する使用、合理的に予見可能な誤使用、労働者の経験、能力等の使用上の制限
- イ　機械の動作、設置、保守点検等に必要とする範囲等の空間上の制限
- ウ　機械、その構成品及び部品の寿命等の時間上の制限

4　危険性又は有害性の同定

機械の製造等を行う者は、次に掲げる機械に労働者が関わる作業等における危険性又は有害性を、別表第1に例示されている事項を参照する等して同定するものとする。
- ア　機械の製造の作業（機械の輸入を行う場合を除く。)
- イ　機械の意図する使用が行われる作業
- ウ　運搬、設置、試運転等の機械の使用の開始に関する作業
- エ　解体、廃棄等の機械の使用の停止に関する作業
- オ　機械に故障、異常等が発生している状況における作業
- カ　機械の合理的に予見可能な誤使用が行われる作業
- キ　機械を使用する労働者以外の者（合理的に予見可能な者に限る。）が機械の危険性又は有害性に接近すること

5　リスクの見積り等
- (1)　機械の製造等を行う者は、4で同定されたそれぞれの危険性又は有害性ごと

に、発生するおそれのある負傷又は疾病の重篤度及びそれらの発生の可能性の度合いをそれぞれ考慮して、リスクを見積もり、適切なリスクの低減が達成されているかどうか検討するものとする。

(2) リスクの見積りに当たっては、それぞれの危険性又は有害性により最も発生するおそれのある負傷又は疾病の重篤度によってリスクを見積もるものとするが、発生の可能性が低くても予見される最も重篤な負傷又は疾病も配慮するよう留意すること。

6　保護方策の検討及び実施

(1) 機械の製造等を行う者は、3から5までの結果に基づき、法令に定められた事項がある場合はそれを必ず実施するとともに、適切なリスクの低減が達成されていないと判断した危険性又は有害性について、次に掲げる優先順位により、機械に係る保護方策を検討し実施するものとする。

　ア　別表第2に定める方法その他適切な方法により本質的安全設計方策を行うこと。

　イ　別表第3に定める方法その他適切な方法による安全防護及び別表第4に定める方法その他適切な方法による付加保護方策を行うこと。

　ウ　別表第5に定める方法その他適切な方法により、機械を譲渡又は貸与される者に対し、使用上の情報を提供すること。

(2) (1)の検討に当たっては、本質的安全設計方策、安全防護又は付加保護方策を適切に適用すべきところを使用上の情報で代替してはならないものとする。

　また、保護方策を行うときは、新たな危険性又は有害性の発生及びリスクの増加が生じないよう留意し、保護方策を行った結果これらが生じたときは、当該リスクの低減を行うものとする。

7　記録

　機械の製造等を行う者は、実施した機械に係る調査等の結果について次の事項を記録し、保管するものとする。

　仕様や構成品の変更等によって実際の機械の条件又は状況と記録の内容との間に相異が生じた場合は、速やかに記録を更新すること。

　ア　同定した危険性又は有害性
　イ　見積もったリスク
　ウ　実施した保護方策及び残留リスク

第3　機械を労働者に使用させる事業者の実施事項

資　料

（省略）

別表第1～第5　（省略）

別図　機械の製造等を行う者による危険性又は有害性等の調査及びリスクの低減
　　　の手順

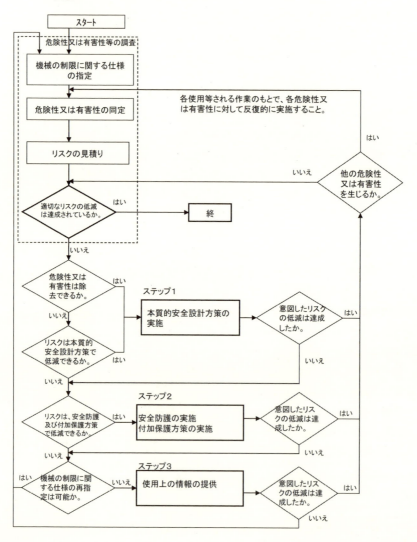

【著者紹介】

伊　藤　　崇（いとう　たかし）

平成13年　東京大学法学部卒業

平成17年　弁護士登録

平成19年　能代ひまわり基金法律事務所所長（～平成21年）

平成23年　林・有坂・伊藤法律事務所を設立

平成26年　ニューヨーク大学　客員研究員（～平成27年）

製造物責任における欠陥の主張立証の実務

平成27年12月11日　第1刷発行

定価　本体 3,700円＋税

著　者　伊　藤　　崇
発　行　株式会社　民事法研究会
印　刷　株式会社　太平印刷社

発行所　株式会社　民事法研究会
　　　〒150-0013　東京都渋谷区恵比寿3-7-16
　　　〔営業〕☎03-5798-7257　FAX03-5798-7258
　　　〔編集〕☎03-5798-7277　FAX03-5798-7278
　　　　http://www.minjiho.com/　　info@minjiho.com

カバーデザイン／鈴木　弘　ISBN978-4-86556-053-4 C3032 ¥3700E
組版／民事法研究会（Windows+EdicolorVer10+MotoyaFont etc.）
落丁・乱丁はおとりかえします。

▶緊急事態への対応と再発防止策がわかる関係者必携の書！

製品事故・不祥事対応の企業法務
―実例からみた安全確保・安心提供の具体策―

弁護士　山崎良太　編著

A5判・352頁・定価　本体3,600円＋税

▷▷▷▷▷▷▷▷▷▷▷▷▷　本書の特色と狙い　◁◁◁◁◁◁◁◁◁◁◁◁◁

▶企業による製品事故や偽装などの発覚が続くなかで、それらを未然に防止するための社内体制づくりや、緊急事態が発生した場合の調査、関係者への対応策、事業再開への改善策などを、消費者等の「安全」をどのように確保し、「安心」を提供するかを切り口に具体的に解説！

▶コンプライアンス部門の役割や形骸化した部門の見直し、コンプライアンス・マニュアルの作成、従業員への周知方法、社外との連携など、不祥事を事前に防止する日頃の取組みの参考に！

▶企業の法務・総務・広報・コンプライアンス担当者はもちろん、弁護士、税理士・公認会計士やコンサルタント等といった専門家の方のみならず、経営者や役員の方にも必携の書！

本書の主要内容

序　章
第1章　関係法令の理解・遵守による安全・安心
 Ⅰ　企業に対する関係法令による規制
 Ⅱ　企業が負う法的責任
 Ⅲ　海外の製品事故に関する法制度
 Ⅳ　事故・企業不祥事発生時の被害拡大の防止のための諸制度
第2章　事故・企業不祥事を防止するためのコンプライアンス体制の構築
 Ⅰ　不祥事を事前に防止するためのコンプライアンス体制の必要性
 Ⅱ　コンプライアンス体制の具体的内容
 Ⅲ　企業におけるコンプライアンスの取組み
第3章　事故・企業不祥事発生時の対応
 Ⅰ　事故・企業不祥事発生時の初動対応
 Ⅱ　調査委員会による調査
 Ⅲ　事故・企業不祥事に対する改善策・再発防止策の策定
 Ⅳ　調査を踏まえた関係者への対応
 Ⅴ　事業活動の再開
〔巻末資料〕調査委員会設置事例等

発行　民事法研究会

〒150-0013　東京都渋谷区恵比寿3-7-16
(営業) TEL. 03-5798-7257　FAX. 03-5798-7258
http://www.minjiho.com/　info@minjiho.com

最新実務に役立つ実践的手引書

頻発・深刻化する製品事故に関する裁判例を詳細に分析・解説し、実務への指針を示す！

最新 ＰＬ関係判例と実務〔第3版〕

升田 純 著　　　　　　　　　　　　　（Ａ5判・851頁・定価 本体7200円＋税）

製品情報の提供の内容と誤使用の判断の枠組み、適正使用・誤使用の主張・立証・認定のあり方を明示！

警告表示・誤使用の判例と法理

升田 純 著　　　　　　　　　　　　　（Ａ5判・660頁・定価 本体5300円＋税）

消費者法を遵守した事業活動を進めることで企業を成長・発展させる！

Ｑ＆Ａ 企業活動のための消費者法
―消費者トラブルを予防して円滑な企業活動を進めるために―

五月会「Q＆A企業活動のための消費者法」編集委員会 編　（Ａ5判・387頁・定価 本体3800円＋税）

訪問販売、宗教被害、多重債務など、消費者問題の各分野の重要判例をもとに、理論と実務を解説！

判例から学ぶ消費者法〔第2版〕

島川　勝・坂東俊矢 編　　　　　　　　（Ａ5判・316頁・定価 本体2500円＋税）

最新の被害事例を網羅的に取り上げ、被害の実情と法的対応策をわかりやすく解説！

消費者被害の上手な対処法〔全訂2版〕
―各種被害の態様と救済の実践策―

久米川良子・中井洋恵・田村康正 編　　　（Ａ5判・424頁・定価 本体3500円＋税）

企業のリスク管理を「法務」・「コンプライアンス」双方の視点から複合的に分析・解説！

法務リスク・コンプライアンスリスク管理実務マニュアル
―基礎から緊急対応までの実務と書式―

阿部・井窪・片山法律事務所 編　　　　　（Ａ5判・764頁・定価 本体6400円＋税）

発行　民事法研究会
〒150-0013 東京都渋谷区恵比寿3-7-16
（営業）TEL 03-5798-7257　FAX 03-5798-7258
http://www.minjiho.com/　　info@minjiho.com